本书由广东省重点建设学科科研能力提升项目"粤港澳大湾区职业教育产教融合效能评价与提升策略研究"（2022ZDJS008）、广东技术师范大学博士点建设单位科研能力提升项目"职业教育对粤港澳大湾区产教融合的多维影响：效能评价与路径设计"（22GPNUZDJS06）资助出版

THE ACADEMIC PROFESSION
OF WESTERN UNIVERSITIES
FROM THE PERSPECTIVE
OF RATIONALITY

理性视野下
西方大学学术职业

嬗变

与

危机

EVOLUTION AND CRISIS

熊华军　杨曌旻　李文超　丁　艳　李　伟◎著

社会科学文献出版社
SOCIAL SCIENCES ACADEMIC PRESS (CHINA)

CONTENTS 目 录

绪 论 ……………………………………………………………… 1

　一　问题的提出 ……………………………………………… 1

　二　研究的目的与意义 …………………………………… 18

　三　核心概念界定 ………………………………………… 21

　四　研究方法 ……………………………………………… 27

　五　研究思路 ……………………………………………… 33

第一章　西方大学学术职业的历史嬗变 ……………………… 47

　一　理论理性规定的古希腊大学学术职业 ……………… 47

　二　实践理性规定的中世纪大学学术职业 ……………… 58

　三　创造理性规定的近代大学学术职业 ………………… 66

　四　技术理性规定的现代大学学术职业 ………………… 74

　五　非理性规定的后现代大学学术职业 ………………… 83

第二章　西方大学学术职业的当下态势 ……………………… 94

　一　学术职业角色发展 …………………………………… 95

　二　学术职业素养发展 ………………………………… 136

　三　学术职业专业发展 ………………………………… 154

　四　学术职业组织发展 ………………………………… 162

第三章　价值的摇摆：西方大学学术职业的理性审视 …… 184

　一　遵循学院科学时代学术职业的传统 ……………… 184

　二　礼赞后学院科学时代学术职业的新风 …………… 194

　三　在传统与新风之间：学术职业日益"破碎化" …… 204

第四章　回返理性之源：西方大学学术职业的未来走向 …………… 212

　　一　传统理性的坚持固守 …………………………………… 212

　　二　技术理性的强势规训 …………………………………… 218

　　三　非理性的方兴未艾 ……………………………………… 223

　　四　学术职业：一个理性的游戏之地 ……………………… 227

参考文献 ……………………………………………………………… 238

致　谢 ………………………………………………………………… 264

绪　论

一　问题的提出

冯友兰区分了"照着讲"和"接着讲"两种哲学研究方法。"照着讲"是如实地再现名家的学说，遵循的是理论的应然逻辑。在此层面，学术职业（Academic Profession）对应的是"志业"——有志于此的职业；"接着讲"是与时俱进地创新名家的学说，遵循的是实践的实然逻辑。在此层面，学术职业对应的是"常业"——常人化的职业。将"照着讲"和"接着讲"有机结合起来的是"对着讲"，即直面实践的实然层面问题，勾勒理论的应然层面的变化之道，也就是可能的或然逻辑。在此层面，学术职业对应的是"伟业"——致敬平凡而又伟大的职业。本书的思考正是来自"照着讲"、"接着讲"和"对着讲"的学理路径。

（一）照着学术职业"应然－志业"维度去讲

从应然层面讲学术职业的，首推马克斯·韦伯（Max Weber）。韦伯在20世纪初发表《学术作为一种志业》的演讲。这次演讲的背景是：在德国蒸蒸日上的经济实力的感染下，大学教师陶醉于技术理性带来的"进步"，以至于没有反思学术自身的意义问题。基于此，韦伯以先知般的责任感，向即将成为大学教师的年轻人分析了以学术为志业的困境及其原因，并指导年轻人如何在学术道路上走得更好。韦伯论及学术志业的危机及其出路，也是描绘学术职业的应然逻辑。

1. 学术作为一种志业居于怎样的处境？

1918 年与 1919 年之交的冬季，韦伯应邀在慕尼黑大学做了《学术作为一种志业》的演讲。韦伯在开场就说："首先我要提出一个问题：学术作为一种物质意义下的职业，具有怎样的面貌？……居于怎样的处境？"（韦伯，2004：155）这个处境是什么样的现状呢？韦伯从如下几个方面进行了阐述。

首先，需要勇敢地面对不利的外部环境。①薪水低。有志献身学术研究的年轻人，通常都是从编外讲师的职位做起。编外讲师是德语国家的大学教职中最低的一级，国家无须向他付任何薪酬。他除了领取学生的听讲费之外，别无薪水可领。领取到的薪水也很微薄，几乎比不上一个半熟练劳工的收入。②晋级难。进入学术圈子后，年轻教师都要面临晋级难这个现实。要想晋升到正教授，还需把握很好的机遇。在晋级过程中，还要面对平庸同事升职更快的无奈现实。很多人往往因不能调整凡才当道产生的心理落差而辞职。③没自由。课程的开设不一定出于当事人自愿。"他有权开他研究范围之内的任何一门课。但是，此举若付诸实行，将会被认为是对资深的先生们不恭敬。因此，'重头'课都留给正教授，私讲师则开次要课程。"（韦伯，2004：157）④学者与教师不可兼得。成为一名优秀的教师同时做一名杰出的学者不是一件容易的事。"事实上，学生是否涌向某位老师，多半——比一般人认为的可能的程度要大——取决于一些纯粹外缘的因素，诸如性情，甚至声音的抑扬顿挫。"（韦伯，2004：160）显然，一个有真才实学的教师，由于不善于"作秀"，学生对他的评价持否定态度，继而不再选修他开的课程，这无疑影响到他的薪水。所以，从事学术志业首先要有勇气面对这种并不怎么乐观的外部发展环境，"学术生涯乃是一场疯狂的冒险"（韦伯，2004：161）。

其次，需要积极地调整心态。①从事学术志业需要有热情。没有献身学术研究的热情，是不能以学术为业的。想从事学术志业，就要怀着"你来之前数千年悠悠岁月已逝，未来数千年在静默中等待"的壮志。②从事学术志业需要灵感。学术与艺术一样，都需要灵感。专业化的知识和有志学术的热情，只为灵感的到来打下一个良好的基础，但并不代表灵感一定到来。没有灵感，对学术志业来讲是有风险的，因为学术的意义就在于创新。即使终其一生满怀热情兢兢业业地工作，如果没有灵感，也就肯定没有任何建树和成就。③从事学术志业需要相应的人格条件。"在学问的领域里，惟有那纯粹向具体工作献身的人，才有'人格'。……没有一个不是把全部心力放在工作上：工作就是他的一切。"（韦伯，2004：165）

2. 学术还能作为一种志业吗？

韦伯揭示了学术志业面临的处境后，又追问：学术还能作为一种志业吗？

首先，学术作为进步的志业有意义吗？韦伯给出的学术的一个最基本的特征就是进步。他认为，学术的进步与艺术的进步不同，这个不同在于，艺术的进步具有时代性，不会被其他艺术品超越；学术的进步要在时空中进行检验，没有永恒的真理。"一件真正'完满'的作品，永远不会被别的作品超越，它永远不会过时。……跟艺术不同的是，在学术园地里，我们每一个人都知道，我们所成就的，在十、二十、五十年内就会过时。这是学术研究必须面对的命运，或者说，这正是学术工作的意义。"（韦伯，2004：166）任何有志献身学术工作的人，都必须接受这项事实。韦伯反问道："可是，一个人如果为了学术本身，投入这个专业分工精细而又永无止境的经营里，在他的成就与发现早已注定了会被后人超越的情况下，他认为自己的这些努力能完成什么有意义的事？"（韦伯，2004：167）

其次，学术作为理知化（intellektualisierung）的志业有意义吗？在一般人看来，学术的进步是人类理知化过程的一部分，它伴随历史车轮而前进。但是，韦伯洞见到，理知化告诉我们，"在原则上，并没有任何神秘、不可测知的力量在发挥作用；我们知道或者说相信，在原则上，通过计算，我们可以支配万物。但这一切所指唯一：世界的除魅。我们再不必像相信有神灵存在的野人那样，以魔法支配神灵或者向神灵祈求。取而代之的，是技术性的方法与计算。这就是理知化这回事的主要意义"（韦伯，2004：168）。在这里，韦伯一针见血地指出，理知化的进步就是近代以来科学的发展，它带给人们对自然规律的把握，由此自然成为人可以利用的工具与手段，导致人的狂妄与天真的自信。在一个除魅的时代，人逐步丧失了自身的精神家园。

最后，学术作为生命体验的志业有意义吗？学术理知化导致世界的除魅，由此，人清醒地认识到，生命的存在和社会的发展，并不是由超自然的力量来支配的，人才是自己的主人，人得直面有限的人生，死亡的问题由此展开。学术能让人"向死而生"吗？"对于文明人来说，死亡没有意义。……既然死亡没有意义，文明生命本身也就不再带有任何意义；因为死亡之所以缺乏意义，正是肇始于生命之不具意义的进步性。"（韦伯，2004：168~169）既然学术的进步连人安身立命的根本问题都不能回答，学术作为一种志业的意义安在？韦伯的回答很坚定，"学术没有意义，因为对于我们所关心的唯一重要问题：'我们该做什么？我们该如何生活？'它没有提供答案，已是不争的事实"（韦伯，2004：174）。

3. 学术为什么不能作为一种志业？

学术作为一种志业既然是"一场疯狂的冒险"，却又不能让大学教师找到安身立命之本，原因是什么呢？韦伯的解答是学术已经失去了志业性。所谓"志业性"，乃是大学教师主观认定的有意义的价值预设。韦伯再三强调，学术是有价值预设的，肯定这些价值预设的大学教师，就以学术为志业了。"所有的学术工作，皆预设逻辑与方法论的规则为妥当；……这个预设，只能根据它的终极意义来诠释，而这种终极意义，个人只能根据自己对生命所抱持的终极立场，加以接受或拒斥。"（韦伯，2004：174）在韦伯看来，要确定学术的价值预设，并将之变成学术志业，有两种可能的途径：一是学术凭借自身的价值去认定学术是一种志业；二是权威凭借其学术影响力认定学术是一种志业。但韦伯又说，这两种途径都不能让学术具有"志业性"——学术失去了其自身的价值预设。

第一条途径行不通。

首先，自然科学和社会科学不能提供学术所需的价值预设。如以物理、化学和天文学为代表的自然科学只告诉人们事实性知识，而不解答自身作为一门学科的意义何在，更不用说去解答人生有无意义的问题了。"所有自然科学提供的答案，都是回答一个问题：如果我们希望在技术层面支配生活，我们应该怎么做。至于我们是否应该以及是否真的希望在技术层面支配生活和这样做有无终极意义，自然科学或是完全略而不提，或是依照它们这样本身的目标来预设答案。"（韦伯，2004：175）而以人类学、政治学和法学为代表的社会科学，也只能告诉我们各方面的文化现象，但这些文化现象的描述又缺乏科学性，值不值得认识它们就是一个问题。"它们只预设：通过这个了解的过程，参与'文明人'的共同体，是有价值的。可是它们提不出任何'科学'性的证明，证明实情确实如此。

同时，它们作此预设，绝不证明此乃理所当然。事实上，这根本就不是自明之理。"（韦伯，2004：175~176）

其次，课堂上的政治鼓动不能给予学术所需的价值预设。韦伯论述了价值预设要避免个人立场的灌输，因为事实性知识与价值性知识不是同一个硬币的两面，它们具有各自的特点，是性质完全不同的知识，不能混杂在一起。"学生为了前途必须上课，在课堂上也并没有教授来向教授提出批评。如果有教授利用这种局面，用自己个人的政治见解来影响学生，而不是利用这种环境，本着自己的职责，让听课的人从自己的知识和学术经验中得益，我认为是不负责任的，……他将受到良心最严厉的谴责。"（韦伯，2004：177）可见，学术是一种中立性的志业，不应该带有自己的偏见，"在现实政治中采取某种立场，是一回事；而对政治结构与政党立场进行学术分析，则是另一回事"（韦伯，2004：176）。正因为课堂是探究学术的场地，不是集会场地，所以政治不属于课堂。教师也不是领袖或生命导师，只是研究者。

第二条途径也行不通。

第一条途径已经行不通，学术不能为我们指引"通往真实存在之路""通往真实艺术之路""通往真实自然之路""通往真实幸福之路"，因为所谓的学术是一种不关心人生意义的学术，同时课堂成为各种意识形态交锋的"战场"。既然学术不可能凭借自己的力量来解决这个问题，那么，谁来取代学术的位置去提供意义？作为传播学术的权威能挑起这一重任吗？

首先，教师不能给予学术所需的价值预设。韦伯说，学术是一种按照专业原则来经营的志业，能带来三大好处："首先，学问让我们得到关于技术的知识，好让我们通过计算，支配我们的生活、支配外在事物以及人的行为。其次，学问能够给我们一些卖菜妇绝对没法给的东西：思想的方法、思考的工具和训练。第三项好处，清明（klarheit），当然，首先我们必须假定，[身为教师]我们本身已经清明。"（韦伯，2004：183）简而言之，以学术为志业能让人认识自然界，能让人获得在社会中立足的资本，能让人过一种精神充盈的生活。当然，学术最大的价值在于第三项，即让人过一种自我决断、自我筹划的生活。可见，学术不是天启的神恩之赐，也不是智者与哲学家对世界意义所做的沉思，而是让人懂得如何超越当下审视未来的生活。"只要生命的根据在其自身，须通过其本身方得了解，生命便只知诸神之间永恒的斗争。或者说得更直截了当：对生命采取的各种终极而一般性的可能立场，是不可能兼容的……必须要做决定。在这种情况下，学问是不是有价值成为一个人的'志业'，或者学问本身是不是具有一种在客观上有价值的'使命'，又都是价值判断的问题。……在教室中我们无言以对。事实上，对这些问题作肯定答复，正是从事教学工作的预设。"（韦伯，2004：185）由此，教师在课堂上扮演先知或者救世主的角色，是徒然的，他们不能给予学术所需的价值预设。

其次，宗教也不能给予学术所需的价值预设。①宗教与近代学术的理性标准产生冲突，它在两个层面上无法公平对待学术：它会强迫学术割舍其本身的历史，同时限制其内在的进步。学术若是有意识地以宗教为基础，它会变成神学，而神学则自足于一种对宗教意义上的神圣事物在理智上的合理化。"对于神学来说，这些预设本身和'学术'这回事全然无涉。"（韦伯，2004：188）②宗教的合理地位已经失去。在除魅的世界里，围绕基督教理念建立起来的价值大厦已轰然倒塌，取而代之的是价值多元化。各种价值展开如"神"与"魔"之间的"无从调停的死战"。在这种情况下，学术作为一种什么样的志业这个问题，看来已无法有定论。既然学术作为一种志业可以有不同的面貌，那它岂会有一种必须接受的意义？学术可以有丰硕的成果，但它必定是没有意义的。"于是昔日众神从坟墓中再度走出来，由于已遭除魅，他们不再表现为拟人的力量。……我们文化的命运已经注定，我们将再度清楚地意识到多神才是日常生活的现实。"（韦伯，2004：181）

4. 学术如何才能作为一种志业？

既然第一条路径和第二条路径都行不通，那么，学术志业何去何从？韦伯反对大学教师皈依宗教的做法。"近代知识分子，……用从世界各地搜集来的小圣像，装点起一座私人小圣堂，以代替宗教，光鲜自己，或者，他们用各种各样的体验，创造出代用品，说这代用品具有神秘的神圣性，然后他们把它挟在腋下到书市上去卖。这纯粹是欺人或自欺。会出现的将是一种在心灵意义上相似的怪物，惟其后果更恶劣。"（韦伯，2004：190）韦伯也反对大学教师再次充当先知的角色。"至于讲台上的先知，将只能产生狂热的宗派，永远无法造就真正的共同体。"（韦伯，2004：190~

191）韦伯赞成面对"眼下的要求"去寻找学术具有的价值预设。"我们应走另一条路：我们要去做我们的工作，承担应付'眼下的要求'，不论是在人间事务方面。抑是在成全神之召唤的志业方面。只要每一个人都找到了那掌握了他的生命之弦的魔神，并且对他服从，这个教训，其实是平实而单纯的。"（韦伯，2004：190~191）那么，如何面对"眼下的要求"呢？韦伯的答案是坚持学术的价值中立，强化学术的责任伦理。

从价值中立来说，学术只有"具有一种在客观上有价值的'使命'，它才能够在当今的局面下公开成为一个人的'志业'"。价值中立与价值预设不相冲突，因为价值不是个人主观的产物，而是理性的构建，放之四海而皆准。可见，预设的价值是理性的把握，而中立的价值是理性的实践，两者毫不冲突。显然，韦伯的意思是说，关于意义的终极抉择，虽借助于学术，却并非由学术决定。就像康德说的，学术只能让人认识现象界，而不能触及物自体，不能回答有关灵魂不朽、意志自由和上帝存在的终极存在问题。如果学术僭越了自己的地盘，就会导致"二律背反"。可见，学术一方面让人认识世界，另一方面又对人的认识形成限制，正好显示了学术的意义所在。之所以如此，是因为学术在运用价值中立原则的时候，把决定转移到主观的领域，让人明晓人必须接受的限制性条件。这种限制性表现在两个方面：每个决定，都对当事人有影响，影响到他灵魂的救赎，同时，又对周遭的社会有影响。学术能使人对这两方面的限制性有所知，学术的意义即在于此。

从价值中立出发，学术具有了责任伦理的范畴。那就是说，学术既属于现世，但同时又与现世保持距离。它属于现世，因为它让人用理性去认识世界和影响世界；它与现世保持距离，因为它借理性化过程去除一切主观行为，使人过一种精神充盈的生活，而不是追求物欲横流的生活。就像韦伯说的，除魅后的世界必须服从学术所倡导的一个原则："应为"的条件之一为"能为"。韦伯以政治家的修养为例阐明他的观点。他说，一个政治家除了要具有权力欲之外，还应该具备三种特质：热情、责任感和判断力。热情指的是对"事"的献身；责任感代表对这件事的坚持；判断力则是心平气和地去如实地面对现实的能力，换句话说，也就是一种对人和对事的距离。于是，价值中立的学术敦促了某种价值取向，而这则是受到责任伦理导引的志业政治家必备的价值态度。

综上所述，韦伯就学术志业危机的表现、原因及出路都做了探讨，即学术作为一种志业出现了危机，危机的根源在于学术自身的价值预设出现了问题，要解决这个问题，还需恢复学术具有的价值中立原则和责任伦理范畴。可见，韦伯提出了一个很好的问题，同时也很好地解决了这个问题。不过，我们有理由要追问：学术志业在过去是什么？在韦伯所在的时代学术志业又是什么？它为什么会变革？它何以变革到韦伯所在的时代就出现危机了呢？如今离韦伯的演讲也快一个世纪了，当代的学术志业变革又呈现什么特征？它又带来新的危机还是韦伯所处时代的危机的延续？自韦伯之后，学术志业危机这个问题变得日益复杂，而且也成了一个全球性的问题，与韦伯时代的学术志业危机表现不尽相同，当然其原因和解决问题之道也不尽相同，需要做出新的研究。

（二）接着学术职业"实然-常业"维度去讲

美国著名高等教育专家克拉克·克尔（Clark Kerr）指出，高等教育内部进行过三次学术争辩：第一次争辩是关于真理来自科学还是来自《圣经》之争；第二次争辩是关于社会主义模式和资本主义模式孰优孰劣之争；第三次争辩的主题是"关于学术团体本身的组成和行为，关于招生，关于教授的状况，关于普通教育课程，关于行为准则和行为的实际"（克尔，2001：161）。通过第三次争辩可以看出，学术职业作为一种常业何去何从已成为高等教育发展的瓶颈。与韦伯不同，克尔关于学术职业论及学术志业的危机及其出路，不是从应然层面出发勾勒学术职业蓝图，而是从实然层面直面学术职业作为常业存在的问题并提出相应的举措。

1. 学术职业变化的表现

学术职业有广义和狭义两种理解。广义的学术职业泛指所有从事学术活动，以学术作为物质上的职业的人，比如科学家、医生、律师、建筑师等。狭义的学术职业专指大学教师这一特定职业群体。克尔从狭义方面诠释学术职业的变化。在克尔看来，学术职业的变化有如下几个方面。

第一是大学教师与大学关系的变化。①荣誉感降低。在过去，大学教师以获取校内颁发的各种荣誉证书为荣，如教学质量奖、研究成果奖等。而现在，校内的荣誉和奖励对大学教师已不再具有强烈的吸引力。②内部管理参与度下降。在过去，大学是一个高度自治的学术团体，大学教师亲自参与管理大学。而现在，大学教师不愿意在校内的各类委员会供职，不愿意参与校内管理，不愿意承担除教学科研外的其他工作，不愿意花更多的时间在校园里与同事和学生交流。

第二是终身教职减少，兼职教师增多。在过去，大学教师几乎都是终身教职。终身教职制曾经为大学教师提供了学术自由的制度保障，维护了教师学术职位的稳定性，保护了教师的职业安全，确保大学教师能在稳定的环境中全身心地投入工作、潜心地研究学术。而现在，"拥有专职的终身聘用职位的教师将更少。更多的教师担任专职的、非终身聘用的教学职位。这些教师将形成一种大学流浪无产阶级，从一项工作到另一项工作，不怎么指望定期任命。总的来说，'最好的和最聪明的人'更少被吸引到大学教学职位上来"（阿特巴赫，2001：6~7）。

第三是大学教师学术道德的衰退。克尔（2001）认为过去的学术道德体现为：遵守学术道德准则、愿意有效地参与共同的管理、承诺保护学术机构不受政治破坏和暴力冲击、注意不为经济上的利益利用学校或者学校设备的名誉。而现在，学术职业道德及其行为正在慢慢瓦解，以至于学术职业成为"一个瓦解中的职业"（克尔，2001：162）。这表现为：大学教师违背学术道德准则，学术腐败和学术欺诈的事情经常发生；大学教师很少愿意参与校内公共管理；大学教师不遵守保护校内学术机构的承诺；当学校利益和教师个人利益发生冲突时，大学教师更多地选择维护自己的利益。更为糟糕的是，当前的学术职业是一个自我宽恕的职业，大学教师往往认为自己享有特殊的权利，负有特殊的使命，所以很容易放松对自己学术道德的要求。

第四是大学教师学术职能的分化。①教学人员和非教学人员的分化。由于对联邦资助的争夺，现在大学教师逐渐分化为两类——教学人员和科研人员。一般来说，从事科研的人员往往是一些拥有教授职称的教师，他们没有教学任务，只是以大学的名义申请各种联邦资助的项目。从事具体的教学工作的教师，他们没有教授职称而且学历也低，这些教师的工作量大，薪酬低，受重视程度低。这样大学教师人为地被划分为三六九等，作为学术共同体的大学教师将分崩离析。②重科研轻教学。最初的大学是一个地地道道的教学组织，上好一门课是一名大学教师必须掌握的技能。就如亚伯拉罕·弗莱克斯纳（Abraham Flexner）说的，"杰出的研究者往往是公认的富有责任感而善于启发学生的教师"（克尔，2001：279）。但是，在"不出版就解聘"的今天，学术就等同于发表的论文和出版的专著，教师的评价和奖励也与他们的科研成果挂钩。在科研成为评聘和晋升职位条件的时代，教师不得不把尽可能多的时间用于科研，教学不再成为教师的工作重点，即使他们中许多人意识到教学工作的重要性。③重研究生教育，轻本科生教育。现在，随着联邦政府对科学研究资助力度的加大，研究生教育得到了极大的改善。这主要表现在：在接受指导方面，研究生拥有更多优秀的教师；在科研环境方面，研究生拥有更好的设备、更多的奖金、更多的项目。大学教师更多关心的是指导研究生做科研项目，而不是对本科生的教育。大学教师为了得到政府的资助，竭尽全力地去做科研，他们关心的是经费的获取而不是教学任务，是课题项目的申请而不是与学生的交流。在这种情境下，教师把大多数精力放在研究、咨询和对研究生的指导上，忽视对本科生的教育，从而导致本科生教学质量下滑。④重周期短、应用性研究，轻周期长、理论性研究。现在，更多的大学教师热衷于周期短、应用性强的自然科学的研究项目，周期较长的基础研究受到冷落。有些大学教师甚至以简单的研究方法，取代翔实的数据资料收集统计，因为这样做可以使"科研成果能够发表得更多些更快些"（克尔，2001：171）。大多数周期长、研究过程烦琐复杂的基础理论研究无人问津。比如在自然科学领域和人文科学领域。首先，自然科学教师和人文科学教师在科研条件方面存在差异。由于社会对应用性学科的巨大需求，研究自然科学的教师能够得到更多的科研拨款，有更多的晋升机会，在使用学校的各种资源上占有巨大的优势，"有更多的秘书和助手，更容易得到旅行出差经费和报销费用"（克尔，2008：35），并且在学术界内外有更高的地位和知名度。而人文科学教师，不仅没有自然科学教师那么多的优惠待遇，而且由于好的学生都跑去学自然科学而不选择人文科学，大学对人文科学教师的教学评价不高。其次，自然科学教师和人文科学教师在工资待遇上存在差距。自然科学教师比人文科学教师能得到更多的科研拨款、晋升机会和占有更多的学校资源，并且在招生上更有优势，导致自然科学教师越来越富裕，而人文科学教师不具有这些优势，相对而言过得比较清贫。总之，这些差异和分化，导致更多的大学教师愿意从事应用性强的自然科学，而人文科学则受到忽视。

2. 学术职业变化的原因

在克尔看来，当前影响学术职业变化的因素有如下几个。

第一是大学规模扩张。首先，规模扩张使终身教职减少，兼职和有固定任职时限的非终身职位增加。越来越多的课堂教学活动由兼职教师来承担。由于扩张所带来的资金紧缺，大学更愿意聘请那些薪酬较低的兼职教师，以此来缓解沉重的财政压力。其次，规模扩张降低了大学教师学术聘任的标准和条件。高校规模越来越大，相应地需要越来越多的大学教师，这就使大学放宽了教师录用的标准，使一些专业基础较薄弱、教学经验相对不足的人进入大学。这样做的后果是，造成大学的学术水准下降和学术质量恶化。

第二是财政资助减少。财政资助的减少影响大学教师和大学的关系。①财政资助的减少使大学教师工资待遇下降。大学教师需要进行校外兼职来赚取额外的生活费用。一些教师为了过上体面的生活，在高校内的本职工作之外从事一些其他活动以赚取额外收入，比如有的教师通过校外教学、校外研究和版税、校外讲座等活动获取收入。这些活动势必会耗费教师过多的时间和精力，从而影响教师所供职的大学的利益。②财政资助的减少影响大学科研设施的配备与更新，无法保证教师在优良的条件和环境下进行学术工作，教师进行学术工作的热情和积极性受到打击。大学教师为了获得优良的科研工作环境，不得不与校外的企业机构和私人合作，以便得到他们的资金技术支持。这样就进一步淡化了他们与大学的联系。总之，政府财政资助的减少，使大学教师越来越依赖于外部的企业、个人，以此来得到充足的资金，便于改善科研工作的条件，提高自己的生活质量。大学教师与外部企业、个人的联系越来越紧密，长此以往，最终将导致大学教师与大学的关系淡漠。

财政资助的减少使大学教师的学术职能发生变化。财政资助的减少使校外企业对大学的资助增加。①大学教师不得不屈服于外部企业个人的要求，为其进行更多的应用性研究，从而忽视大量的基础性理论性研究。②校外研究耗去了大学教师过多的精力，从而影响到校内的教学，使教学质量下降。③由于研究生可以帮助教师进行科研，而本科生还不具备科研的能力，所以大学教师更愿意指导研究生科研，而轻视对本科生的教育。

第三是问责制兴起。因为规模扩张，大学所消耗的资源越来越多，政府和私人的投资者要求大学履行更大的责任（阿特巴赫，2001）。大众要求高等教育在使用资源时注重效率（克尔，2008）。由此问责制应运而生，并开始影响学术职业（阿特巴赫，2001）。

首先，问责制影响大学教师的学术职能。问责制要求对大学教师的教学和科研的质量和成果，用量化的标准进行衡量。因此，大学教师受到种种量化指标的限制，承受着越来越繁重的科研和发表论文的压力，在一定程度上造成大学教师学术职能的变化。其次，问责制限制了大学教师参与校内管理的权力，影响大学教师和大学的关系。因为大学教师要进行大量的科研工作以便达到量化标准，所以有关学术规划和学术管理的权力逐渐移交给了行政部门。这样就使大学教师参与校内管理的权力受到限制，大学教师对大学的忠诚度和荣誉感会因此逐渐降低，大学教师和大学的关系越来越疏远。

第四是私营化带来的诱惑。私营化在某种背景下对大学教师施加了压力，迫使他们通过咨询和其他非教学性活动，为自己和大学创收（阿特巴赫，2001）。

首先，私营化影响大学教师学术职能的取向。目前大学教师的科研经费大多来自各种基金会的资助，这些资助机构要求大学教师"把科研的方向转到例如国防和私人保健上来"（克尔，2001：171）。所以大学教师以资助机构的好恶来决定自己的研究方向，而不是依据大学内部科研和教学发展的实际需求。

其次，私营化使大学教师受到各种外部利益的诱惑，从而腐蚀大学教师的学术道德。大学的私营化，迫使大学教师通过校外的咨询和非教学性活动，来为自己和大学创造收入。大学教师的学术道德受到世俗的拜金主义和享乐主义的侵蚀，逐渐地瓦解。

最后，私营化导致大学教学人员和非教学人员的分化。私营化使一部分大学教师专门从事申请校外科研资助，进行科研的工作，为自己和大学创收，他们有机会获得各种资助。而校内教学则丢给不受重视的教学人员，他们很少得到额外资助，生活得比较清贫。

3. 学术职业变化的对策

面对上述因素的影响，克尔认为，要使学术职业从"瓦解"中走出来，当务之急是要加强如下几个方面的建构。

第一是创造良好的环境。针对大学教师和大学关系的疏远，大学组织内部应该为大学教师争取并创造良好的工作、科研和生活环境，建立教师学术职业的保障机制。比如，要为学校的骨干教师提供丰厚的薪水，以解决他们生活上的困难，这样他们才能安心工作；对大学科研设备进行不断更新，以便教师能开展高水平的科研；保障教师进行学术活动的各种合法权益，让他们在自由、安全的环境里工作。这样一系列的措施会吸引大学教师回归校园，让他们重建与大学的关系。

对大学教师所取得的学术成果给予更多的、更好的实际性的奖励。比如，改以前的荣誉证书为更加经济实际的奖金制。建立更多的激励机制，以此来鼓励大学教师，增强他们对校内荣誉的认同感。

第二是采用竞争机制。针对大学教师聘任趋势的改变，应该在教师聘任和晋升中采取更多的竞争机制。

首先，对获得终身教职的大学教师来说，竞争机制可以使他们具有危机意识，激发他们工作的积极性。竞争机制也可以改变获得终身教职的大学教师对社会变化的迟钝感受，增强大学教师迅速回应社会变化和解决社会实际问题的能力。

其次，对大学教师整体来说，在教师聘任和晋升中采用竞争机制，可以提高大学教师的整体素质。竞争机制使大学教师聘任和晋升的标准更加严格，减少了终身教职教师在所聘任教师中所占的比例，不仅避免了终身教职的种种弊端，而且这样的职位设定比例，会激发非终身教职人员进行教学科研和参与校内管理的积极性。总之，竞争机制可以激发大学教师整体工作的积极性和创造性，使大学更有生机和活力。

第三是制定有效的行为规范。对于大学教师学术道德衰退的现状，制定有效的行为规范显得尤为必要。社会的任何部门为了有效运行，内部必须有一些共同的行为标准（克尔，2001）。对此，克尔非常强调大学教师对学术职业行为规范的遵守。他说："当规范被大多数认同并得到尊重时，这种规范就起作用。反之这种规范就不那么起作用。"（克尔，2001：159）为此，首先，应该制定一套被大多数大学教师普遍认同的行为规范。这一行为规范既要考虑到学术职业的特殊性，同时也要适应当前的社会环境。其次，要让这套行为规范被大多数大学教师所熟知。一方面，要把熟知行为规范作为学术职业准入的基本要求；另一方面，要对那些新进入的职业者进行行为规范培训，并定期考察他们对行为规范的遵守情况。最后，对行为规范的监督工作最好由校内机构来进行，而不是由外部机构如法庭和立法机关来做。克尔认为，通过由各方选派出的独立人士进行公正的仲裁，而不是诉诸外部的法庭和立法机关，这样才是最好的监督。

第四是平衡学术职能。对于大学教师内部学术职能严重分化的现实，大学要尽快平衡这种分化。

克尔指出，要解决教学人员和非教学人员的分化问题，需要加大科研人员教学的力度，"鼓励高学历的大学教师花全部工作时间的 1/4 甚至 1/3 来讲课"（克尔，2008：46）。取消设置研究业务的教授职位的制度，合理规定助教、助研等人员的教学与科研的时间、薪酬。

克尔认为，要改变重研究生教育轻本科生教育的状况，就要改善对本科生的教学指导。具体表现为："大学要制定出既符合本科学生学习需要，又符合教师兴趣的课程表"（克尔，2008：67）；给本科生教授综合性的专业知识；教师应该具有把本科生当作预备研究生来培养的意识。加强教师与本科生的沟通，实施结合拨款项目培养优秀本科生的制度。

对于重应用性研究轻理论性研究的学术分化现象，克尔认为需要给从事理论研究的人文科学教师一种平等感（克尔，2008）。这种平等不是指均等，而是指要使人文科学教师和自然科学教师都能感到，自己得到的资助、晋升，资源的占有量与自己的学科领域的学术创造、技能和社会需要的服务相一致。

（三） 对着学术职业"或然–伟业"维度去讲

自大学产生以来，它就是一个崇尚学术的机构。"学术就是大学的宗旨、核心和基础。大学的逻辑起点是学术，终点还是学术，至于各类得到教育的学生及他们的学位，不过是体现这种宗旨的大学教育的必然产物。"（韩水法，2008：33~34）打个比方说，学术之于大学如灵魂之于人，人没灵魂，过的是行尸走肉的生活；一所大学不以学术为旨归，这所大学也就失去自身存在的标识，因为大学存在于它企图思考的世界之中，应当承担起学术的责任，并时刻坚守学术。在一个知识时代，大学正处在一个关键性变革的关头。但是，不管大学怎么改革，始终都要围绕学术来进行，这是大学生命力所在。"这种变革的倾向有一个基本的特点，而且是大学生命的力量所在，即通过学术研究不断产生新知识。反过来，学术研究又改变了我们所提供的教育，影响了我们所处的社会。"（杜德斯达，2005：9）

既然崇尚学术是大学的精神，那么，作为大学精神阐释者、负载者和体现者的大学教师，当然也要以学术为业。任何一所大学的中心都是以学术为业的大学教师。从大学产生起，每一次大学变革，都以彰显大学教师献身学术为旨归。可见，大学教师与大学之间的关系，并不是"毛"与"皮"的关系，好像大学教师是"毛"，必须依附于大学这张"皮"上。实际上，这两者就是一体：大学由以学术为业的大学教师组成，大学教师学术性地栖居于大学里。如果没有以学术为业的大学教师，大学不仅不能服务社会，而且也不可能开展任何有效的教学和研究。哥伦比亚大学诺贝尔物理学奖获得者伊西多·艾萨克·拉比（Isidor Isaac Rabi）教授曾面对艾森豪威尔将军毫不畏惧地说："先生，教授们并不是哥伦比亚大学的'雇员'，教授们就是哥伦比亚大学。"（Shumar，1997：102-103）斯坦福大学前校长唐纳德·肯尼迪（Donald Kennedy）说得好："大学首先是一个致力于学术活动的团体，它存在于一个真实的世界中。"（肯尼迪，2002：148）梅贻琦也说："一个大学之所以为大学，全在于有没有好教授。孟子说：'所谓故国者，非谓有乔木之谓也，有世臣之谓也。'我现在可以仿照说：所谓大学者，非谓有大楼之谓也，有大师之谓也。"（刘述礼、黄延复，1993：10）

"每一个较大规模的现代社会，无论它的政治、经济或宗教制度是什么类型的，都需要建立一个机构来传递深奥的知识，分析、批判现存的知识，并探索新的学问领域。换言之，凡是需要人们进行理智分析、鉴别、阐述或关注的地方，那里就会有大学。"（Brubacher，1982：12）这句话也可这样理解，在一个较大规模的社会，凡是要传递深奥的知识，分析、批判现存的知识，并探索新的学问领域时，就需要大学教师以学术为业。为此，人们称以学术为业的大学教师为"学术职业"①。实际上，学术职业是最古老的三种专业之一。著名的中世纪史学家恩斯特·坎托洛维奇（Ernst Kantorowicz）说，只有三种人有资格穿袍服：法官、牧师和大学教师。袍

---

① 当前，Academic Profession 有两种翻译：一是"学术职业"，以沈红、阎凤桥、别敦荣为代表；二是"学术专业"，以滕大春、陈伟、王保星为代表。笔者赞同前者的翻译。

服代表穿袍人成熟的思想、独立的判断以及对良知和上帝所担负的责任感。在坎托洛维奇看来，人间最荒诞不经的莫过于法官抗拒法庭、牧师抗拒教堂、大学教师抗拒大学，因为法官就是法庭、牧师就是教堂、大学教师就是大学（程星，2007）。

简而言之，自大学产生以来，大学教师就以学术为业，同时，大学存在的意义在于学术职业。早期的大学是人的大学，主要是围绕大学教师组建的。古希腊的苏格拉底（Socrates）"是第一个作为公众教师的雅典人"（金，1986：26），他以教导年轻人为自己的事业，即使因"蛊惑年轻人"的罪名被判处死刑时，也不改初衷。中世纪最早的两所大学——博洛尼亚大学和巴黎大学——创立之初都有一位伟大的教师。博洛尼亚大学是爱尔·纳留斯（Aier Narius），巴黎大学是彼得·阿伯拉（Pierre Abélard）。纳留斯和阿伯拉渊博的知识，吸引了"大群的学生，他们的出现使大量教师不可或缺，大学正是靠后者形成的"（Rashdall，1936：278）。大学教师针对一群学生进行集体性教学，使"新的知识冲破了教会学校的束缚，创造了专门的学术职业"（哈斯金斯，2007：3），同时也将大学与修道院的文书房、教会、宫廷学校、法庭、学会组织等一些文化机构区分开来。

以上简单的回顾表明，大学教师能否以学术为业关乎大学的生存。历史也表明，每一次大学改革能够成功，都在于增进大学教师对学术职业的认同，尤其在当今的大学改革中。克尔说，大学发展史上有三次大的争论：第一次争论是关于真理是来自《圣经》还是科学的问题；第二次争论是关于社会主义与资本主义孰优孰劣的问题；第三次争论是关于学术团体本身的组成和行为问题，而且，"这第三次历史性争辩的结果还很说不准"（克尔，2001：161）。学术职业之所以成为当前高等教育研究的热点，有如下几个方面的原因。

第一，在西方大学日渐大众化后，大学质量问题、大学生就业问题、课程设置问题、学分制问题等都成为社会讨论的焦点，而这些问题的落脚点在于大学教师是否以学术为业。"教师是大学的主要学术源泉，教师的质量和责任心决定了大学各方面的优异程度，它影响到大学的学术活动、学生整体的质量、教学本身与学术的优异成绩、通过公益服务更广泛地向社会提供服务的能力，以及从个人和公共渠道吸引资源的能力。"（杜德斯达，2005：123）

　　第二，大学教师自身发展也出现了各种问题，如学术不端行为、重科研轻教学行为、兼职过多以至于不能全身心培养研究生的行为、品德低下行为，引起社会各界广泛的争议，以至于埃里克·阿什比（Eric Ashby）说学术职业是一个"瓦解中的职业"（克尔，2001：162）。

　　第三，随着行政权力日益强大，办学资金日益紧张，教师聘任制的推行，问责制的兴起等其他一些变化，学术职业的工作条件日益恶化。

　　如王承绪先生看到的，在第二次世界大战结束之后，特别是欧美国家高等教育发展的"黄金时期"逐渐消退、大学陷入"寒冷的冬天"时，为了寻求高等教育新的发展契机，学术职业研究再次兴盛（陈伟，2008）。对学术职业的大规模的调查和研究集中于 20 世纪 40 年代后，尤其在 70 年代后，研究学术职业危机成为学者关注的重点。20 世纪 70 年代以来，在卡内基基金会、洛克菲勒基金会、世界经济合作与发展组织等的支持下，菲利普·阿特巴赫（Philip Altbach）组织了一批学者研究欧美 8 个国家（德国、法国、英国、荷兰、意大利、西班牙、瑞典、美国）的学术职业环境。1991～1993 年，卡内基教学促进委员会又开展了 14 个国家和地区（澳大利亚、巴西、智利、英格兰、联邦德国、中国香港、以色列、日本、韩国、墨西哥、荷兰、俄国、瑞典和美国）的学术职业的国际比较研究，描绘了 20 世纪末学术职业面临前所未有的压力之下的国际总体图景。2002年，阿特巴赫又组织了关于发展中国家与中等收入国家学术职业境况的研究，展现了这些重要国家与地区（墨西哥、巴西、中国、马来西亚、新加坡、韩国、波兰、保加利亚、俄罗斯、尼加拉瓜、南非、阿拉伯海湾地区）学术职业发展的境况，让世人对发展中国家与中等收入国家的学术职业有了一个比较全面的认识与比较。

　　14 个国家和地区的学术职业的国际比较研究开展 10 年后，2004 年，来自 17 个国家的高等教育专家学者组成国际核心项目研究组，专门研究"学术职业变革"问题，并开展了"学术职业变革国际调查与研究项目"。研究组分别在 2004 年 11 月于法国巴黎、2005 年 6 月于英国伦敦、2006 年2 月于日本广岛、2006 年 9 月于德国卡塞尔举行了 4 次国际研讨会，并于2008 年 1 月在日本举行了第 5 次研讨会。参与此项调查研究的国家多达 21个（阿根廷、澳大利亚、巴西、加拿大、芬兰、法国、德国、印度、意大利、日本、马来西亚、墨西哥、荷兰、挪威、葡萄牙、俄罗斯、南非、美国、委内瑞拉、英国、中国）。"学术职业变革国际调查与研究-中国研究"由华中科技大学教育科学研究院沈红教授和香港大学白杰瑞教授共同承担。与 1991~1993 年的国际比较研究的内容相比，这次学术职业变革国际调查与研究更多地关注了学术职业正在变化的边界，各国的学术传统、特色、政治、经济、文化、国际化等方面对学术职业的影响，更加注重学术职业发展与学术职业系统、组织、领域、角色作用，以及学术职业在不同国家的个性特征等方面的关联，分别对学术职业的边界变化、目标、进入、培训、个人成就、责任和工作规则、工作分配、资源、生产力、合作、进步、奖励、管理、问责制、学术自由、选择、国际化程度、人员的性别和多样化 18 个要点进行了研究（沈红，2007）。

综上，从历史演进看，大学教师要以学术为业，这是大学教师固有的使命；从实践反思看，学术职业是"破碎"的职业，这已成为一个全球性问题，"全世界学术职业因传授、创造和传播知识的使命而统一起来"（阿特巴赫，2001：1）。不置可否，学术职业在理论与实践的维度上出现断裂。这带来一个不可回避的问题：学术职业在过去是什么？现在又是什么？学术职业何以变革到今天出现危机？这正是本书要回答的问题。简而言之，本书以学术职业历史演进为背景，诠释学术职业的内涵、演进轨迹以及演进机制，并以此观照西方大学学术职业面临的现实困境。

二 研究的目的与意义

（一）研究目的

克尔认为，大学的历史，很多是由内部逻辑和外部压力的对抗谱写的，由此，大学处于不断变革中，就如柏拉图的"教育的车轮"："一旦车轮已经启动，速度总是不断增加。"同时，他认为，"我们目前就处在一个'教育的车轮'的速度调整到一个历史性的加速度的漫长时期之中"（克尔，2001：269）。从"教育的车轮"的印记看，开展学术职业的历史研究具有三方面的目标。

第一，从"应然-志业"维度反思过去，在历史中显现学术职业的内涵与演变的机制。既然学术职业是一个最古老的专业，那么，"过去是培育它们的土壤，赋予它们现在的意义，脱升过去对它们进行考察，势必会出现大量简单化的理解甚至曲解"（涂尔干，2003：12）。"我们必须努力理解与我们自己的时代相距最为遥远的教育思想体系，也就是欧洲文化最先肇发的那套教育思想体系。"（涂尔干，2003：15）在每一个时代，大学教师学术职业发展的情况不尽相同。不过，拨开历史的面纱后，学术职业的历史演进并不是杂乱无章的，有其内在逻辑。正是这些内在逻辑，如一条保护带，让大学教师免受外界干扰，潜心治学。诚然，学术职业的内涵与演变机制有很多解读方式，但这些解读方式只涉及学术职业的某一个方面，不能全面揭示学术职业的"所以然"。学术职业的"所以然"隐藏在历史深处。杜威也持同样的观点："现在发生一些问题，这些问题引导我们从过去寻找启示，同时使我们找到的东西有了意义。……前进中的现在包含过去，条件是它利用过去指导它自己的运动。"（Dewey，1916：90）

第二，从"实然-常业"维度立足现在，分析西方大学学术职业当前面临的诸多危机。"危机"是危险与机遇的综合体。马丁·海德格尔（Martin Heidegger）说，哪儿有危机，哪儿就有拯救。那就是说，意识到了危机，才能走出危机，这就是机遇。很多学者从经济的、政治的等外在因素分析学术职业出现的危机，认为学术职业是一个"黄昏"的专业，是一个"破碎"的专业。但是，从历史发展看，这是学术职业发展必须经历的"阵痛"，是学术职业发展到当代必然出现的问题。如果抱定历史不放，认为过去是学术职业发展的"黄金时期"，当代是学术职业发展的"冰河时期"，那就大错特错了。杜威曾说："现在不只是跟在过去后面的东西，更不是过去所产生的东西。现在就是离开过去向前进的生活。研究过去的产物并不会帮助我们了解现在，因为现在并不归功于这些成果，而应归功于生活，它们是生活的成果。"（Dewey，1916：89）因此，面对当前学术职业危机，既不能乐观，也不能悲观，只能实事求是地分析，才能找到问题。

第三，从"或然-伟业"维度展望未来，以西方大学学术职业的危机为鉴，描绘大学学术职业发展的理想蓝图，指导当前学术职业变革。"高等教育既不能回避历史，社会的历史也不能回避高等教育。现在高等教育是新的思想，更高的技能，文化的传播，个人抱负的提高和满足，不同意见的表达，以及领导能力的创造的最大的独一无二的来源。高等教育比过去任何时候更加是社会的一部分，而且，作为一个结果，更少脱离社会，而且在将来这很可能越来越正确。"（克尔，2001：273）正因如此，作为高等教育永恒话题的学术职业，应立足于社会发展，以崭新的姿态展示大学的新形象，继而更好地促进社会进步。就像马克思说的，以往的哲学都只是解释世界，但是问题在于改造世界。所谓改造世界，并不是否定过去，那是虚无主义，也不是忽视现在的问题，那是乌托邦主义，而是依据过去的经验，结合现在的问题勾勒未来发展之道。埃米尔·涂尔干（Émile Durkheim）正是基于此理解教育思想演进的机制。"我们的出发点不是要搞清楚当代的理念应该是什么，而是必须把自己移送到历史的时间刻度的另一端。……我们将要去研究它，描绘它，并且尽我们所能去说明它。然后，我们将一步接一步地追随它所历经的、与社会本身的变化同步的一系列变化，直至最终达到我们当前的处境。这必须是我们的终点，而不是我们的起点；沿着这条道路走下来，我们会到达今日的处境，到了这个时候，今日的处境将会沐浴在一种新的光芒中。"（涂尔干，2003：15）

总之，本书从学术职业历史演进的轨迹出发，诠释学术职业的内涵以及演进的内在逻辑，并以此考察西方大学学术职业历史演进的内在逻辑和当前面临的困境，继而找出相应的解决之道。

（二）研究意义

从研究目标出发，本书具有理论与实践两方面的意义。

理论意义。虽然学术职业研究自 20 世纪 70 年代以来逐渐升温，但大部分的理论研究或是针对学术职业中的某一方面，或是某个国别的调查研究，或是国际调查分析的比较，缺乏从历史背景出发诠释学术职业的内涵、历史演进机制的研究。本书系统地探讨了学术职业历史演进轨迹，填补了当前研究的空白。

实践意义。当前大学发展中出现的各种问题，如内部的教育质量问题、外部的社会服务问题，其实是学术职业发展的问题。学术职业是大学的形象，它关切大学的发展。同时，大学教师专业化发展中的各种问题，也是学术职业的问题。当前，有关大学教师的思考，大多是在"师资建设""教师管理"等逻辑框架中进行的。这些思考往往把大学教师看作管理对象和操作客体，并没有把他们当作相对独立的社会主体，也没有深入考察他们的独特本质、成长规律及发展逻辑（陈伟，2008）。因此，以大学学术职业历史演进为背景研究学术职业，既能从深层次把握当前大学学术职业发展中出现的问题，也能指导大学教师学术职业发展。

三　核心概念界定

本书的核心概念是学术职业。威拉德·冯·奥曼·奎因（Willard Van Orman Quine）认为，知识不是疑问句，不是感叹句，而是"观测语句"（Observation Sentence）。可观测的语句必须是给定时空条件的具体的陈述句。一旦进入时间和空间中，知识就是一个生产过程（汪丁丁，2001）。以高深知识生产为旨归的学术职业同样是给定时空条件的具体的陈述句。从语句陈述来看，它具有自身的结构。从时空条件看，它具有时代性。从奎因的理论出发，学术职业的内涵具有结构性和时代性。

（一）学术职业的结构性

学术职业，顾名思义，是大学教师以学术为专业。由此，学术职业的结构是学术、职业和以学术为职业。

《汉语大词典》对"学术"是如下这样解释的。①学习治国之术。《史记·张仪列传》："始尝与苏秦俱事鬼谷先生，学术，苏秦自以不及张仪。"②指治国之术。清刘献廷《广阳杂记》："诸葛孔明为千古一人，其学术全从此书出。"③犹教化。《后汉书·盖勋传》："凉州寡于学术，故屡致反暴。"④学问，学识。宋苏轼《十八阿罗汉颂》："梵相奇古，学术渊博。"⑤观点；主张；学说。明李贽《孔明为后主写申韩管子六韬》："墨子之学术贵俭……商子之学术贵法，申子之学术贵术，韩非子兼贵法、术。"⑥犹学风。《宋史·吴潜传》："潜所陈九事……四曰正学术以还斯文之气脉。"⑦法术；本领。《水浒传》第九六回："你那学术，都是外道，不闻正法，快下马归顺。"（汉语大词典编纂处，2011）

当前对"学术"的理解来自西文。《牛津百科英语词典》对"学术"（Academic）解释如下。①学术的，和学习有关的。②学校的；学院的，大学的。③抽象的；纯理论的；不切实际的。④柏拉图哲学的；怀疑论的。①

《牛津英语词典》的解释如下。①作为形容词时，词义为：学校的，柏拉图哲学的，［哲］怀疑论的；属于大学或其他高深学问机构的，学者式的，抽象的，非技术的或非实用的，纯理论的；传统的，理想化的，非常正式的。②作为名词时，词义为：柏拉图主义；大学或相似机构中的专业学者或资深学者；沉醉或卓越于学术探求的人；（复数）学术研究。②

《朗文英语词典》的解释如下。①柏拉图哲学的；怀疑论的。②学校的、与学校有关的或具有学校特征的，尤指高等学问的学校。③与自由教育相关，不与技能或专业研究相关。④由教育养习而成；非常有学问、非常博学。⑤与传统、学院规则、权威机构的观点相一致；保守的。⑥纯粹理论的或推理的，无实用目的或意图的。③

《兰登书屋韦氏大学英语词典》的解释如下。①属于学校的（尤指进入高等教育的学校）。②［美国英语］属于有关人文研究和自然科学的大学各系的［非属于专业的或工艺方面的，如人文学科和理论数学］。③理论的、学术的。④学究的，书生气的；空谈的。⑤传统的，循例的。⑥由正规教育获得的。⑦大学生，大学教师。④

由上，可以归纳出 Academic 的三重内涵：①学术相关于知识生产，具有学术性（Scholarship）⑤ 的知识生产才叫学术；②知识生产是在大学这个组织中实现的；③在大学里，知识生产具有某种价值取向，与其他机构的知识生产具有不同的价值取向。如此，"学术"指大学基于某种价值取向进行知识生产时取得的学术性成就。

《汉语大词典》对"职业"是这样解释的。①官事和士农工商四民之常业。《荀子·富国》："事业所恶也，功利所好也，职业无分，如是，则

① *Oxford Encyclopedic English Dictionary*. Oxford：The Clarendon Press，1991.
② *The Oxford English Dictionary*. Oxford：The Clarendon Press，1961.
③ *Longman Dictionary of the English Language*. London：Longman Group Limited，1984.
④ *Random House Webster's College Dictionary*. New York：Random House，1997.
⑤ 《朗文英语词典》对 Scholarship 的解释如下。（1）学术成就；学业成绩。（2）达到广泛承认的学问、学识。（3）奖学金。*Longman Dictionary of the English Language*. London：Longman Group Limited，1984，p. 1329. 可见，Scholarship 与评价有关。由于评价随时空变化，何谓学术性的知识也是仁者见仁智者见智。也许在古希腊具有学术性的知识，在今天看来就不具有学术性。现在，人们一般采用博耶对 Scholarship 的界定，即 Scholarship 分为综合的学术、教学的学术、发现的学术和应用的学术。

人有树事之患而有争功之祸矣。"②职分应作之事。宋王禹作《和杨遂贺雨》:"为霖非我事,职业唯词臣。"③犹职务;职掌。清陈康祺《郎潜纪闻》卷一:"天聪十年,始改文馆为内三院,曰内国史院,曰内秘书院,曰内宏文院,均设大学士一人,各有职业。"④犹事业。宋石孝友《水龙吟》词:"职业才华竞秀。汉廷臣、无出其右。"亦指系统的较专门的学问。《清文汇》:"有一代之政教风尚,则有一代之学术思想。"⑤今指个人服务社会并作为主要生活来源的工作(汉语大词典编纂处,2011)。

英语中与"职业"相关的有三个单词:Occupation、Vocation、Profession。Occupation 在《牛津英语词源词典》中有以下几种意思。①日常事务;消遣。②临时的或固定的谋生的工作。③被占领或占据的状态。④(军事)占领、占据。⑤(职务、职位的)任期、在职期间。⑥(房屋、道路、职位等的)占有、占用(Hawkin & Allen,1991)。

Vocation 的意思如下。①神召、天命、天职、使命。②(从事某项专业或活动的)才能、素质、倾向。③同业、同行(Hawkin & Allen,1991)。Vocation 的德文是 Beruf。钱永强认为,在德文中,Beruf 是一个很普遍的字,一般用来指我们所谓的专业。不过因为马丁·路德(Martin Luther)译《圣经》时,给这个字赋予了强烈的基督教背景,强调"奉神所召去从事某事",因此它有强烈的价值意涵(韦伯,2004)。

Profession 的意思如下。①(尤指需要专门知识或特殊训练的)专业,如医生的专业。②同业、同行。③宣称、表白。④公开宣布的信仰。⑤信仰表白,入教的誓言;信奉的宗教(Hawkin & Allen,1991)。

根据以上分析,Profession 不同于 Occupation,它具有宗教的神圣性,具有天职、圣职、神职、志业、去从事某事的召唤的意思,它不是仅仅为了谋取一定的物质财富,而是为了赎罪。Profession 与 Vocation 相比,虽然两者都具有宗教神圣性,而且都表示同一行业的人的总称,但 Profession 更强调系统性的专门性的知识。正如威尔伯特·穆尔(Wilbert Moore)对 Profession 的解释:Profession 是一个正式的专业;为了从事这一专业,必要的上岗前的训练是以智能为特质,卷入知识和某些扩充的学问,它们不同于纯粹的技能;Profession 主要供人从事于为他人服务而不是从业者单纯的谋生工具,因此,从业者获得经济回报不是衡量他专业成功的主要标准(Moore,1970)。迈伦·利柏曼(Myron Lieberman)认为,Profession 具有如下特征：范围明确，垄断地从事社会不可缺少的工作；运用高度的理智性技术；需要长期的专业训练；从业者无论是个人还是集体，都具有广泛的自律性；在专业的自律性范围内，直接负有进行判断、采取行为的责任；非营利、以服务为动机；形成了综合性的自治组织；拥有应用方式具体化了的伦理纲领（Lieberman，1956）。

由上，Profession 和知识生产之间具有了某种内在的联系，它是知识生产日益分工的产物，具有四个范畴。①价值取向，即 Profession 具有某些精神性的东西，这些精神性的东西使 Profession 成为 Profession，而不至于成为仅仅为了金钱和财富而劳作的 Occupation。②组织结构，即 Profession 并不是个人的 Vocation，而是接受过相似的系统性专门知识训练的人组成的行会、团体、法团、系统，它是精神性的东西得以显现的舞台，同时又因为有共同的精神追求，很多人能够聚合在一起。③工作方式，即 Profession 作为 Profession，与其独特的工作方式相关，如医生专业与律师专业运用的工作方式迥然不同。工作方式是价值取向与组织结构的具体化。④制度安排。每一种专业都具有排他性，这与其具有的制度安排分不开。"国有国法，家有家规，行有行道"就表明了专业的制度性。这四个范畴之间的关系交互缠绕，不能说是哪一个能决定另外三个，它们是一个整体中的部分，每部分都打上了整体的烙印。打个简单的比方，Profession 的价值取向是人的灵魂，组织结构是人的肉体，工作方式则将人的肉体与人的灵魂结合起来，就如马克思说的，人就在劳作中成为人。当然，人的灵魂与人的肉体的结合点就在于制度安排，制度安排是人得以存在的环境，每个人都在某种社会制度中成为自身，不能脱离社会制度。由此，Profession 指基于某种价值取向，为了更好地在某种组织结构中以某种工作方式更好地进行知识生产而采取某种制度安排的知识生产分工。Profession 的四个范畴随社会的变化而变化，由此导致专业的分化。

Academic Profession 这个词语意味着，这个职业不是其他什么职业，而是学术职业。这就意味着，社会中存在很多职业，但唯有大学教师从事的是学术职业。同时，学术之所以能成为一个 Profession，在于学术暗合了Profession 的基本特征。首先，大学教师是一个组织；其次，大学教师具有自己的专业活动，那就是教学、研究和社会服务；最后，大学教师在从事学术活动中要具有专业规范。最后一点是成立的。因为学术具有自身的价值取向，这种价值取向一旦制度化，就是专业规范。它告诉大学教师应该干什么和不该干什么，能干什么和不能干什么。从整体看，第一，学术职业意味着这是有意义的。如果没有意义，没必要以学术为 Profession。那就是说，社会需要学术，但为了更好地从事学术工作，需要把学术当作 Profession 来追求。第二，这个意义能被思想到。一个意义没有被思想到，只是一种潜意识，被思想到了，意义才能生成。第三，思想具有情态性，是被规定的。那就是说，思想不是随意的，它有自身的规定。正是在此规定中，以学术为 Profession 才能获得其意义。

学术职业具有广义与狭义之别。在广义上，它泛指一切从事学术活动、以学术作为物质意义上的职业的人。而由于学术职业与大学的密切联系，在狭义上，它特指大学教师这一职业群体。这一职业群体的主要精力和生活重心是教学和研究、出于知识自身的目的追求知识、通过国内和国际职业协会建立声誉，职业回报和职业流动性随着职业者持续不断地提升职业化程度而增加（郭丽君，2007）。张英丽和沈红认为，可以从三个方面来理解学术职业：首先，它是一种职业，这个职业的工作是研究知识的职业化和系统化并创造和发展知识；其次，它是一群人，这些人以对知识本身的研究、创新和发展作为他们的精神追求和物质生活来源；最后，职业和人之间的关系是，人使职业得以持续，职业使人得以发展，二者互相依赖（张英丽、沈红，2007）。宋旭红（2008）、李志峰（2008）等根据沈红（2007）的理解，对学术职业做了这样的界定：在大学、学院等高等教育机构里从事职业化程度很高职业的学术群体，主要指以高深知识为基础，从事教学、科研和社会服务的大学教师群体，尤其是指那些在高深知识生产中占据中心地位的、具有较高学术造诣的大学教授群体。

（二）学术职业的时代性

学术职业是大学教师在知识生产过程中形成的。这个过程不是空洞的，而是具体的，这体现在不同的时代中。

历史，首先是编年史意义上的历史，它是按纪元发生的事件，如中国传统的天干地支与王朝纪年，西方是用基督的公元纪年；其次是历史学的历史，它是对发生的事件的描述、分析与研究；再次是历史性的历史，它使历史成为历史，即发生本身；最后是存在的历史。如果说，前三种历史是已经过去的，或是现实的，或者说，存在有其历史，那么最后一种历史是对未来开放的，即存在是其历史，这里的存在与历史是同一的。

学术职业变革体现在古希腊大学、中世纪大学、近代大学和后现代大学中。杜驰认为，大学发展与学术职业的制度变迁相互依存。中世纪大学的诞生，使学术职业由初萌阶段沿着职业化的路线初步实现了制度转型。现代大学制度的确立促成了学术职业的现代转向，使学术职业的志业追求与职业诉求在制度框架内实现了较好融合。当代高等教育大众化进程的迅速推进，引发了日渐严重的研究漂移现象，动摇了学术职业的核心价值准则，学术职业面临新的制度变迁诉求（杜驰，2008）。涂尔干说："只有在过去当中，才能找到组成现在的各个部分，有鉴于此，历史倘若不是对现在的分析，又能是什么呢？"（涂尔干，2003：17）可见，不管是学术职业的概念，还是学术职业的内涵，抑或是学术职业面临的困境和国别比较研究，都只有在历史演进中才能找到答案。

在不同时代，学术职业的概念和内涵是不断流变的。按照路德维希·约瑟夫·约翰·维特根斯坦（Ludwig Josef Johann Wittgenstein）的说法，只有家族相似，没有同质可言。同理，大学教师自古有之。学术职业尽管在不同时代有不同的特征，但是它具有理想类型，不会因为时代的变革而消失。这也是为什么人们能对学术职业进行判断。学术职业的自持性源于学术与专业的语言中。学术与柏拉图的精神气质息息相关，专业与基督教的皈依精神息息相关。从柏拉图哲学与基督教哲学之间的内在联系看，学术与专业的精神气质是一致的，那就是为学术而学术的献身精神。前一个学术是学术之道，后一个学术是遵循学术之道的体道和得道行为。就像亚里士多德说的，"吾爱吾师，吾更爱真理"。陈伟认为，学术职业不仅指代了大学教师在成熟阶段的成熟形态，而且也试图指出大学教师作为一种"理想类型"的内涵。作为大学教师的"理想类型"，就外延而言，学术职业指的是大学和学院中专业化了的教师群体，而不仅仅指大学和学院教师赖以糊口的专业。虽然它的内涵也涉及据以表征大学和学院教师的身份特征、以学术操作为核心内容和独特专业；它指的是特定高等教育系统中的教师群体，而不仅仅是单个的教师。就内涵而言，它指的是高等教育系统中身份神圣、学术自由、组织自治、行为自律的以学术为业者。同时，从专业化的角度看，学术职业在不同层面具有其内在特征。这些特征，既与医生、律师等专业存在某些共性，也具有自己的独特性。而且，由于不同国家的民族文化、具体国情不同，各国学术职业往往在共同作为专业人员方面具有共性的同时，还分别具有自己的民族性和本土性（陈伟，2008）。

基于奎因的理论，学术职业的内涵是结构性与时代性的交叠，是过去的历史积淀、当下的环境冲击和未来的美好展望的聚集。因此，既不能从悲观主义看学术职业，好像学术职业是历史车轮的碾压物，也不能从乐观主义看学术职业，好像学术职业不受外界的任何影响。只有将学术职业的过去的本有、当下的本在和将来的本立统合起来，才能真正洞见西方学术职业的全貌。

四　研究方法

在埃德蒙德·胡塞尔（Edmund Husserl）那里，欧洲科学危机不是科学自身的危机，而是方法的危机。传统的方法具有两个特征：一是以主客二分的思维看待世界，世界是客体，人是主体，世界成为人算计和利用的对象；二是以追根究底的本体论思维，去探求事情存在的根据和原因。胡塞尔说："在19世纪后半叶，现代人的整个世界观唯一受实证科学的支配，并且唯一被科学所造成的'繁荣'所迷惑，这种唯一性意味着人们以冷漠的态度避开了对真正的人性具有决定意义的问题。单纯注重事实的科学，造就单纯注重事实的人。……在我们生存的危急时刻，这种科学什么也没有告诉我们。它从原则上排除的正是对于在我们这个不幸时代听由命运攸关的根本变革所支配的人们来说十分急迫的问题，即关于这整个的人的生存有意义与无意义的问题。这些对所有的人都具有普遍性和必然性的问题难道不也要求进行总体上的思考并以理性的洞察给予回答吗？这些问题终究是关系到人。"（胡塞尔，2001：16）这两个特征可以归结为一个特征——有原则的批判。也就是说，传统的方法基于一定的原则去把握世界和人。原则即立场、开端、始基、根据、原因。有原则的批判相应地从两个维度展开。一是从批判者这个维度展开，从"我"，也就是从一个具有先见、成见、偏见、意见的主体展开。人就像戴着有色眼镜去看世界，世界在有色眼镜里失去了本真，人却认为这个非本真的世界是真实的，如大地只是煤田、气田和矿山等，不再是人诗意的居住地，天空是各国显耀军事武力的战场，失去了"把酒问青天"的伦理情怀。二是从被批判者这个维度展开，追问它存在的最后依据，而事实本身却被遗忘。如描述人时，不是从一个活生生的生命出发去描述，而是从人是什么出发去描述，如人是使用工具的动物，人是说话的动物，人是理性的动物。不是走向事情本身，而是找出事情的本体，于是事情本身仍旧处于遮蔽状态。海德格尔正是基于此将传统的哲学称为遗忘存在的哲学。这是以传统方法分析事物的一般套路，不从"我"的立场出发，不追问事物的根据，批判是不可能成立的。

在现象学带动下，当代学者不再坚守"有原则的批判"的方法，而倡导"无原则的批判"的方法。① 这里的"无原则"指无立场，不从"我"的视角看世界。实际上，事情本身确立了一条思想的道路，人要按照思想本身的道路去行走，才能让事情本身如其所是地显现出来。"无原则"还指无基础，不是找出事情背后的根据，而是显现事情本身。那就是说，看待事物的思维从 what to be 转向 how to be。如要描述某个事物时，不再讲这个事物背后的心理根源、社会根源或者地理根源，而是直接面向事情本身。这儿的"批判"不是否定意义上的批判，而是划定边界。边界是一个事物的起点和终点，就像边境线之于一个国家，就像0℃和100℃这两个临界点之于水。正是在边界上，一物获得自身的规定，从而成其为此物，而不是它物。同时随着边界的更迭，一物发生了质变，从而与自身相区分，而获得新的规定。"所谓的批判就是对于边界的规定。它是区分、选择和决定。事实上，事物只是在批判中才与它物相分离而形成自身。在这样的意义上，事物并不先于批判，事物就在批判之中，在此它表明自己的存在和非存在。"（彭富春，2005：42）因此，"'无原则的批判'不仅是否定性的，而且是肯定性的，让事情自身在批判中如道路一样敞开出来"。

显然，"无原则的批判"的方法是现象学"走向事情本身"的方法的具体运用。这并不是说现象学的方法就是"无原则的批判"的方法。现象学的描述方法有很多种，不同的现象学家采用不同的描述方法，如马克斯·舍勒（Max Scheler）的情感现象学的方法、莫里斯·梅洛-庞蒂（Maurice

---

① "无原则的批判"的方法由武汉大学哲学学院彭富春教授提出并应用到他的研究与教学中。本书关于"无原则的批判"的方法的理解受惠于彭富春教授《哲学的主题与方法》的课堂讲授，也可参见彭富春（2006）。

Merleau-Ponty）的身体现象学的方法、雅克·德里达（Jacques Derrida）的声音现象学的方法、海德格尔的语言现象学的方法等。彭富春经过多年的研究，把海德格尔的语言现象学的方法改造为操作性极强的"无原则的批判"的方法。"无原则的批判"的方法是在语言的批判、思想的批判和现实的批判中展开的。

（一）语言的批判

"无原则的批判"的方法首先强调从语言结构出发如其所是地显现出事情本身。维特根斯坦说，世界的边界是语言的边界。汉斯-格奥尔格·伽达默尔（Hans-Georg Gadamer）说，一切能被理解唯有语言。海德格尔说，语言破损处，将无物存在。语言是存在的家园。在海德格尔这里，语言不是神说，不是人说，而是语言自身在言说（彭富春，2000）。这就是说，语言原初与事情本身同在。一物为一物，是在语言中显现的。没有言说出来的物，无法获得自身的规定性。"一个没有语言的意识仍然是黑暗的、遮蔽的和没有显现的，意识只有显示为语言的时候才是真正的意识和真正的意识的显现。"（彭富春，2005：24）这儿的语言具有规定性，思想和事情是在语言中显现的。

这儿的语言不是概念，而是语词。自苏格拉底开始，以概念的恒定和逻辑去把握纷繁芜杂的世界，成为西方认识论的首要任务，至格奥尔格·威廉·弗里德里希·黑格尔（Georg Wilhelm Friedrich Hegel）登峰造极。黑格尔从有、无、变概念出发，构建了庞大的哲学体系。可见，概念是理性哲学把握世界的方式、手段，用一个概念把握事情的差异性是传统形而上学的方法。在现代和后现代，概念不起作用，因为世界是不确定的，是有差异的，是丰富多彩的。概念一般是明晰的，而语词是歧义的、多义的，需要对其进行辨析。在海德格尔这里，对语词的辨析首先是从内容上分类，最典型的是海德格尔的自然语言、技术语言、诗意语言的分类。自然语言晦暗不明，技术语言霸气十足，唯有在诗意语言中，语言的本性才能出现，即语言是存在的家园。

其次是对语言结构进行诠释。按照现象学的意向性分析，思想是我在思想，思想总要思考事情。因此，思想这一语词的结构是我思想事情。但这儿的"我""思想""事情"由"语言"规定。同样，"语言"也有意向性：我言说事情，其结构由言说、言说者、已被言说的、未被言说的和已劝说的构成（彭富春，2000）。海德格尔往往从语言结构出发走向事情本身。在《存在与时间》中，海德格尔从"此在在世界中"这个语言结构出发，分别描写了此在、世界、在……中，以及此结构的整体意蕴。按照海德格尔的理解，思想的道路是一条清晰之路，具有开端、中间和结尾，整体性很强。走上这条路，意味着聆听语言的呼唤。

正因为语言是诗意语言，同时又有结构，所以聆听语言，即抛弃主体的立场和事物的根据，从而走向事情本身。

与海德格尔同时代的维特根斯坦，提出了"家族相似"方法。维特根斯坦的"家族相似"（Generic Similarities）方法与本质主义方法格格不入，它不在于寻求事物背后的本质，而首先承认事物之间的差异性，继而探寻事物之间的相似点（不是共同点）。他从游戏、数和纺线三个例子出发阐述他的方法论。他说，棋类游戏、牌类游戏、球类游戏、角力游戏等，都有相似之处，否则它们不会叫作"游戏"。"你睁着眼睛看，看不到所有这些活动有什么共同之处，但你会看到相似之处、亲缘关系，看到一整系列这样的东西。……这种考察的结果是这样的：我们看到了相似之处盘根错节的复杂网络——粗略精微的各种相似。我想不出比'家族相似'更好的说法来表达这些相似性的特征；因为家族成员之间的各式各样的相似性就是这样盘根错节的：身材、面相、眼睛的颜色、步态、脾性，等等，等等。——我要说：各种'游戏'构成了一个家族。同样，各种数也构成一个家族。我们为什么要称某些东西为'数'？有时因为它与一向被称为数的某些东西有一种——直接的——亲缘关系。……我们延展数的概念，就像我们纺线时把纤维同纤维拧在一起。线的强度不在于任何一根纤维贯穿了整根线，而在于很多根纤维互相交缠。"（维特根斯坦，2001：37～38）维特根斯坦继续强调："他的概念和我的不同，但有亲缘关系。这种亲缘关系是这样两张图画的亲缘关系：一张由界线模糊的色块组成，另一张由形状和分布相似，但界线分明的色块组成。其中的亲缘相似性就像其中的差异一样不容否认。"（维特根斯坦，2001：42）

基于上述分析，本书将从词源学、工具书、相关著作出发，探讨学术职业的本真意蕴。

（二）　思想的批判

思想的批判指从历史角度对各种各样的思想观念进行批判。

"时代意味着时间的中断。通过如此，某一阶段和另一阶段相分离而形成自身。西方历史大致可以分为五个阶段：古希腊、中世纪、近代、现代和后现代。每一个时代的思想主题既相互联系又相互区别。"（彭富春，2005：40）这儿的时代没有明确的时间标识，只有主题的不同，是按照不同的主题划定不同的时代，有时候，时代与时代之间互相交织。在弗朗索瓦·利奥塔（Jean-Francois Lyotard）看来，我们现在生活的时代是后现代。尤尔根·哈贝马斯（Jürgen Habermas）则认为现代化的事业还未完成，当前的时代依旧是现代。但不管怎么说，现代有现代的主题，后现代有后现代的主题，是主题的不同区分了现代与后现代。大学也是如此。在历史上，有以阿卡德米学园为代表的古希腊大学，有以巴黎大学为代表的中世纪大学，有以柏林洪堡大学为代表的近代大学，有以美国霍普金斯大学为代表的现代大学，有以克尔提出的"巨型大学"为代表的后现代大学。同时，每一个时代的大学的主题也不尽相同（后文会对此有详细的论说）。同理，在每一个时代的大学里，学术职业的内涵不尽相同。而正是在时代里，学术职业走向未来，而不是成为后人凭吊的死去的东西。

尽管时代是断裂的，但具有自持性，不管时代如何变迁，其旨趣依稀可辨，就如海德格尔的"诗意语言"、维特根斯坦的"家族相似"。莫里斯·哈布瓦赫（Maurice Halbwachs）说，教育的"器官也各有其生命，尤其相对自主的演进，在这段历程中，也留存了各自前身的许多结构特征。有的情况下，它们会仰赖于各自的过去，以此来抗拒来自外界的种种影响"（涂尔干，2003：4）。所以，研究历史，实际上是研究教育的历史，是教育存在的历史，历史与教育同在。在此基础上，涂尔干认为，教育史为教育研究奠定了最坚实的基础，"我相信，只有细致地研究过去，我们才能去预想未来，理解现在"（涂尔干，2003：10）。他给出的理由如下。①教育形式不是恒常不变的，而是持续更新的，因为某个时代的教育形式是某些相互作用的特定社会力量的结果。因此，研究教育史，一方面可以避免对传统教育的过度崇拜；另一方面可以避免教育创新的主观臆想。②教育组织的运转有它们的过去，过去是培育它们的土壤，赋予它们现在的意义。要想了解教育组织系统，必须把它放到一个演进的过程当中。③教育目标是培养那个时代所属的人。但是在每个人的身上，都不同程度地蕴含着我们昨日所是的那个人，因此，教育目标不是要培养属于自己时刻的人，不是被我们感受时处在某个特定时点的人，也不是像我们一样受一时的需要和激情所影响的人，而是处在贯穿时间的整体性当中的人。④教育理论的发展是在历史长河中积累起来的，有些教育理论被淘汰了，有些教育理论剩留下来，但不管是被淘汰的还是剩下的，都是一笔宝贵的财富。"通过这种方式，我们将会避免屈从于兴盛一时的激情与偏向所产生的备受尊崇的影响，因为历史的考察将会赋予我们感受力，这种新获得的感受力将捕捉种种具有同等正当性的需要与必要性之间的差异，对这些激情与偏向构成制衡。"（涂尔干，2003：11~16）

总之，在历史中，思想即事情的显现。鉴于此，研究学术职业历史演进，要在西方的五个时代中展开，显现学术职业的内涵和历史演进的内在机制。

（三）现实的批判

"思想表现为已思考的，包括日常的和哲学的。思想批判不仅要对已思考的进行批判，还要找出我的思想和已思考的东西的界线。"（彭富春，2006）可见，语言的批判和思想的批判的生命力在于回到现实。这个现实有两点：一是针对西方历史来说的思想，在现实中思想还没有思考什么，而这个没有思考的，恰恰是最值得思考的；二是要回到以美国为代表的西方的学术职业的现实问题。

现实的批判类似于韦伯的"理想类型"（Ideal Type）方法。"理想类型"是超然性与介入性的统一体。

从超然性来看，韦伯想通过"理想类型"来建构一种抽象理论的概念结构，以把握纷繁芜杂的社会现象。他说，采用这种方法的目的是，"把历史生活中某些关系和事情集合为一个复合体，它被想象为一个具有内在一致性的体系。而实质上，这一结构本身就像一个通过着重分析现实的某些因素而得出的乌托邦"（韦伯，1999：185）。虽然理性类型不等于经验事实，但是在对繁多的经验进行概括后，突出了经验事实中具有共性的或规律性的东西，使之成为典型的形式。从这个层面上看，理想类型面对的是趋势而不是规律，是一种思维逻辑上的完善物，而不是对经验现实的归纳，也就不会被经验牵着鼻子走。

从介入性来看，理想类型不是目的，而是手段，是作为考察现实的概念工具：把它跟现实里的经验加以对照，看看现实与理想类型之间的距离有多远，并力图说明存在这些差距的原因，以此更好地认识和把握世界。可见，理想类型仅仅近似于社会现实，绝不等于社会现实。正因为有这样的相似性，才使比较成为可能，从而能够更好地获得对现实的认识。

从现实的批判看，本书将从美国大学学术职业出发，通过一般性的整体描述，诠释大学教师发展的现状；通过具体性的案例描述，呈现大学教师发展的问题。

五　研究思路

阿什比说："大学就不得不设法保持两者平衡：既不使传统在适应上成为无定见的顺风倒，也不顽固保守而偏执不化。为了取得这种平衡，大学就必须主动进行改革并控制改革，从而适应社会需要，避免招致外力强制下的变革。……所以任何类型的大学都是遗传与环境的产物。"（阿什比，1983：7）由阿什比的论断出发，本书以遗传作为时间的横切面去诠释西方大学学术职业的固有特质，以环境作为空间的纵切面去诠释西方大学学术职业的当前风貌。为保证横纵切面的诠释一以贯之，本书将学术职业的内涵解读融入诠释。

（一）横切面的诠释

西方大学学术职业的发展历程可以被视为知识观的演进，其背后是理性观念的发展和变迁。从古希腊时期的理论理性，到中世纪的实践理性，再到近代的创造理性、现代的技术理性以及后现代的非理性，每一个阶段都深刻影响了学术职业的性质和发展。古希腊时期的学术职业以理论理性为核心。这一时期，哲学家如苏格拉底、柏拉图和亚里士多德等追求普遍真理和智慧，强调逻辑推理和抽象思辨。在古希腊，学术研究主要是为了知识的自身价值，学者们致力于探究自然界和人类社会的本质规律。这种对理论理性的推崇奠定了西方哲学和科学的基础，并影响了后来大学的形成和学术职业的发展。进入中世纪，学术职业受到基督教神学的影响，实践理性成为主导。这一时期，学术工作的焦点转向了对宗教教义的解释和应用，学者们致力于将基督教教义与古希腊哲学相融合，形成了士林哲学。学术职业不仅关注理论探讨，还注重道德实践和信仰生活，学者们在修道院和教堂学校中教授神学、法律和医学等知识。到了近代，随着启蒙运动的兴起，创造理性开始影响学术职业。这一时期，人们开始质疑传统权威，追求个人自由和创新精神。学术工作不再仅仅局限于宗教和哲学领域，自然科学和社会科学得到了迅速发展。科学家们通过实验和观察来发现新知识，学者们追求创新和进步，大学成为知识创新的重要场所。在现代时期，技术理性成为主导。随着工业革命和科技的飞速发展，学术职业更加重视应用研究和技术开发。科学家们致力于将理论知识转化为实用技术，推动社会进步和经济增长。大学的学术研究与产业界紧密合作，学术职业的评价体系也越来越依赖于科研项目、专利和论文发表等量化指标。到了后现代时期，非理性思潮开始涌现。后现代主义者质疑现代性的普遍性和绝对性，强调知识的相对性和多元性。在这一时期，学术职业不再追求单一的真理，而是关注文化差异、身份认同和社会权力等问题。学者们采用多视角和解构的方法来分析和批判现代知识体系，推动了跨学科和跨文化的学术研究。可以说，西方大学学术职业的发展是理性观念演变的历史，不仅反映了知识观的变迁，还展现了西方社会和文化的发展轨迹。

faculty 一指理论理性的天赋，二指创造理性的有实现的能力。亚里士多德正是基于此理解这个词的意义：①灵魂引起某种事情的功能或能力，诸如记忆力、意志力和理智力；②可现实化的潜能（Stumpf et al.，2003）。在中世纪，faculty 更多具有实践理性意味，不仅指上帝赋予人的信、望、爱的能力，还指特权，以及具有行使圣职权的特别许可之行为或团体。基于此，雅克·勒戈夫（Jacques Le Goff）称中世纪大学教师为"教士"。在中世纪，一名优秀的大学教师被看作接受上帝恩惠的圣人，以至于来自四面八方的学生都愿意聚集在他身边，他也愿意把理解到的信仰传递给学生。

可见，faculty 的本意是理论理性、实践理性和创造理性相关，尤其是实践理性赋予大学教师要以学术为专业。同时，学术作为一个职业的繁荣也同实践理性息息相关。罗伯特·金·默顿（Robert King Merton）考察近代英国科学发展时，认为科学的繁荣与新教的精神息息相关。宗教本来是与科学相矛盾的，清教为何能促进科学的发展？默顿认为，清教的价值观与科学的价值观具有一致性。

第一，世俗的创造理性。清教徒在日常生活中坚持一种理念，即"在个人的神召职业中的刻苦劳作是必要的"（默顿，2000：98）。原因是：刻苦劳作能使人少有时间去屈服于五花八门的诱惑，有助于人获得职业上的成功。在世俗活动中，这里隐含着一种禁欲主义。在种种世俗活动中，探究自然奥秘是其中一种。在中世纪，研究自然、探索自然的奥秘是对上帝的亵渎，是对教会权威的挑战。清教则认为，"关于自然的实验研究，是促使人们崇拜上帝的一种最有效的手段"（默顿，2000：124）。

第二，功利的实践理性。清教认为，"虽然上帝根本不需要我们的善行，但是功德善行却会使上帝大感欣悦，因为这种行动是出于对他的赞颂，也使我们自己和他人获益"，"公益服务是对上帝最伟大的服务"（默顿，2000：96）。清教的功利主义为科学家普遍采纳。科学家认为，科学的真正目的是赞美上帝的功绩和以技术发明改善人类的命运。罗伯特·波义耳（Robert Boyle）说："祝愿他们在其值得称赞地致力于发现上帝杰作的真实本性的工作中，取得快乐成功；祝愿他们以及其他所有自然真理的研究者们热诚地用他们的成就去赞颂那伟大的自然创造者并造福于人类之安逸。"（默顿，2000：127）可见，在波义耳看来，实验科学自身就是一项实践理性的事业。这说明：当时的科学家采纳的目标（科学能够促进技术发明从而改善人类在世上的命运）与清教徒牢记于心的目标（为多数人的善行）是一致的。

第三，经验的理论理性。清教认为，理性和信仰并不矛盾，信仰上帝是以理性为前提的。理性约束人们的欲望和盲目崇拜，还能拯救人的灵魂。与中世纪的思辨理性不同，清教的理性从属于经验主义，它强调对经验材料的观察与思考。所以，清教是一种理性与经验相结合的价值观念，而这正好契合了科学发展的内在要求。默顿指出，"可能正是在这一点上，清教主义和科学最为气味相投，因为在清教伦理中居十分显著位置的理性论和经验论的结合，也构成了近代科学的精神气质"（默顿，2000：133）。

正因为默顿发现清教的价值观与科学的价值观并行不悖，所以科学具有类似于清教的价值观。世俗的创造理性保证了科学家能献身科学，功利的实践理性保证了科学家及其产品的知识权威性，经验的理论理性构成了对权威的认识论阐释，也奠定了科学知识权威形成的认识论基础。

可见，理性内蕴于大学教师（faculty）的语义中，而这也是学术职业的结构性和历史性相统一的准绳。

（二）纵切面的诠释

实际上，从大学起源看，最早的大学不是一个组织机构，而是大学教师与学生的联合体。按陈洪捷的考证，先有 universitas（学者的联合体）才有 studium generate（大学作为机构组织），即 studium generate 是在 universitas 的基础上形成的（陈洪捷，2006）。可见，最初的大学机构就是这些教师的行会和学生的行会。前者叫教师型大学，以博洛尼亚大学为代表；后者叫学生型大学，以波隆那大学为代表。

不过，学生型大学仅仅在大学发展史中存在很短暂的时间，如昙花一现便消失得无影无踪。而教师型大学历经千年，不仅没有灭绝，反而从社会边缘走向社会中心。"大学是第二个千年中意义最为重大的创造。900 多年前，它平平淡淡地出现，到如今大学已成为现代社会中平静却具有决定性意义的催化剂，成为现代社会有效运行和顺利发展的关键因素。"（罗德斯，2007：29）之所以如此，在于学生型大学不适应知识生产的逻辑，因为作为知识占有者的大学教师被动地接受知识获取者的学生管理，没有任何学术自由，也不存在学术独立，更不用说坚持学术责任了。最关键的是，大学教师为了迎合学生的需要，传授的知识不具备高深性和深奥性，这与大学的性质相悖。学生型大学灭亡的教训是，大学教师才是学术活动的主体。"自高等教育产生以来，高深知识活动就是高等教育的主要任务，并一直是各国高等教育的共同领域。实际上，高深知识活动的主体是教师而不是高等教育机构，是学术职业本身的工作任务。高校教师就是高等学校中对高深知识负有专业责任的人，高校教师是高深知识的载体。"（李志峰，2008：29）之所以如此，在于以下几个方面。

第一，社会分工需要大学教师以学术为专业。涂尔干认为社会分工的原因是，"社会容量和社会密度是分工变化的直接原因，在社会发展的过程中，分工之所以能够不断进步，是因为社会密度的恒定增加和社会容量的普遍扩大"（涂尔干，2000：219）。社会容量指的是人口的多少，社会密度指的是人与人之间的交往密度。在一定范围内人口越多，人与人之间的关系就越多，也即社会容量的扩大，会带来社会密度的增加。那么，社会容量和社会密度以何种方式产生社会分工呢？涂尔干（2000：223）说，"如果说，随着社会容量和社会密度的增加，劳动逐渐产生了分化，这并不是因为外界环境发生了更多的变化，而是因为人类的生存竞争变得更加残酷了"。由于生存竞争，产生了专业。专业可以避免冲突和可能发生的你死我活的斗争。由于专业越分越细，不同的组织各得其所，因而不必为了同一个任务而你争我夺。克拉克正是以此解释学术职业形成的原因的。"如果生物化学家能够把自己的学术职业发展到足以单独成立一个系的程度，他们就不用跟化学家在同一个系里争夺地盘了。……即使在系科内部，各个分支也用分专业的办法来防止其他团体的控制，避免因走同一条路而引起的冲突。"（Clark，1983：20）因此，大学教师以学术为专业一是知识容量-知识爆炸的结果，二是大学教师避免伤害的一种自我保护。

第二，社会发展需要大学教师以学术为专业。随着经济、政治、军事和文化的发展，需要有更多的大学教师在这些方面开展教学、科研和服务。因此，大学教师不仅要培养出未来一代的学术人才，还要从事创造性的学术工作，同时还要结合社会需求应用创造出来的学术成果。实际上，学术职业是当前社会的一种举足轻重的职业。在美国，大学教师已成为必不可少的一个群体。无论以专业人员的数目还是学术机构的规模，或者以仪器设备的价值来衡量，美国的学术职业现在都是一项规模巨大、具有头等国家重要性的职业（巴伯，1992）。实践证明，大学教师没有辜负社会的厚望，其知识生产活动使其成为政府-产业界-大学三重螺旋结构模型中的重要一维，成为社会进步的加速器和社会变革的加油站。

第三，社会为大学教师提供了以学术为专业的机构——大学。刘易斯·科塞（Lewis Coser）是这样归纳的。①大学提供了一个环境，在这里共同从事不受约束的知识追求的人可以相互交流，并在不断交流中磨砺自己的思想。②大学定期支付教授报酬，尽管远远低于一些非学术职业的报酬，但能保证他享受中产阶级的生活方式。③大学向大学教师提供任教期间的权力保证。大学教师得到了制度上的保证，免受捉摸不定的市场的影响，从而可以在不受经济压力干扰的情况下全身心地投入工作。④大学把大学教师的时间制度化，使他们能够把大部分工作时间用于独立思考和自主研究。⑤大学承认其成员的学术自由（科塞，2001）。由此，科塞说，大学教师像普通人一样需要强有力的机构的保护，而大学在将来继续作为一个这样的机构而存在（科塞，2001：320）。

阿特巴赫认为，大众化、问责制、私营化和市场化造成了不同国家之间学术职业的差别。"此外，大众化导致学术职业和学术机构规模膨胀得愈加让人难以辨认。问责制已限制了学术职业传统意义上的自主性，从而使学术工作受到更加严格的控制，损害了学术职业的主要魅力。私营化在某种背景下对学术人员施加了压力，迫使他们通过咨询和其他非教学性活动，为自己和大学创收。市场化迫使学术人员更加迎合学生的课程兴趣并热衷于参加企业活动。令人悲哀的是，在高等教育大众化时代，全世界的学术工作条件都已处于恶化之中。"（阿特巴赫，2001：2）

一大批抨击高等教育不足的书目出版并引起社会轰动。其中对大学教授的表述是这样的：①他们领着高薪，从事荒唐的工作，是学术垃圾帝国的建筑师；②他们抛弃了教学责任和学生，对于每个本科生而言，教授是无法接近、沟通和利用的资源；③为了追求自身的利益和从事科研，他们进行学术拉拢活动，寻找轻松的工作并故意避开收入微薄的学术底层人员；④为了迎合狭隘自私的利益，他们完全不顾学生实际，随意扭曲大学课程；⑤他们形成了一种风气，不仅差的教学可以瞒天过海，无人问津，好的教学也受到不公正的对待；⑥他们坚信研究的责任驱使他们离开课堂，尽管不到1/10的人对他们的研究领域做出了贡献。

与发达国家相比，第三世界的学术职业具有边缘性和依附性。从边缘性来看，发展中国家与中等收入国家学术职业很少走到世界科学前沿，不能共享对世界范围学术权力的控制。从依附性来看，第三世界的学术职业的认证、模式和职业标准，都向发达国家看齐，以至于一些学术精英到发达国家谋职。为此，阿特巴赫把第三世界的学术职业描述为"失落的精神家园"（阿特巴赫，2001：4）。他认为，发展中国家的学术职业面临如下问题：①工资不丰厚和职业不稳定；②设备落后；③学术权力小于行政权力；④学术自由得不到保障；⑤学术责任丧失；⑥学术职业化程度低；⑦不能为大学教授提供跟踪当前本专业领域学术发展动态的便利条件；⑧兼职和临时的大学教师不能胜任大学工作（阿特巴赫，2001）。

在阿特巴赫看来，发达国家的学术职业的问题也不容乐观，以至于他把发达国家的学术职业称为"学术遗产的衰落"，这具体表现在：①拥有专职的终身聘用职位的教师将更少；②更多的教师将是兼职的，负责教授的课程数量很有限，很少到校或不到校，与学生的联系很少；③更多的教师担任专职的、非终身聘用的教学职位；④教学职业将因性别、种族而更加多种多样；⑤教师将更少面向科研，在可能开展科研活动的地方，教师将更少；⑥教师在学术上的才干将更少，因为"最好的和最聪明的人"更少被吸引到大学教学职位上来；⑦问责和学术绩效（特别是研究和教学），正在慢慢地成为学术职业的一部分；⑧大学教授的传统权力消失了；⑨学术职业能否保留公务员的地位还是个疑问；⑩学术工作的条件正在恶化（阿特巴赫，2001）。例如，教师的工资跟不上通货膨胀的增长速度，教师职务晋升越来越困难，问责对传统的教师资格的限制越来越多，许多国家的学术设施匮乏。

　　目前，美国大学的学术职业一般被认为是世界上最完善的，因此对研究西方大学学术职业也具有较强的代表性，主要原因如下。第一，资源丰富。美国拥有世界上最丰富的教育资源，包括资金、设施、图书馆、实验室等。这些资源为学术研究提供了良好的支持和保障，使美国大学的学术职业得以快速发展和完善。第二，学术氛围浓郁。美国大学重视学术研究，鼓励教师进行创新性的研究。学术自由和学术独立是美国大学的核心价值观，这使教师可以自由选择研究方向，发挥自己的专长和兴趣，从而提高研究成果的质量和影响力。第三，学术交流广泛。美国大学之间以及与其他国家大学之间的学术交流非常活跃，这有助于推动学术职业的发展。学术会议、访问学者项目、合作研究等多种形式的学术交流活动，使美国大学的学术职业得以不断更新和发展。第四，高手云集。美国大学注重培养高水平的学术人才，通过严格的选拔和培训机制，选拔出最优秀的学者担任教职。此外，美国大学还吸引了大量国际顶尖学者前来任教，形成了国际化的学术团队，为学术研究提供了更多的交流和合作机会。第五，评价体系完善。美国大学建立了一套完善的学术评价体系，包括同行评审、学术期刊、学术奖项等。这些评价机制有助于激励教师进行高质量的学术研究，提高学术成果的认可度和影响力。这些优势特点使美国对西方大学学术职业研究具有代表性。首先，美国大学的学术职业发展水平较高，可以为其他国家提供参考和借鉴。其次，美国大学的学术职业具有国际化特点，吸引了大量国际学者参与，这使研究成果更具普遍性和适用性。最后，美国大学的学术职业研究涉及多个领域和学科，为学术研究提供了丰富的研究素材和案例。

（三）横纵切面诠释的贯通

学术职业已进入专业化时代。20 世纪 80 年代以来，"学术职业专业化"成为许多国家关注的中心和焦点主题之一。世界"学术职业专业化运动"也由此兴起并成为提高教师质量的保障（刘捷，2002）。1996 年，联合国教科文组织召开了以"加强教师在多变世界中的作用之教育"为主题的国际教育大会，会议认为，要使教师成为教育变革的关键活动者，"专业化是最有前途的中长期策略"（联合国教科文组织，1999：534）。不同学者从不同角度对学术职业内涵进行解读，使"教师专业化成为一个教育研究和社会辩论的重要课题"（刘捷，2002：5）。本书对有关教师专业化的文献进行诠释（熊华军、常亚楠，2013），以期厘清其内涵。

1. 学术职业角色

角色（Personality）概念来源于戏剧，指演员在戏剧舞台上依据剧本所扮演的某一特定人物。言外之意，即教师的学术职业角色指教师在社会生活中所扮演的社会角色，该角色具有无可替代性，包括社会地位、社会身份、社会服务、社会期望四个维度。

社会地位。社会地位的高低显示了社会群体在社会中作用的大小，一般包括政治地位、文化地位和经济地位。从政治地位看，教师的活动代表着"国家的未来"（国家教育发展与政策研究中心，1990：17）；从文化地位和经济地位看，教师是知识的承载者、传播者、创新者，因此"应获得高额的薪酬"（刘捷，2002：207），其收入水平应与国家公务员持平。

社会身份。社会身份是某一社会群体在社会中获得认同的符号。从教师所从事的职业角度而言，有以下特点：正式、全日制、不可缺少、专一等；从教师拥有任职资格角度而言，依靠证书、文凭、称号等对教师的身份有了明确的限制，也使教师身份得到了法律保障；从教师自身角度而言，教师不仅是提供教育教学服务的专业工作者，是教学管理者，还是理想与现实、理论与实践之间的转化者。总之，从教师从事的职业、教师的任职资格、教师自身都可以看出教师拥有独一无二的社会身份。

社会服务。教师崇高的学术职业角色是在其提供的优质社会服务中体现出来的。作为一名专业教师应明确教师的职责，并坚持履行自己的职责，提供相应的服务。对个人而言，教师应不断丰富自己的知识，提高自己的教学水平；对学生而言，"师者，传道授业解惑也"；对家长而言，教师应积极与之交流，共同探讨学生的培养问题；对学校而言，应遵守学校的规章制度，与其他教师共同合作，营造一个良好的教学环境；对社会而言，教师应培养社会需要的人才。总之，教师的这一学术职业角色服务于学生、服务于家长、服务于学校、服务于社会。

社会期望。社会期望在不同程度上反映了教师专业存在社会性，它体现在教师依法有效地履行义务、行使权利中。例如，1993 年我国《教师法》即规定教师拥有以下权利：进行教育教学活动，开展教育教学改革和实验；从事科学研究、学术交流，参加专业的学术团体，在学术活动中充分发表意见；指导学生的学习和发展，评定学生的品行和学业成绩；按时获取工资报酬，享受国家规定的福利待遇以及寒暑假期的带薪休假；对学校教育教学、管理工作和教育行政部门的工作提出意见和建议，通过教职工代表大会或者其他形式，参与学校的民主管理；参加进修或者其他方式的培训。对公众而言，教师独特的工作性质使他们赢得了高度的信任和广泛的尊重；对教育事业而言，教师拥有控制权，对自己的教学负有责任。教师专业自主权已引起社会的广泛重视，教师是否拥有相当程度的自主决策的权利，是衡量教师专业化水平的一项重要的指标（刘捷，2002）。

2. 学术职业素养

学术职业素养是当代教师质量的集中表现（叶澜，1998），包括专业知识、专业能力、专业精神。

专业知识。专业知识是学术职业的重要组成部分，是教师开展工作的支撑点，它几乎影响着教师工作的每个方面。具体来说，专业知识包括如下几个方面。①学科性知识。它是教师专业化成长的核心，是教师工作的前提。②跨学科知识。它是教师专业化成长的基础，是当前教师必须具备的知识。学科性知识和跨学科知识一起构成了教师的理论性知识。③实践性知识。它是学科性知识和跨学科知识在生活世界中践行和积累的知识，它检验理论性知识，同时也接受理论性知识的检验。④条件性知识。它是促进教师专业化成长的催化剂和活化剂，提高了教师工作的有效性和效率。没有条件性知识，教师无法实现理论性知识与实践性知识的转换。可见，学科性知识和跨学科知识关注的是"教师应该知道什么"，实践性知识关注的是"教师做了什么"，条件性知识关注的是"理论与实践如何有效沟通"。在沟通中，新的学科性知识和跨学科知识不断生成，新的实践性知识不断生成，新的条件性知识也不断生成，从而促进知识生产和更新。

专业能力。根据开放编码获得信息，教师专业能力包括教学能力和交往能力。①面对学生，教师需要拥有教学能力，如诠释能力、激活能力、教育研究能力、组织管理能力等，最终激发学生学习热情，使学生高效地获得真知。②面对同事、家长、领导等社会因素，教师需要拥有交往能力，如理解能力、反思能力、协调能力、控制能力等，最终创造一个良好的教育氛围。总之，教师在不同时空中面对不同的对象，需要有不同的专业能力。

专业精神。正如古德森所说："教学首先是一种道德的和伦理的专业，新的专业精神需要重申以此作为指导原则。"（联合国教科文组织国际教育局，2001：14）专业精神包括：专业态度、专业责任、专业理想和专业道德。首先是专业态度，教师不仅要认业，即认同这个职业，还要敬业，即兢兢业业把自己的事情做好，更要乐业，即在此职业中发现人生的意义。其次是专业责任，包括：①对学生的责任，促进学生德智体美全面发展；②对同事的责任，以自己的专业素质引领学术共同体发展；③对学校的责任，为学校的可持续发展贡献自己的力量；④对社会的责任，作为公民教育的实施主体，在法律、道德、文化方面开创社会文明新风潮。再次是专业理想，包括：①专业卓越，即在自己的专业领域做得有声有色，成为本专业骨干力量；②专业超越，即跨越本专业领域，寻求跨学科智慧，做一名创新型人才。最后是专业道德，包括：①信，即不管在什么情况下，都相信自己的学生，始终将学生置于主体位置；②望，在此职业中，不无望也不绝望，而是充满希望，即教师这个职业是全人类最美好的职业；③爱，这里的爱不是非理性的爱，而是理性的爱，即面对学生的时候，从"一切为了学生"出发，因材施教。

3. 学术职业发展

学术职业发展是指教师个体在其整个职业生涯中，依托学术职业组织，通过终身专业训练，习得教育专业知识技能，实施专业自主，表现专业道德，不断增强专业能力的过程，或者说是教师"个人成为教学专业的成员并且在教学中具有越来越成熟的作用这样一个转变过程"（邓金，1989：

342），包括职前教育、入职教育和在职培训三个维度。

职前教育。即职前师范生阶段的教育，是教师角色的储备期。在这一阶段，主要是学习一些学科专业知识和教育科学知识，并且通过参加教育实习，获取一定的教学经验，最终通过考核获得教师资格证书。当前，世界高等教师教育培养机构的设置存在三种类型：①师资培养机构是综合大学、文理学院等高等院校，这是一种开放或非定向型教师教育体系；②师资培养机构是独立存在的师范院校，这是一种定向型或封闭式的师资培养体系；③存在独立的教师教育机构，综合大学与文理大学也参与培养师资（刘捷，2002）。

入职教育。训练专业化阶段是教师的入门阶段，需要对新教师进行培训，使他们适应学校环境、课堂环境等，正确处理与校领导、其他同事、家长以及学生的关系，并且能够将自己前一阶段所学的知识应用到教学实践中，真正实现从学生角色到教师角色的转换。入职教育的形式包括小型培训课、"临床"实习、新任教师训练、师徒帮带等，在澳大利亚、英国和日本等国家已经开展了这种类型的活动，比如开展小型培训课，帮助新任教师在较短的时间内适应教学环境。

在职培训。教师在职培训的主要目的就是开发教师的潜能和创造力，提高教师的专业水准和工作成绩，促使合格教师向优秀教师转化（刘捷，2002）。在职培训的形式包括：广播、电视、电化教育及函授教育；由教育学院、教师进修院校举办的正规培训班；由各地教育行政部门、教育学院、教师进修学校、教学研究室等单位组织举办的讲座或报告；针对教材教法的短期培训；等等（刘捷，2002）。从层次看，有国培、省培、市培、县培和校培；从文凭看，有学历教育和非学历教育；从时间看，有时间较短的培训和时间较长的培训；从地点看，有"请进来"的培训和"走出去"的培训；从形式看，有集中培训和网络培训；从内容看，有新课程与学科教学、教育教学理论、现代教育技术、教学方法及策略、班主任工作、学生发展、心理健康及德育、学科专业知识等培训；从方式看，有讲座式培训、参与式培训、现场学习、网络培训、专家指导、录像观摩、课题研究、备课研讨、案例分析等；从人员看，有教师培训和管理人员培训。

4. 学术职业组织

学术职业组织是由大学教师和其他教育工作者组成的具有专业性、服务性、互利性的专业群体（刘捷，2002），包括组织使命、组织制度和组织类型。

组织使命。每个学术职业组织在成立之初都有自己的使命。概括起来，学术职业组织有如下使命。①对教师而言，维护教师职业的权利、物质利益和道德原则；确定教师资格的标准，并为达到标准的教师颁发证书；全面负责教师的培训工作；进一步密切各国教师间的关系；招收和选拔新教师；明确教师教育的时代性任务，更新教师教育的传统观念，形成新的教师教育观；开发资源，提高教师教育的效益；加强对教师教育的投入，率先形成终身教育的体系。②对教育机构而言，追求法律支持以赢得自治；鼓励学校之间的竞争；深入开展承担教师教育任务的学校内部的教育教学改革，使教师教育的质量要求落到实处；认可和鉴定教师教育机构；提高教师教育机构的专业化水平。③对教育事业而言，检查教师教育的课程和教学计划；改进教学方法以及教育机构和教师的专业训练和学术准备；反思教师教育的经验与问题，调整结构，发挥合理系统的整体功能；建立起教师教育发展的社会保障体系和机制，其中包括行政、法律、经费、制度、评估、研究等方面。

组织制度。学术职业不仅是一种理念，还是一种制度，它的发展和完善必须建立一套健全完备的教师教育制度作为保障（曲铁华、冯茁，2005）。这些制度包括行业标准、伦理纲领、工作规范、培养制度、保障制度等。行业标准包括教师的工作条件和应负的责任；伦理纲领包括处理道德问题的道德实践和程序，这些实践和程序可以澄清模棱两可与疑难困惑的服务问题；工作规范包括对不符合标准的行为进行惩处；培养制度包括提供各种教师培养的机会；保障制度包括为教师的发展提供有关行政、法律、经费、制度、评估、研究等方面的保障。它们共同的特点是：全日制、普遍性、公平性、自主性、严格性、具体化、体系化。组织制度的制定使专业教师组织能够更好地服务于教师、服务于社会。

组织类型。组织类型按名称可分为：联合会、协会、培训署、培训学院、教职员工会、标准委员会等；按设置方式可分为：国际性的、全国性的、大学设置、地方设置、大学和地方协办设置、合并学术职业组织等。国外已形成的有利于教师专业化的组织有：美国全国教育协会（National Education Association）、美国教师教育学院协会（American Association of

Colleges for Teacher Education）、美国教师教育协会（Association of Teacher Education）、美国教师联合会（American Federation of Teachers）、英国全国教师联合会（National Union of Teachers）、澳大利亚教师联合会（Australian Teachers' Federation）、加拿大教师联合会（Canadian Teachers' Federation）、日本教职员工会（Japanese Teachers Union）、师资培训署（Teacher Training Agency）、全国教师教育和专业标准委员会（National Commission on Teacher Education and Professional Standards）、全国教师教育认可委员会（National Council for the Accreditation of Teacher Education）等。

通过上述分析，本章的学术职业内涵通过学术职业角色、学术职业素养、学术职业发展和学术职业组织加以表征。

大学教师的学术职业角色包含以下三层含义：①大学教师的学术职业角色是一套社会行为模式，即大学教师的学术职业角色都是在其独特的社会服务中体现的；②大学教师的学术职业角色是由大学教师的社会地位和身份决定的，而非自定的；③大学教师的学术职业角色是符合社会期望的，即社会对于大学教师有相应的权利和义务的规定，大学教师必须按照规定行事，不能为所欲为。简而言之，大学教师学术职业角色有四个方面的内涵：社会地位、社会身份、社会服务和社会期望。

大学教师的学术职业素养是一个大学教师的根本，有三个方面的内涵：专业知识、专业能力、专业精神。学术职业素养的提高有助于提高大学教师的经济地位和社会地位，从而促进大学教师专业化成长。

学术职业发展对大学教师专业化水平提高发挥巨大作用。它是培养大学教师的一条主要途径。社会、政府、企业等有关机构应为大学教师的学术职业发展提供人力、财力、物力支持，社会各要素积极参与，共同合作，有效地开展职前教育、入职教育、在职培训。总之，学术职业发展是促进大学教师专业化成长的推力。

学术职业组织、学术职业素养、学术职业角色和学术职业发展这四个方面有机联系在一起，缺一不可，完美诠释了学术职业内涵。学术职业组织一方面保障大学教师的权利，另一方面促使大学教师的工作为公众负责；学术职业素养与大学教师的经济和社会地位密切相关；学术职业角色体现了大学教师的社会地位、社会身份、社会服务和社会期望；学术职业发展是培养大学教师、促进大学教师专业化成长的一条主要途径。不断完善这四方面工作，有助于大学教师的专业化成长和专业化发展。学术职业组织的成立有助于促进学术职业专业化，由此可见学术职业组织的重要性。需要强调的是学术职业组织必须拥有法律支持，并且依法建立自己的制度。

从研究思路的横切面、纵切面出发，本书的研究思路如图 0-1 所示。

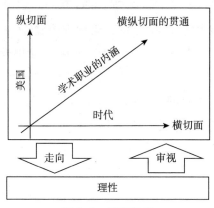

图 0-1 研究思路

根据研究思路，本书的研究内容如下：一是基于语言的批判，诠释学术职业的意蕴（绪论）；二是基于思想的批判，从西方的五个时代出发，描述学术职业历史演进轨迹（第一章）；三是基于现实的批判，描述以美国大学为代表的学术职业现状（第二章）；四是在批判的基础上，探讨西方大学学术职业发展面临的危机以及解决之道（第三章和第四章）。

第一章　西方大学学术职业的历史嬗变

理性一直是西方思想的主题，也是西方大学的基本规定，其学术职业被打上了理性的烙印。但是，理性在西方发展的五个时代存在五个主题，即理论理性、实践理性、创造理性、技术理性和非理性，这些理性主题又分别规定了处于不同时代的学术职业的特点。亚里士多德把理性分为理论理性、实践理性和创造理性，"理论理性以求真为目的，实践理性以行动为目的，创造理性以事物制造为目的"（亚里士多德，2003：26）。"西方社会从其思想的演变史到社会的变革史，尽管存在这样或那样的转向和革命，但有一点是共同的，即都是一部生动的由理性思想来影响和推动社会秩序变革的历史。"（李国俊，2007：108）"理性"起源于古希腊的逻各斯（logos）和努斯（nous），包括语言、说明、比例、尺度等，属于规律性的哲学范畴。理性在一定意义上是大学发展所应遵循的至高原则，也是高等教育思想演变的"大熔炉"（张学文，2013）。在不同历史时期，学术职业呈现不同的内在特征，这是由不同历史时期的理性主题所规定的。理论理性规定了古希腊大学学术职业；实践理性规定了中世纪大学学术职业；创造理性规定了近代大学学术职业；技术理性规定了现代大学学术职业；非理性规定了后现代大学学术职业。

一　理论理性规定的古希腊大学学术职业

在古希腊，理论理性是最高的，它规定了实践理性和创造理性（彭富春，2005）。彭富春认为，理论理性是洞见。洞见一方面区分盲见，即视而不见；另一方面又排除异见，即自以为是。洞见就是看到事情的本质，是就是，不是就不是，即实事求是。"要过一种理论、思辨的生活，就必须做到：作为人要去洞见人的思想；作为要死者还必须洞见死的本质；尽一切可能按内在于人类的理论理性去洞见人类一切生活的本质。"（伯纳斯，1989：3）在古希腊，理论理性主要具有以下特征。①追求智慧，这是理性能力所赋予人的使命，因为对古希腊人而言，只有神才是智慧的，人只能追求它。②理论理性的德行是理论智慧，智慧应是最完善的科学，是努斯和科学的结合，努斯把握的是第一原则，科学则根据第一原则演绎出证明的知识。理论智慧则统摄两者，主要目的是消除人的困惑，使人在思辨中获得知识，感受到理论智慧的魅力，因此理论智慧是最完善的。③德行与知识同一，因为真正的知识必然是与最高的道德范畴（善）密切相关的，一是德行与知识是高度合一的实践智慧，以理性为基础；二是以理性为原则，基于对德行的认识指导人的实践和行为。作为古希腊人生活的最高原则，理论理性规定了古希腊学术职业的方方面面。本书主要从学术职业角色、学术职业素养、学术职业发展、学术职业组织四个维度入手，解读古希腊大学学术职业的内涵。

（一）学术职业角色

古希腊也有大学。柏拉图创建的阿卡德米学园是西方历史上出现的第一所大学（Stumpf & Fieser，2003）。博伊德和金也认为，阿卡德米学园是第一所永久性的高等教育机构（博伊德、金，1985）。据弗罗斯特考证，属于儿童的普通教育由体育和军事教育构成，属于青年的高等教育由理智教育构成，且其是最重要的教育（弗罗斯特，1987）。古希腊公民可以不接受普通教育，但一定要接受高等教育。古希腊人不会把孩子交由祭司教育，因为他们认为只有哲学家才能教给孩子真理。可见，古希腊哲学家就是大学教师。例如，苏格拉底被称为"第一个作为公众教师的雅典人""著名教育思想家的先驱"（博伊德，1985：26~27）；柏拉图被誉为"教育的诗人""最好的教师"（弗罗斯特，1987：64）；亚里士多德则是"一千年来最重要的教师"（汉密尔顿，2008a：42）。古希腊哲学家之所以是大学教师，有如下几个方面的原因。

服务人的本性。亚里士多德说，求知是人类的本性（亚里士多德，

1950）。在亚里士多德看来，求知有三个条件。第一个条件是"惊异"，即人们对自然现象和社会现象所表现出来的困惑和惊奇，想知道自然现象和社会现象背后的原因。第二个条件是"闲暇"。真正的古希腊人不用从事繁重的体力劳动，这样的劳动由奴隶承担。他们也不用为生计而奔波劳碌，因为他们衣食无忧。正因为如此，他们有时间和精力从事求知活动。第三个条件是"自由"。求知不受各种目的和利益的支配，而是为求知而求知，即求知是自足的，它不以别的什么目的而存在，纯粹是为了自身而存在，它要求自由地思考，自由地发表意见。总之，古希腊人更崇尚沉思的生活，而不是追求物欲的生活。如何过沉思的生活？这需要哲学家的指引，因为哲学家是爱智慧的人，他能教导青年如何在闲暇里自由地探究事物从何而来又从何而去。"如果一种高贵的本性同时辅以节制的训练，并进一步接受慷慨的指导，那么就很容易获得完善的德性。"（拉尔修，2003：401）

服务城邦。哲学家认为美德可教是哲学家成为大学教师的根本原因。"美德并非天生的或自然而然拥有的，而是通过学习和接受教育获得的。"（柏拉图，2003：444）同时，公民的美德与城邦的命运息息相关。古希腊城邦不是指一片领土，而是指由公民组成的共同体，哲学家以为城邦效劳为荣。在哲学家看来，最关键的是如何围绕城邦事务形成统一的美德，而不是每个人的美德，因为人人都有自己的美德，表明人人都不知道美德是什么，也表明城邦没有自己的伦理道德体系。于是，城邦的危机在于公民不知道统一的美德。在这种情况下，需要教育重塑人的灵魂，让人知道什么是真正的美德，以此重建城邦的伦理道德体系。"教育是一个社会事件，它使社会凝聚在一种共同的心灵本质中。另一方面，国家是一个教育机构，它高度集中了一切有利于人之教育的社会影响。"（巴克，2003：34～35）简而言之，个人的美德依赖于国家的美德，而个人的美德是国家的美德的根基，二者无法分开。只有拥有美德的人才是好公民，只有公民有美德了，一个国家才有美德。国家的状况与公民的美德息息相关。正因如此，哲学家都把教育作为自己的使命，目的在于使人的灵魂转向，回忆起拥有的美德。

服务神。古希腊哲学家崇拜神，认为神掌控世界，哲学家的任务是接受神的召唤，然后按照神谕从事教书育人的活动。如苏格拉底说自己从事教育是"为神办此差"（柏拉图，1983：66）。耶格尔认为，苏格拉底"觉得他的职责和使命是教育，因而教育工作是为神效力。准确地说，这一职责和使命可以被描述为宗教职责，因为这是照顾人的灵魂的职责"（Jaeger，1943：39）。柏拉图讥讽智者（Sophist）为批发或者零售灵魂粮食的商人，亚里士多德讥讽智者就是靠似是而非的智慧赚钱的人。

更重要的是，古希腊城邦的自由氛围为哲学家成为大学教师提供了土壤。"在我们的土地上没有暴君，没有人凭个人私利实行统治和制定律法。自由属于我们的城邦，人民是这里的主宰。"（汉密尔顿，2008a：19）尽管古希腊人残忍地处死了苏格拉底，而他的学生柏拉图随后就以他的名义继续执教，从者甚众，声誉日隆。

作为哲学家的古希腊大学教师虽从事不同的工作，但其目的只有一个，就是求真，即让人认识事物的本质，让人认识到对城邦的义务，让人在神的指引下过诗意的生活。

（二）学术职业素养

1. 专业知识

在苏格拉底看来，知识即美德，美德即知识。要成为一个有美德的人，要有美德的知识。相应地，为了教美德，作为哲学家的古希腊大学教师需要有关美德的知识。

节制的知识。节制就是控制欲望。当一个人生活在欲望中时，人过的是动物的生活，因为动物就是欲望本身。因此，对哲学家而言，首先要有节制的美德，不要过随心所欲的生活，要过温和的生活。"有节制的生活都是温和的。它所提供的快乐和痛苦都是不激烈的，它的欲望和情欲从来不会达到疯狂的地步，而是温和的。"（柏拉图，2003：492~493）这种温和的生活被亚里士多德发展为中道的生活，即节制就是合乎理性之道，不能过，也不能不及。由此，节制就是接受理性的规定，接受理性规定的节制就是节制的知识。

勇敢的知识。勇敢不仅指战场上的勇敢，还指日常生活中的勇敢。战场上的勇敢是为国捐躯，日常生活中的勇敢指坚定信念。如果没有理性的指导，勇敢要么升格为莽撞，要么堕落为恐惧。真正的勇敢是在面对痛苦的情况下坚持"应该"的行为，而不是为"痛苦"所左右。所以，勇敢的实质是在应该的时候，应该的情况下，对应该的对象，按应该的方式坚持他所应该的目的（亚里士多德，1999）。这就是勇敢的知识。

智慧的知识。赫拉克利特说，"人类的本性没有智慧，只有神的本性才有"（汪子嵩等，1997：502）。虽然人没有智慧，但人可以爱智慧。当一个人爱智慧的时候，他也分享了神的智慧，于是人也有了智慧。在此，智慧告诉人不仅要与神相区分，还要与动物相区分，更要与人自身相区分。人与人自身相区分才是最重要的，因为只有当人与人自身相区分的时候，人才能与动物和神相区分（彭富春，2005）。人与人自身相区分就是苏格拉底说的"认识你自己"，即人受理性的规定，不被欲望所左右。因为人是理性的人，当人凭借理性行事时，就不会做错事。做错事在于无知，贤者不会为恶。

正义的知识。正义不是平均，因为平均主义是不正义的。正义的实质就是各司其职、各安其分、各尽所能、各尽所长，不逾越自己的道德责任和法律义务。"正义就是只做自己的事而不兼做别人的事。……正义就是有自己的东西，干自己的事情。……每个人都不拿别人的东西，也不让别人占有自己的东西。"（柏拉图，2003：154～155）从个人来看，如果能用理性控制自己的欲望，并坚定自己的信仰，个人的灵魂才是和谐的。如果任凭欲望和激情所左右，个人的灵魂永远不会超离肉体之外。所以，正义是节制、勇敢和智慧这三种美德的统一体，这是正义的知识。

作为哲学家的大学教师不仅要掌握美德的知识，还要掌握如下的知识。

"七艺"。在柏拉图看来，七艺是知道存在和知道存在者如何存在的知识，是探究事物本源的一般性知识。七艺包括：文法、修辞、逻辑、数学、几何、天文和音乐。文法是探求事物本源最基本的知识。修辞是指通过叙述、问题、转述等方法更进一步解释事物表象背后的本质的知识。逻辑是"一切从根本出发的抽象推理，即对某些特殊事物的根据加以论证"的知识（黑格尔，1960：120）。数学是从感性世界到理性世界，从具体到抽象的桥梁。"几何学的对象乃是永恒的事物，而不是某种有时产生和灭亡的事物。……几何学能把灵魂引向真理。"（柏拉图，2003：291）于是，柏拉图在阿卡德米学园的门扉上写下"不懂几何者不得进入"的话语。天文学是灵魂转向的教化内容，因为天文学是立体几何，学习它是为了把天空用作帮助认识真理的说明图。音乐是天文学的兄弟学科，目的是寻求美者和善者。

特殊事物的知识。在亚里士多德看来，探索事物本质时，事物是以特殊具体的存在而存在的，所以教师必须了解和掌握特殊事物的知识（伯纳斯，1989）。特殊事物的知识包括：植物学、动物学、心理学、气象学、化学、物理学、农业、工程以及物体的运动、变化相关的知识。这些知识的意义在于专门探究事物普遍的本质。例如，植物学专门研究各种植物所具有的本质属性。

实践知识。在古希腊，没有职业的划分，每个人都为城邦而生活，因而要从事许多不同的工作。哲学家在他的一生中要扮演许多不同的角色。例如，苏格拉底当过木匠、打过仗、担任过议事会主席。古希腊没有与现实生活脱离的学者阶层，他们的诗歌、雕塑、哲学都是出自战士、水手、政治家、日常事务处理者之手。伯里克利说，"总而言之，我觉得雅典可以说是希腊人的学校，每一个雅典人都具备适应许多种不同工作的能力，而且能够做到多才多艺、优美典雅"（汉密尔顿，2008b：94）。

美德的知识是为了让人成为人自身，其他的知识是为了让人认识事物和生活的本质。这两种知识是古希腊大学教师必须具备的。

2. 专业能力

作为哲学家的古希腊大学教师拥有较强的专业能力——教学能力。

因材施教与因时施教。在柏拉图看来，每个人的天赋是不同的。有的人天生是铁做的，应当把他培养为工匠，教他节制的美德。有的人天生是银做的，应当把他培养为军人，教他勇敢的美德。人在不同年龄阶段要接受不同的教育。由于人在青年以前，还没有形成理智，因此要接受音乐和体操的教育。到18岁以后，需要接受两年的体育训练。这些属于工匠的教育。从20岁到30岁，那些被证明能够胜任更高级学习的青年开始学习数学、几何、天文和音乐。这些属于军人的教育。在30岁时，从他们当中挑选出一批优异的人，再进行5年的辩证法教育。这属于哲学王的教育。

言传与身教结合。古希腊大学教师往往通过艺术、音乐、诗歌与神话表达真理，这些充满真、善、美的表达往往令学生如沐春风。例如，在阿卡德米学园的日子里，柏拉图所讲的知识实在令亚里士多德着迷。亚里士多德从柏拉图所讲的神话、故事或诗性的表达中学会了思考真理（汉密尔顿，2008a）。不过，古希腊大学教师对学生的影响更多是在身教上。苏格拉底不计报酬传播真理、为正义慷慨献身的光辉形象对柏拉图影响深远。柏拉图砥节砺行的圣人般行为也极大地影响了亚里士多德。亚里士多德说："此时无法用语言来形容，要想领悟他，就必须与他长相厮守，他正如一个跳动的火种点燃了烈焰，忽然在灵魂中诞生。"（汉密尔顿，2008a：70）

　　观察、沉思与讨论相结合。引导学生学会沉思是古希腊大学教师的首要任务，但古希腊大学教师也采用观察教学法。有一段对话是这样的："柏拉图近来如何？他在研究什么？""嗨，在那边的操场上有一群少年围着一条黄瓜低头沉思。有人说，黄瓜是一种圆形蔬菜，也有人说，它是一种草本植物，还有人说，它是一棵树。柏拉图神色和蔼，在一旁不断鼓励这些孩子反复进行这类习作。"（汉密尔顿，2008a：40）可见，柏拉图杜绝任何照本宣科的教学，他要求学生凭借自己的观察力去发现事物的本质。运用观察教学法最多的是亚里士多德，他不仅带学生实地考察，而且还借助于地图、实物、图书馆形式，让学生在观察中探究事物的本源。当然，讨论法也是古希腊大学教师常用的教学法。苏格拉底可以在任何场合同人讨论，柏拉图在阿卡德米学园同学生讨论，亚里士多德边散步边同学生讨论。每件事都可以公开讨论，允许任何人提出辩驳或反论，没有人自称可以代言真理，所有人都是探索者。

　　辩证法。这儿的辩证法不是黑格尔和马克思的辩证法，它首先指在多中寻求一的定义法，其次指问答法，即通过问答，把正题引向反题，从而揭露一些似是而非知识的错误之处。从对话者看，他自知自己无知；从对话目的看，是要引出真理；从对话方式看，是平等的、循循善诱的；从对话结果看，没有达成共识，不过引发对话者怀疑自己提出的前提，继而进一步追问，寻找某类实物的共同本质。这也就是著名的苏格拉底产婆术。所谓产婆术，"即帮助已经包藏于每一个人的意识中的思想出世——也正是从具体的非反思意识中揭发出具体事物的普遍性，或从普遍认定的东西中揭发出其中包含的对立物"（黑格尔，1997：57）。总之，通过对话揭示对话的前提与结论的矛盾，通过苏格拉底式的讥讽，激发人们自身的理性能力和求知欲望，使人们从肯定的真理中寻求结论和答案。

　　古希腊大学教师的教学能力也是理论理性的呈现，不同的教学方法有助于学生更好地洞见纷繁芜杂现象背后的本质。

3. 专业精神

在哲学家看来，智慧属于神，爱智慧属于人。人不能拥有神的智慧，但人可以无穷地追求智慧，从而过有洞见的生活。"洞见"的英文是 insight，由前缀 in 和词根 sight 构成，一方面指看到事物的本质，而不是光怪陆离的表象，或者各种偏见和先见；另一方面指预见、指引、评判事物未来发展的能力。从洞见出发，作为哲学家的古希腊大学教师有如下专业精神。

追求本质的知识，即"洞见"的第一层含义。人类由于对自然充满恐惧，那些能传递自然奥秘的人，如巫师，成为早期的大学教师。到了轴心时代，那些不再以神秘的方式，而以科学的方式讲解自然奥秘的人，成为大学教师。在古希腊，这些人就是哲学家。"希腊哲学从最开始就是一种理智的活动。它不是一个观察或相信的问题，而是思想的问题，哲学意味着抱着纯粹而自由地探索的态度去思考那些基本的问题。"（Stumpf & Fieser，2003：7）这些最基本的问题是每一个正常的人都要问的问题，事物和人是如何产生的？是如何在不同的时间里变得不同的？又是如何消逝而被其他的事物和人取代的？古希腊哲学家对这些问题的解答有些幼稚，但正是这些解答，使人类不再拘泥于神秘的解说，转向冷静、客观地观察、分析、研究。对这些问题最早做出探讨的是泰勒斯，他认为水是万物的始基。"当古希腊的泰勒斯说'水是万物的始基'的时候，却表达了真正的思想，因为思想在此不是从自然，而是从思想本身来把握自然，它要寻找自然的统一性和本源性，因此这个水已不再是自然的水，而是思想的水。"（彭富春，2005：157）

追求普遍的价值，即"洞见"的第二层含义。苏格拉底提出"知识即美德"即证明。这样的知识虽然与人相关，但不是感觉的、感性的，而是理智的、理性的，放之四海而皆准，它以善为最高真理，为万物之本源。因此，"洞见"的第二层含义凸显出来，即真理是关于人以善为目标的生活过程。柏拉图在此基础上提出可见世界和理智世界，可见世界是一个"黑暗的世界"，理智世界是一个"光明的世界"，是世界得以存在的根基，它以"善"为最高准则。在此，人分裂为肉体和精神的二元存在。精神是纯洁的，肉体是污秽的，人只有脱离肉体的桎梏才能回到精神自身。这就是"肉体是精神的牢狱"的由来。亚里士多德则认为,凭借理性发现的一切都是美的。"当我们因为热爱知识的缘故去寻找万物的起因并展示意义的存在的时候,自然的意图和深藏的规律就会在所有事物中显现出来,所有的作品都呈现出美的某种形态。"(汉密尔顿,2008b:28~29)

追求普遍的知识和价值,是古希腊哲学家的生活方式,为此他们随时随地思考。他们摒弃所有传统的解释,无视任何祭司的教条,不受任何外界权力的影响去追问世界的本原,探究限定万物的本性,反思一切存在者最后的统一性。例如,亚里士多德对自己老师柏拉图的"理念说"提出不同的见解。亚里士多德说:"'理念说'是我们最敬爱的人提出来的,不过有一个更好的选择,特别是作为一个哲学家,为了维护真理一定得牺牲个人的东西;两者都是我们珍爱的,但人的责任却要我们更尊重真理。"(亚里士多德,1999)正因为这种敢于批判的理性精神,"真理冲破了雅典学园的围墙,两千年来一直深刻影响着西方世界的思想方式"(汉密尔顿,2008a:65)。

(三)学术职业发展

第欧根尼·拉尔修曾勾勒出古希腊哲学家的师承关系图。第一个关系图从泰勒斯开始,经由阿那克西曼德、阿那克西米尼、阿那克萨戈拉、阿凯劳斯、苏格拉底。在此,这个关系图开始分叉:第一个分叉是从柏拉图开始的,经由亚里士多德、塞奥弗拉斯特等人;第二个分叉也是从柏拉图开始的,经由斯彪西波、塞诺克拉底、波勒谟、克冉托尔、克拉特斯、阿尔凯西劳、拉居得;第三个分叉从安提斯泰尼开始,经由犬儒主义者第欧根尼、芝诺、克律西波。第二个关系图从毕达哥拉斯开始,经由特劳格、塞诺芬尼、巴门尼德、留基波、德谟克利特、伊壁鸠鲁等人(拉尔修,2003)。也就是说,泰勒斯和毕达哥拉斯是古希腊哲学家的鼻祖。

可见,作为哲学家的大学教师专业成长的过程是他们跟随教师学习的过程。据史料记载,柏拉图在20岁时跟随苏格拉底学习,直至苏格拉底死去。亚里士多德从17岁到37岁一直跟随柏拉图学习政治学、喜剧、诗歌、物理学、心理学、历史、逻辑、天文学以及其他知识。

这也说明,作为哲学家的大学教师专业成长完全是个人的事情,没有纳入国家的计划之中。古希腊的学校基本上是个人开办起来的。"学校"

一词源于希腊语"闲暇"。在古希腊人看来，一有闲暇的时间，人们就会很自然地去思考和探寻万物之源。"自由人能够支配闲暇。"（汉密尔顿，2008b：90）闲暇与求知是紧密结合在一起的。

（四）学术职业组织

伊迪丝·汉密尔顿说，公元前4世纪是伟大教师的时代，教师成为时代的骄子，他们纷纷创办学园：柏拉图的阿卡德米学园、亚里士多德的吕克昂学园、伊索克拉底的修辞学校。柏拉图之后，他的徒子徒孙又创立了很多学园。这些学园统称为雅典学园。阿卡德米学园成立于公元前387年，最后一所雅典学园在公元529年关闭，雅典学园总共存在了916年。最后一所雅典学园的关闭，也标志着古希腊时代的结束。以阿卡德米学园为代表的雅典学园具有如下特征。

学园作为当时的大学教师学术职业组织，带有自发性的特点，都是由一位哲学家及其学生自发组成的。例如，吕克昂学园是由亚里士多德和与其探讨哲学问题的人自发组成的组织（拉尔修，2003）。学园的学生是自发性的，没有任何强制规定，也不需要考试，谁来听课、讨论都是自发性的。史料曾记载柏拉图在教授哲学时，一度只有亚里士多德一人去听他讲课（拉尔修，2003）。

在学园中，师生拥有自主管理学园的权利。例如，在吕克昂学园就有一项规定，师生有轮流担当园长的权利，并且每十天轮换一次（拉尔修，2003）。例如，塞奥弗拉斯特是一名漂洗工的儿子，他因为才智非凡，并且一生以追求真理为己任，深得亚里士多德喜爱。所以亚里士多德退隐后，塞奥弗拉斯特成为吕克昂学园的园长。

雅典学园没有考试，没有学位授予，没有教学大纲。例如，亚里士多德在教学过程中，没有特定的教学内容，学生也是自己挑选的（伯纳斯，1989）。

与今天相比较，古希腊大学教师没有严格的职前和职后的培养，也没有保护大学教师利益的学术职业组织，但古希腊大学教师凭借天生对理论的爱好，孜孜不倦地学习，且自发地组成一个学术共同体，这是为学术而学术的理论理性的完美体现。

（五）小结

如黑格尔所说，一提到古希腊这个名字，有教养的欧洲人就会产生一种家园感（黑格尔，1997）。作为西方文明的精神家园，古希腊文明指明了西方文明（包括教育乃至高等教育）的发展方向。在博伊德和金看来，西方教育史上最伟大的是古希腊时代（博伊德、金，1985）。之所以如此，是因为有像苏格拉底等一大批大学教师阐发了恢宏深邃的教育思想，从而指明了西方教育思想的演进之路。"希腊教育思想和实践，对于每个欧洲国家的教育的形成，都有巨大影响。……在那些决定着欧洲教育性质的各种力量表现出来之前，都必须转变为希腊的形式。"（博伊德、金，1985：2）作为最早的西方文明保存、传递、创新、应用的古希腊大学教师，其精神气质同样深深地影响了后来的以学术为职业的大学教师。换句话说，学术职业的历史演变应首先从古希腊大学教师开始。

在古希腊人看来，虽然人人都有美德，但美德并非与生俱来的，人只具有美德的潜力，其开发还需要教育。教育即灵魂的转向，让人回到自身的潜存的真和善。能够担当此大任的只有哲学家，所以古希腊哲学家就是大学教师。

古希腊哲学家的使命就是让人看到自己的无知，并且带领人透过表象看到永恒的真、善、美，然后人就会在真、善、美的指导下，过一种属于人的生活。所以，古希腊教学不是灌输，而是让人自知自己无知，继而在人的心中唤起对真、善、美的渴望。哲学家相信每个人都是好的，每个人都能找到属于人的真、善、美。哲学家从未把自己当作精神父母，他只是一个"产婆"，只是提出问题，只是对话。通过这种方法，人意识到他的知识只是自以为是的知识，根本不是真正的知识。当人孜孜不倦地追求知识时，他就是幸福的。为此，作为哲学家的古希腊大学教师不仅学识渊博，而且人格高尚，更重要的是，他们善于在实际生活中引导学生直观本质。

"有一种生活，远非人性的尺度可以衡量；人达到这种生活境界，靠的不是人性，而是他们心中一种神圣的力量。"（汉密尔顿，2008b：271）作为哲学家的古希腊大学教师拥有这样的神圣的力量，即专业精神，所以他们矢志不渝地追求普遍的知识和价值。正如亚里士多德所说："有些人竭力劝说我们作为人更应该考虑人的事情，要我们把眼光放在生死之上，我们不要去理睬他们。不，只要可能，我们就要尽量向高处看，去考虑那些不朽的东西，并尽力和我们身上最完美的东西保持一致。"（汉密尔顿，2008b：27）

古希腊人最强调理论生活，认为理论生活是最高尚、最伟大的生活。作为一个人也就要成为一个哲学家。一个人只有真正洞见了自己、洞见了社会、洞见了世界，才会真正做到心安理得。正因如此，很多人愿意跟随哲学家学习，希望过一种沉思的生活。所以，古希腊是伟大教师的时代，他们纷纷创办学园，引导人们过一种求真、向善、至美的生活。

二　实践理性规定的中世纪大学学术职业

何谓中世纪？从西文词源上看，"中世纪"一词在拉丁文中是 medium aevum，意即"中间的时代"，英语为 middle ages。从时间内容来看，中世纪是古希腊和近代之间的一个时代。关于中世纪的起讫年代，各国史学家人各异词。我国现行的世界历史教材一般采用从 476 年西罗马帝国灭亡到 1640 年英国资产阶级革命爆发为中世纪，这个时期是欧洲的封建社会时期。《新费舍尔百科全书》是这样界定中世纪的："人们通常把它的开端确定在罗马世界帝国的崩溃（476）。一般来说，以诸多划时代事件为标志的从 15 世纪到 16 世纪的转折被看作它的终结（1453 年君士坦丁堡被攻占、文艺复兴、1492 年发现美洲、1517 年宗教改革开始）。从世界观和宗教的角度看，还可以说中世纪只是随着 18 世纪的启蒙运动才结束的；从社会学的观点来看，还可以说中世纪只是到了 19 世纪才结束。"（田薇，2001：2）既然中世纪是古希腊和近代之间的一个时代，那就意味着中世纪具有与古希腊和近代不同的时代主题。如果说古希腊是诸神的时代，近代是人自身的神性——理性的时代，那么中世纪则是上帝的时代。从这个意义上说，中世纪的终结恰是 18 世纪启蒙运动的开始。亨利·富兰克弗特（Henry Frankfort）认为，必须发现古代思想的内在一致性，才能理解古代人的思想，才能把分散于古代社会各层面的证据积聚起来（富兰克弗特，2005）。本书选取赫伯特·博德尔（Heribert Boeder）的观点作为探究中世纪大学学术职业内涵的切入点。亚里士多德区分了三种理性：理论理性、实践理性和创造理性。在博德尔看来，在古希腊理论理性优先，在中世纪实践理性为重，在近代创造理性主导（彭富春，2005）。中世纪的实践理性指对于上帝的信仰。"信仰一方面否定了不信或无信，另一方面也排除了迷信或误信。作为'持之为真'，信仰是将上帝当作至善的真理，并努力按照此真理来实现自己的生活。这就是通往拯救之路和天国之路。"（彭富春，2005：124）作为中世纪人的生活和劳作的规定，实践理性相应地规定了中世纪大学教师的生活和劳作。本书将从学术职业角色、学术职业素养、学术职业发展、学术职业组织四个维度出发，探究中世纪大学教师的学术职业的内涵。

（一）学术职业角色

学术职业角色指个人在专门的职业中相应的社会身份和社会地位，并按照一定的社会期望提供相应的专业服务。大学教师作为学术职业，其角色有三方面的内涵：一是大学教师的身份和地位；二是大学教师提供的学术职业服务；三是社会对大学教师的期望。

在实践理性规定下，中世纪大学教师的身份和地位具有神圣性。在中世纪大学产生以前，从事大学教学的人有各种各样的称呼，如文书、法师、学院人、导师、讲师、学者，但并没有被称为教师（Knowles，1977）。Faculty一词只有到1218年教皇在给巴黎大学校长的一封信中才提到，其含义指神学院的全体教师。1251年，faculty专指行使圣职权的大学教师团体（Pedersen，1997）。可见，中世纪大学教师的身份和地位得到教会的认可。更重要的是，作为上帝代言人的中世纪大学教师的身份和地位得到学生的拥护，学生称他们为"拉比"（意为我的主人），因为"他们以思想和传授思想为职业；把个人的思想同在教学中传播这种思想结合起来；在他们身上体现出：在理性背后有对正义的激情，在科学背后有对真理的渴望，在批判背后有对更美好的事物的憧憬"（勒戈夫，1996：10）。

与神圣的身份和地位相一致，中世纪大学教师提供的学术职业服务也具有神圣性。第一，他们是研究者，他们用自己的理性去探究上帝将自己的智慧刻在世界中的印记（勒戈夫，2002）。第二，他们是知识分子，他们"认识到科学与教学之间的必然联系。他们不再认为科学需要像珍宝一样被看管起来，相反，相信应该让科学得到广泛流传"（勒戈夫，2002：56～

57）。寻找真正的信仰并把信仰知识传播开来，是他们作为上帝选民的神圣使命。第三，他们是教士。他们的虔诚笃信表现在，师生参加风行一时的圣餐礼拜和参加"基督复活"的游行，并把圣母玛利亚作为朝拜的偶像，"大学成员希望在这颗圣洁之星下寻找科学之光"（勒戈夫，2002：75）。

中世纪各阶层对大学教师的期望非常高。在中世纪，社会对大学教师的期望表现在以下几方面。第一，教权希望通过大学教师诠释上帝存在的合法性，批判异端邪说以及抵制世俗权力。例如，教权要求大学教师培养学生诚实、理智、虔诚的品质（西蒙斯，2007）。第二，皇权希望大学教师帮助他们培养人才、建立管理制度和行政体制，以求巩固皇权。例如，德国皇帝腓特烈二世（Frederick Ⅱ）要求大学教师培养人才，为帝国的发展服务，维护帝国的统治（宋文红，2010）。第三，城市当权者希望大学教师能为城市的稳定和持续发展提供支持（西蒙斯，2007）：首先，当权者需要他们提升市民的素养，如提高商人的算数和读写识字能力；其次，当权者需要大学教师吸引更多的学生，以学生的消费带动当地的经济发展。中世纪大学教师正是利用各阶层的弱点，在三者彼此斗争的夹缝中赢得了大学自治和学术自由。

（二）学术职业素养

1. 专业知识

中世纪人认为，一切知识都是上帝智慧的显现，最高深的知识是关于上帝的知识，对上帝知识知之最多的人，才能成为人类的教师。在实践理性规定下，中世纪大学教师的专业知识显现在如下几个方面。

七艺。七艺是基础性的学科，是通往更高智慧的预备科目。七艺包括：文法、修辞、辩证法、几何、音乐、算数和天文。学会文法才能理解语词的意义和文字、音节的意思，也才能理解寓言、谜语、比喻等各种修辞法；修辞与布道息息相关；辩证法"使我们懂得人生及其本源，它教我们去发现真理，揭露谎言，教我们作结论"；几何，"几何学在建筑教堂和神庙方面也有用途"；音乐，"对音乐无所知的人是不能以合适的方式胜任高尚专业的"；算数，"对数无知，就难以理解有引申意义或神秘意义的段落和句子"；天文，"要努力学会建立在探索自然现象基础之上的天文学知识。探索自然的目的是确定太阳、月亮和星星的运行路线，也是为了准确地计算时间"（克伯雷，1991：119~121）。

专门知识。不同学院的大学教师要掌握不同的专门知识。在奥古斯丁看来，这些知识直属于神学并以服务基督教为目的。①在中世纪，亚里士多德的哲学知识被认为是理解《圣经》的知识。因此，文学院的教师须掌握亚里士多德的三大哲学：自然哲学、道德伦理和形而上学。②中世纪意义上的法律法规是法学院的教师必须掌握的。这些知识包括查士丁尼的《民法大典》《格拉蒂安教令集》《教皇格雷高里九世法令汇编》《克莱门书》《罪行录》《法学汇纂》以及一些法典。③在中世纪，医学院的教师要掌握希波克拉底和盖伦的医学著作集《医学论》、阿维森纳的《医典》、阿威罗伊的《科里杰特》或《治疗学》、拉泽斯的《奥曼索尔》。④神学院的教师必须熟练地掌握神学知识。这些知识除《圣经》外，还有朗巴德的《教父名言录》和康默斯托的《经院哲学史》、格拉提安的《圣令集》以及历任教皇的教令集（克拉克，2001）。

2. 专业能力

在中世纪人看来，求知是最好的皈依，因为知识是上帝赐予人类最好的礼物（西蒙斯，2007）。但知识不是显现的，它隐现于上帝创造的万事万物中，是需要被诠释的符号。中世纪大学教师有很高的诠释能力，这是实践理性的显现。

诠释能力首先表现为对语词意义评注的能力。对语词意义的评注有四种：字面的、譬如的、道德的以及通往的（通往或通达神圣以及不可言喻之物）。在此，"字面的意义说明事实，譬如的意义说明信仰的内容，道德的意义指明应当要做的事情，而通往的意义则指明你应当努力争取的东西"（洪汉鼎，2005：35~36）。

由于立场和角度不同，诠释会产生不同的理解，甚至产生对立的理解，为此需要对诠释的意义做辩论。"这是一个深入的分析，要从细抠'字词'的语法解析开始，进而达到提供'意义'的逻辑的说明，最后以阐明知识与思想内容的诠注作为结束。"（勒戈夫，1996：83）辩论的形式有两种：独辩与互辩。独辩指一名学生就某一个问题的正反两面提出论据，自我辩驳。互辩指双方就一个问题的正反两面提出各自的论据。互辩又分问题辩论和自由辩论两类。在问题辩论中，题目事先由提出辩论的老师确定，继而通知学院的其他部门。问题辩论又分为两个环节。第一个环节是预备论证，即在教师给予的必要支持下，学生要解答来自其他教师、同班同学、非同班同学以及校外人士的提问。第二个环节是主导论证，也就是教师在自己所在的学校，再次把头天或前几天辩论的材料仔细阅读一遍，把针对他的论点提出的异议，按照逻辑顺序或依自然次序列出，确定它们的最后措辞。列举这些异议后他就自己的理论做若干论证，然后再举行一次讲学报告，逐一答复针对他的论点所提出的异议（熊华军，2007）。

3. 专业精神

中世纪的大学教师认为，世界是上帝的杰作，探索世界奥秘的活动目的恰恰是赞颂上帝创造世界的伟大。"颂扬上帝"是大学教师追求的目标，也是实践理性的基本旨趣，为此中世纪大学教师的专业精神具有普遍性、公有性、非谋利性以及批判性的特质。

普遍性有两重含义。①它要求师生的诠释不以个人的情感作为衡量的指标。大学教师的学术成就和学术地位是经过同行以及教权或皇权按照既定的标准考核而得来的。例如，硕士或博士学位不仅证明一个教师拥有从教的知识和能力，而且还是一种地位、尊严的证明。②它倡导任何有能力的人进入大学从事学术研究，反对以社会地位、国籍等因素为限制条件（在此，大学教师必须是基督徒）。"每个有才智的人，……都可以教学，因为他需要通过教学，把他发现背离了真理或道德的正确方向的兄弟，引回正道。"（勒戈夫，1996：88）

公有性要求把知识作为一种公共产品，无偿地交流和使用，反对把知识作为私有财产。那些把知识占为己有，阻碍自己以及别人去使用它的人，就是对上帝的不敬（勒戈夫，1996：57）。

非谋利性指大学教师从事学术研究是为追求真理而非谋取个人利益。这从大学教师的生活状况可见一斑。大学教师从事学术研究必备的工具包括：需要的图书、一张低矮的斜面桌、一盏带油的夜灯、一个蜡烛台、一个提灯、一个漏斗形墨水瓶、一支羽毛笔、一条铅丝、一把直尺、一根教鞭、一张讲课桌、一个讲课用的凳子、一块黑板、一块带有刮刀和粉笔的浮石。大学教师的经济情况普遍较差，如帕维亚大学有 30% ~ 50% 的教师年收入不足 50 弗洛林，相当于当时泥瓦匠的收入；20% 的教师年收入在 50 ~ 200 弗洛林，相当于一个艺人的年收入；20% 的教师年收入在 200 ~ 600 弗洛林，相当于一个官员的工资；仅有 5% 的教师收入比较高（宋文红，

2010）。这种清贫没有吓退大学教师从事学术工作的决心，因为他们认为知识是上帝的恩惠，是最宝贵的，它给人精神的寄托，而不是财富（韦尔热，2007）。

批判性指大学教师依靠理性的力量为信仰寻找合理的依据，而不是盲目地信仰，"坚持理性的力量可以证明任何方面的教条"（伍尔夫，2005：94）。例如，中世纪大学教师在讲课过程中，并不是照本宣科，而是讲解自己独到的研究成果，作为"第一个伟大的教授"的阿贝拉尔说，"在教学中我从来习惯于依靠我的思想力量，而不是依靠传统"（勒戈夫，1996：33）。

（三）学术职业发展

在中世纪，大学教师被看作最接近上帝的人。要成为大学教师，需要接受严格的学术职业发展训练，只有这样，大学教师才能成为黑暗的中世纪最耀眼的职业。

修业年限长。一般来讲，大学教师的专业训练要经过两个阶段：从14岁开始到20岁，是学习基础知识阶段，即要在文学院学习6年的基础知识，包括文法、修辞、逻辑、算数、几何、天文和音乐。第二个阶段是获得教授资格的阶段，即20~25岁在医学院和法学院学习医学和法学。经过6年的学习，通过考试被授予医学博士学位和法学博士学位，至此才具备成为医学院或者法学院教师的资格。但在这一阶段神学教师学习时间更长，最初在神学院学习的人只是听课者，这个时间持续6年。然后需要进行神学实习，实习时间为6年：4年的时间讲解《圣经》，2年的时间讲解皮埃尔·朗巴德的《教父名言录》。从25岁开始学习神学到获得神学博士学位需要10年甚至更长的时间，所以，至少要到35岁才被授予神学博士学位，具有成为神学院教师的资格（勒戈夫，1996）。

严格的学业考核。在中世纪，成为一名大学教师必须通过学业考核，不过只有不到一半的候选人能够通过学位授予考试。首先是日常考试，日常考试的时间长达数小时而且比较难通过，那些游手好闲的学生是很难通过日常考试的。其次是任教资格考试。任教资格考试就是学位授予考试。学位的获得需要两个阶段。第一阶段是个别考试。申请人首先要缴纳一笔考试费和招待费。其次，在其老师同意的情况下，向学校及校长提出申请，在评审团考察其操行与学习情况后才能被推荐给副主教，向副主教宣誓符合章程条例所规定的条件。一星期以后，申请人要参加完弥撒后才能参加考试，考试内容是两份文献片段。流程是申请人从主考官那里领取两份供评注的文献回家研读，在当天的晚些时候，他们面向考官和副主教在公共场合宣读自己准备的两段评注并接受提问。最后，教师无记名投票进行表决，多数同意就通过，否则就无法通过。通过的申请人才能成为硕士或博士的候选人，但还不能从教。第二阶段是公开考试，这一阶段主要是授予候选人硕士、博士专用象征物，接着候选人将讲一次表演课。只有在教学水平得到考官和副主教的认可之后，副主教才庄重授予候选人授课准许证。至此，他才真正成为一名大学教师（西蒙斯，2007）。

虔诚心的保持。①学术具有神圣性，不可被外在事物亵渎。大学教师在教学与研究过程中，一直把追求知识视为圣物，一如既往地尽职尽责、合乎法规地进行教学和科学研究，从不开设额外讲座来赚取钱财（哈斯金斯，2007）。他们奉行谁将知识作为商品出售，谁就是对神的亵渎的原则。②学术生活具有神圣性，不可受其他世俗事务影响。既然学术是神圣的，那么学术生活就具有神圣性，不允许被其他世俗事务影响。因此，中世纪很多大学教师愿意过一种独身生活。因为在他们心中婚姻会影响哲学研究，还会使追求知识这种神圣的生活方式成为不可能。婚姻将会使他们徘徊在书桌与摇篮之间，这样就无法全神贯注于学术研究。

（四）学术职业组织

实践理性是信仰和理解的彼此交融：为了更好地理解，信仰是前提，"信仰先于理解"；为了更好地信仰，还需要借助理解，"信仰寻求理解力"。为了心无旁骛地探究上帝的智慧，中世纪大学教师仿照当时的行会形式组建了大学，所以大学首先是个宗教组织。

学术自由。大学教师有学术自由权，不受教权的干涉。例如，亚里士多德哲学和阿拉伯哲学引进大学后，威胁到基督教思想的统治地位。罗马教廷禁止在大学课堂上讲解亚里士多德哲学和阿拉伯哲学，对大学教师的学术活动进行控制。1229~1231 年大学教师开始罢课，抗议教会对学术自由的控制，这场斗争以大学教师获胜告终。大学教师的学术自由权还不受世俗政府的干涉。例如，当世俗政府试图统治巴黎大学，并要求大学教师的学术活动服从于国王时，巴黎大学师生开始罢课并与国王的军队发生流血冲突，这次罢课持续了 2 年之久，最终巴黎大学师生取得胜利，获得了大学自治权（勒戈夫，1996）。

大学自治。中世纪大学有自己的章程，规定教师的权利和义务，保障学术职业活动的自治性，确保大学教师的日常教学和科研活动不受太多的干扰。教师的权利有：授课权、罢课权、迁校权、学术自治权、大学事务管理权、学位授予权。大学教师的义务有："读"（讲演）的职责；指导学生辩论；管理学生以及学校事务的责任；定期或不定期参加宗教仪式；定期召集各种会议，如考试委员会，大学、学院、博士协会的集会，各种学术会议。13 世纪 80 年代，巴黎教会教务长菲利普·特里（Philip de Thri）在没有征得巴黎大学教师同意的情况下，把教学许可证颁发给了亚拉冈（Aragon）国王的兄弟，他还违反教皇法令中对主考官的规定，委任不具备主考资格的教师担任主考官进行考试。巴黎大学教师对特里的做法非常不满，坚持认为教务长只享有教师任命权而无教师资格审核权，教师资格审核权应该是大学教师的权利。为了摆脱特里的控制，巴黎大学师生在 13 世纪进行了长期的、顽强的斗争（张斌贤、孙益，2004）。所以在哈斯金斯看来，"中世纪是教授控制大学的伟大时代，在教授自己管理大学事务中，保证自己的学术职业自治"（伍尔夫，2005：7）。

（五）小结

莫里斯·伍尔夫（Maurice Wulf）说："断不可取古人之思想行为，而拟之于今人之心理习惯。"（伍尔夫，2005：7）为此，我们从中世纪独有的实践理性出发，解读中世纪大学学术职业的内涵。

学术职业的英文是 Academic Profession。从词源学看，Academic 与柏拉图哲学相关，强调一种为学术而学术的纯粹精神享受，Profession 具有宗教的神圣性，是天职、圣职、神职的意思。可见，学术职业指为了实现信仰而学术的职业，是实践理性规定的职业。

在实践理性规定下，大学教师把学术职业看作对上帝的皈依，并且毕生乐此不疲，也由此获得了崇高的身份和社会地位。在大学教师的心中，所有的知识都是上帝的摹写，是上帝赐予人类最好的礼物，掌握上帝的知识，拥有诠释上帝智慧的能力，并把知识撒向人间被视为最好的皈依方式；大学教师的信仰排除迷信，否定无信，坚信上帝是世间万物的创造者。为了更好地诠释上帝全知全能，大学教师的学术研究具有普遍性、公有性、非谋利性以及批判性的特质。同时，大学教师仿照行会的形式组建了大学，努力排除教权、皇权等外在权力的干扰，并不断提升职业门槛，通过严格的学业考核，挑选出真正有志于献身上帝的人进入这个职业群体，保证这个职业的纯粹性和专业性。

三　创造理性规定的近代大学学术职业

恩格斯说，近代人"不承认任何外界权威，不管这种权威是什么样的，宗教、自然观、社会、国家制度，一切都要受到最无情的批判；一切都必须在理性的法庭面前为自己存在作辩护或者放弃存在的权利"（苗贵山，2006）。近代的理性不是古希腊的理论理性，不是中世纪的实践理性，而是创造理性。创造理性首先认为人是世界的创造者，他取代了中世纪上帝，设定了世界的方方面面；其次认为人不是一个"小我"，而是"大我"，即一个主体，他对宗教或权威都能怀疑，绝不盲从迷信。同时，他要分析批判，对任何经验现象和事件，不断反驳，绝不轻信。所以，创造理性把人从蒙昧中解放出来。作为近代的规定，创造理性也规定了大学的学术职业。本部分主要围绕"现代大学之父"柏林大学的大学教师的生活和工作，从学术职业角色、学术职业素养、学术职业发展、学术职业组织四个维度出发，解读近代大学学术职业的内涵。

（一）学术职业角色

从地位看，近代大学教师的地位很高。在近代，大学教师具有很高的政治地位，要成为一名大学教师必须通过大学以及国家的选聘，然后由教育部直接任命。由此，大学教师获得了高级公务员的身份。例如，1794年德国颁布的《国家教育法》规定：教师是国家雇员（弗罗斯特，1987）。大学教师的经济地位也很高，一般来讲，大学教师不仅能够领到国家发放的薪俸，而且还可以通过开私人讲座获得经济收入。例如，柏林大学初建时，教授的标准工资是年薪1500塔勒。在当时发达的港口城市，一个熟练的手艺人家庭年生活费用约为150塔勒，一个受过教育的中产阶级家庭年生活费约为 750 塔勒，也就是说，柏林大学教授的工资足够养活 10 户手艺人家庭或两户中产阶级家庭（Paulsen，1908）。正是由于大学教师拥有崇高的社会地位，以至于在其他人看来，如果一生中能够获得一个"名誉教授"称谓将是极大的荣耀。例如，在德国，一名国家乐团的指挥家如果能在 60 岁时获得"荣誉教授"的头衔，那他的一生就达到了光辉的顶点（李工真，2010）。

创造理性赋予近代大学教师崇高的社会地位。首先，大学教师凭借其高深学识和原创才智成为世界的创造者，他们敢于质问一切是与非；其次，大学教师能将高贵的思想以及挚爱真理植入学生心田，引导学生具备崇尚独立、谦虚端庄却不自负的生活态度（陈伟，2008）。由此，大学教师提供的专业服务如下。①纯科学探究。纯科学不是自然科学和实用技术。与自然科学条分缕析不同，纯科学从不同角度对世界进行整体性的反思，从而把握世界的统一原则及其意义。与实用技术的手段性不同，纯科学有其自我目的，即让人成为世界的主体。②培养出主体性的人。在洪堡看来，"在科研方面有卓著成就的优秀学者，也总是最好和最有能力的教师"（鲍尔生，1986：125）。一个最有能力的教师就是把人培养为主体，他"努力成为一个良好和高尚且按照他的状况受到教育的任何公民时，他才是一个好的手艺人、商人、士兵和经纪人"（贝拉格，1994：73）。

正因为大学教师提供了无可比拟的专业服务，所以社会给予大学教师极大的期望。例如，德国国民对刚刚创办的柏林大学教师的期望是：①大学教师利用自己的才智帮助国家在军事上、科技上处于领先地位；②大学教师通过教学和研究引领民族文化、塑造民族精神气质、提升民族文化水平；③大学教师能培养出对个人以及社会生活均有用的国家公民（李工真，2010）。

（二）学术职业素养

1. 专业知识

在"知识就是力量"的近代，知识与创造理性相伴而生。近代的知识是纯科学，它们是大学教师掌握的专业知识。纯科学由如下的专业知识组成。

经验性知识。洪堡认为，经验性知识是科学探索的一条基本原则。因为经验性知识不仅是解释万物的一条根本性原则，还是创造性活动以及自我行动的准则（李工真，2010）。以至于在当时大学教师看来，"大学所有的成员，不论哪一个学院，都必须扎根经验性知识"（卡岑巴赫，1990）。经验性知识包含两类科学知识。①语言科学知识。语言是大学教师创造力的显现。语言科学包括：哲学；逻辑学；比较语言学；普通语言学；各类民族语言，如德语、英语、拉丁语；欧洲以外的语言学，如印度语、藏语、蒙古语。②历史科学知识。历史科学知识是大学教师创造新知的逻辑起点。历史科学包括：古代史、中世纪及近代史、欧洲和东方历史；各国历史，如近代德国与普鲁士史（黄福涛，1998）。

古典知识。在洪堡那里，科学的目的是认识自我，使人具有自主、自立的精神。这种自我精神只有把自己作为对象加以领会才可以拥有，而认识和同化古代的古典作品则是达到自我意识的重要途径，与此同时，古典知识还是获得创作能力的重要源泉（费尔巴哈，1978）。因此，古典知识是大学教师主体性显现所必备的知识。古典知识包括以下内容。①文学：欧洲各国文学、地中海文学、欧洲以外的文学。②人类学：民族学、考古学、医学、教育学、心理学、法律、道德。

自然科学知识。在洪堡看来，物理学、化学和生物学等自然科学不仅是其他一切创造性知识的基础，还为一切创造性活动提供方法论的支撑，因为其他纯科学知识随时都要利用这些自然科学的成果和方法。自然科学知识包括以下内容。①数学：高等数学、数学与哲学；②物理学：理论物理学、实验物理学；③化学：有机化学、药物化学、工业化学、工程化学、法医化学；④生物学：植物学、动物学、植物解剖学、古生物学、细菌学、运动学；⑤天文学：气象学；⑥地理学：测量学、地质学、航海学、矿物学（曹汉斌，2006）。

专门知识。科学作为一个整体，它的发展依赖于大学教师专业知识的研究、综合以及反思。一个大学教师不可能掌握所有的科学知识，他只能掌握所选定的那部分的知识。一个大学教师不可能博览群书、无所不知，他只是在某一个研究领域有专长而已，如要成为神学教授，就要对教条、宗教史、《圣经》等某个方面有精深研究；要成为法学教授，就要对罗马法、刑法、民法、教会法等某个方面有精深研究；要成为医学教授，就要对眼科、鼻科、妇产科、口腔科等某个方面有精深研究。

这些专业知识为大学教师提供了科学探究的研究方法，给予大学教师以一种原创性的方式把握事物的能力。另外，这些专业知识蕴含的思想、真理被大学教师内化后，成为引领学生走向科学殿堂的最高级手段。

2. 专业能力

在洪堡看来，大学师生的教学、研究、学习不仅是主体塑造、再塑造的过程，还是科学创造和再创造的过程（陈洪捷，2002）。这是创造理性的显现。

科学创造能力。科学创造能力不仅体现了大学教师的创造能力，还展现了大学教师的主体精神，因为在科学探索过程中，大学教师通过创造和发现新知显现自我价值。①观察能力。近代大学教师不怕艰难险阻，热衷于考察研究。例如，在地质学、生物学、气候学、自然地理学等方面取得了卓越成就的亚历山大·冯·洪堡（Alexander von Humboldt）曾经到美洲进行了长达 5 年的科学考察，他留心观察周围的一切事物，采集大量的标本，并努力找出它们之间的联系。②实验能力。实验的目的就是通过研究、论证、反思实验的成果来推进科学的发展。近代大学教师热衷于做实验，例如，植物学教授埃梅·邦普朗（Aime Bonpland）在自己家的花园里种植着许多从南美洲带回来的欧洲所没有的树木和花卉，这个花园成了他的育种驯化试验场（柳丹，1998）。

教学能力。在洪堡那里，教学要培养学生的创造力，发掘学生的主体精神。因此，洪堡大力推广"教-研-学"相统一的教学方法。"教-研-学"相统一的教学方法具体体现在以下几个方面。①专门化教学。大学教师把自己的独创思想和科学研究方法，理论化、系统化地传授给学生，学生获得了相关理论和研究方法后独立开展研究。②生成与教养相结合的教学。这种教学方法就是通过创设一个良好的科研环境，培养学生的科学创新能力。③为科学而共处的教学。这种教学方法意在通过激发学生研究的兴趣，再进一步指导并帮助他做研究，使他养成独立从事研究的能力。④自由的教学。洪堡提倡教的自由和学的自由。教的自由体现为：大学教师可以自由地选择自己认为最好的教材，制定教学计划，确定教学方法；大学教师可以根据自己的兴趣爱好从事研究，大学允许"百家争鸣"；大学教师治校。学的自由表现为：学生拥有使用课本和图书馆的自由、转系的自由，学校视转系为正常和必需的；学生听课是自由的，他们可以选修自己感兴趣的课程，可以自由地从一所大学转入另一所大学，而原来的成绩依然有效；学生的研究是自由的，因为研究就是人的理智活动。

3. 专业精神

在洪堡看来，主宰世界进程的力量是蕴藏于人之中的创造理性。洪堡把创造理性称为专业精神，所以，一切历史的发展都是人的专业精神的发展。在创造理性的规定下，近代大学教师的专业精神体现为三点：寂寞、独立、合作。

寂寞。寂寞包含两层含义。①寂寞要大学教师远离国家政治，按照学术的内在逻辑组织学术生活。例如，柏林大学教授会管理和决定大学内部事务（李工真，2010）。②寂寞要大学教师独立于社会经济生活。洪堡认为，学术工作就是探索纯科学而不是满足社会需要。在这里，柏林大学的教师一直秉承这一理念，极少考虑个人生活的事，甚至以生命为代价。如柏林大学的教授埃米尔·阿道夫·冯·贝林（Emil Adolfvon Behring），为了研究病原菌，以身试毒，经过千百次的尝试终于提出和证实抗毒素免疫的概念（杨焕勤、张蕴华，1986）。

独立。只有完全独立的大学教师，才能够以自由的精神在纷扰的社会生活中不断探索，创造新知。例如，当时柏林大学教师，"在小小实验室或书房里，没有助手，常常完全是依靠自己的阅读和钻研而做出了……最具创造性的成就"（陈伟，2008：102）。再如，医学教授罗伯特·科赫（Robert Koch）一生矢志不渝地坚持研究病原细菌，在实验室一待就是几十个小时。在他一生中，他先后分离了炭疽杆菌、结核分枝杆菌等多种病菌，并发明了多种杀菌法，被誉为"绝症的克星"（杨焕勤、张蕴华，1986）。

合作。在洪堡看来，科学是一个整体，科学研究的目的在于促进人的全面和谐发展（李工真，2010）。因此，科学研究不仅需要独立，还需要合作。一方面，通过大学教师之间相互合作，不仅避免了科学发展的片面性，而且避免了自身发展的片面性；另一方面，科学是在长期的探索中发展起来的，每个大学教师的研究都具有承上启下的特点，不与上一辈大学教师合作，也将一事无成。"合作不仅能取一人之长补他人之短，而且在合作中，一人的成功会鼓舞他人，并激发出一种普遍的、潜伏的力量，它平时在个人身上仅仅是零星地或被动地表现出来。因此，高等学术机构的内部组织又必须能够促成和维持成员间持久的相互合作；这种合作应当历久不衰，不断更新，但也不能强加于人和用于某种目的。"（洪堡，1987）

（三）学术职业发展

近代大学教师的创造能力与其独特的学术职业发展形式——讲座制——有关。

编外讲师（大学教师资格）阶段。在德国，编外讲师是指那些已经得到大学的教学授权，但尚未成为正式教学人员，亦无教学责任的大学教师。编外讲师聘任过程如下。大学毕业后，向学院提交一篇专题论文并做两次讲演。第一次讲演面向大学学院，第二次讲演面向学生，由学院考察其学识、科研创新能力等。这两次讲演通过者才拥有教学资格。一般来讲，成为编外讲师以后就与教授一样成为学院的教师，他们可以使用大学中的实验设备，从事常规性教学和科研，只是没有获得政府的教学任命，也没有政府支付的固定薪水。

特命教授阶段（教学和学术能力认可阶段）。特命教授阶段是指编外讲师在科学研究以及教学方面取得了优异的成就，并通过大学以及政府的考核后的大学教师。特命教授有两种形式。第一种是无薪特命教授。无薪特命教授是指编外讲师具有很强的教学和科研能力，但大学又无空缺的带薪职位时，为了对其能力表示认可，大学授予其无薪特命。在此，无薪特命教授可以得到政府颁发的教师聘用证书，但无法得到政府给予的薪水。第二种是带薪特命教授。带薪特命教授可以得到政府颁发的教师聘用证书，享受政府给予的薪水。但无论哪一种特命教授都无法进入大学学院的行政管理团体，他们既没有考核学生的权利，也没有管理大学事务的权利，而且没有在学院参与投票表决的权利。

讲座教授阶段。讲座教授一般都是本学科领域的学术权威。特命教授的科研成就以及教学能力得到同行认可和考核后才能成为讲座教授。不过，拥有杰出科研成就者，即使没有经过编外讲师和特命教授阶段，也能直接被任命为讲座教授。在甄选过程中，政府不能干预，由全体大学教师进行公开公正的选举。讲座教授拥有极大的权力，他们控制着学院的财政预算并拥有优先使用国家拨款的权利（克拉克，1994）。

退休阶段。在近代，大学教师到了一定的年龄就必须退休。例如，在德国，无论大学教师在年轻时取得过多大的成就，到了 67 岁就必须退休。退休制的实施是为了让年富力强的大学教师引领科学的发展（李工真，2010）。

综上所述，讲座制一方面让那些立志成为正式教师的人矢志不渝地从事原创性研究，另一方面让不同类型的教师利用自己的长处互补互助，保持学术共同体旺盛的创造力。

（四）学术职业组织

近代大学教师的创造理性保持与其学术职业组织有关。在近代，学术职业组织既可以是大学教师所在的大学、学院、系、研究所，也可以是科学学会和学科性组织。

学术职业组织具有自由的特点。"科学首要的和神圣的权利就是独立与自由。谁也不能为其规定目标，为其崎岖的道路事先规定方向。"（陈洪捷，2002：97）因此，在洪堡看来，自由是学术职业所必需的。①在洪堡那里，自由首先指国家要尊重科学活动的特性，不应该将大学的活动纳入政府的行为系统。与此同时，国家还要在大学教师聘任方面，保证大学教授的多样性，防止学术封闭、僵化，出现近亲繁殖或学术霸权主义等现象。②研究与教学的自由。研究与教学的自由是指大学教师在从事学术活动时不受国家的管束，不受社会的牵制，按照科学的内在要求自由地进行科学探索。③学生学习的自由。在洪堡看来，大学师生是为科学而共处的，因此，大学生在进行科学思考，接受教师指导以及独立学习、研究时，应当享受充分的自由。

学术职业组织还具有自治的特点，这体现在大学教师的权利和义务方面。大学教师的权利包括以下两个方面。①大学教师特别是讲座教授集研究与教学于一身，在大学内部享有很高的行政管理权，如选举院长的权利；罢免院长的权利；增选学院集体成员的权利；任命、选举学院大会的成员和经费管理的权利。②大学教师尤其是讲座教授拥有学术管理权。讲座教授是该研究领域唯一的教授和负责人，拥有很大的权力，如负责学生的录取、课程的设置、人员的招聘、学位授予和颁发执教资格等。大学教师的义务包括以下两个方面。①指导学生的义务，如指导和安排学生选课；指导学生进行学术训练；培养学生自学、独立思考以及触类旁通的能力等义务。②管理学院事务的责任，如担任学术委员会以及各种委员会的成员；担任校长、系主任、院长、图书管理员等。另外，大学教师还要为政府和教会当局提供咨询，例如，法学教师经常为市政当局、私人提供法律咨询（西蒙斯，2007）。

学术职业组织规范学术职业所需要的技术和策略，保障了学术共同体的发展。这些策略有：①创办学术期刊，以此作为肯定大学教师发现新知的标准；②科学学会会员身份仅限于从事科学研究的大学教师，不包括贵族、牧师以及非学术人员；③建立学科专业标准，并根据学科专业标准推荐就业以及提供经济保障。例如，柏林大学的学院不仅建立了不同学科的专业标准，为大学教师提供就业和经济保障，还鼓励大学教师在学科领域内实行学术认同制度（华勒斯坦等，1999）。

（五）小结

在弗莱克斯纳看来，近代的大学是"旧瓶装入了新酒，同时旧瓶也因此破裂，并按照一种理念进行重塑，可以说是前无古人，后无来者"（弗莱克斯纳，2001：272）。这个理念就是创造理性。

在创造理性的规定下，大学教师通过"自己的活动、自己的发明创造的能力抑或通过利用他人的发明"（洪堡，1998：40）去认识和改造自然，服务于人类以及社会。正因如此，近代大学教师获得了崇高的社会地位。

近代大学教师以其获取的纯科学作为创造理性的显现者。纯科学有四个特征：经验性、古典性、自然性、专门性。大学的根本原则是，"在最深入、最广泛的意义上培植科学，并使之服务于全民族的精神和道德教育——科学的目的虽然本非在此，但它的确是天然合适的教育材料"（洪堡，1987）。为此，大学教师的专业能力体现为科学创造能力和教学能力。从事科学研究是大学教师的精神追求，而非外在的利益驱动。那就是说，大学教师把从事科学当作自己的事业，而不是养家糊口的职业。大学教师热爱科学，并把它作为自己的兴趣所在。同时，科学是理论与实践的统一：大学教师不仅在头脑中"胡思乱想"，而且在实验室或讲座中证明自己的"胡思乱想"。在教学方面，大学教师专心致志于教导学生，不仅将科学知识和科学精神内化到学生的思想中，还努力将学生吸引到科学研究中。

近代大学教师在寂寞中既独立又合作地开展科学研究和人才培养的工作，这是大学教师的专业精神。他们为了真正实现学术自由和自治，建立了学院、学科学会等各种学术职业组织，并制定独特的教师聘任和退休制度，保障了学术共同体的学术创造力。

正因如此，"在西方世界，从 12 世纪的波伦亚和巴黎到 20 世纪的斯坦福和东京八个世纪的大学生活中，没有别的变革堪与近代研究型大学的涌现和发展相比拟"（克拉克，2001）。以洪堡创立的柏林大学为代表，近代大学已成为提升国家核心竞争力的决定性力量。之所以如此，是因为代表科学共同体的大学教师保证了"创造性研究的需要和潜力"（戴维，1988：236）。

四 技术理性规定的现代大学学术职业

影响西方现代社会发展的是技术理性。① 技术理性凸显了最能表征现代性的许多特征：①技术理性体现为一种精确计算、精密筹划的理念、思维方式和行为指向；②技术理性体现为机械式的、格式化的理性思维；③技术理性将世界工具化，并通过对工具、手段的打造实现权力化、控制化；④技术理性的特征反映在现实中的行为取向是专门化、格式化；⑤技术理性体现为打造、设计思维；⑥技术理性体现在人们的理念中，就是将技术看作功利追求的必然实现，技术等于功利、利益、财富和人类对功利欲望的满足。总之，技术理性成了主导现代性的重要理性力量，抽象还原、定量计算、准确预测和有效控制构成了它所依循的基本逻辑（李国俊，2007）。本部分以技术理性为理论视角，以美国赠地学院为个案，从学术职业角色、学术职业素养、学术职业发展、学术职业组织四个维度出发，解读现代大学学术职业的内涵。

---

① 在批判主义的理论传统中，对技术理性与工具理性常常做同义的理解。但确切地说，技术理性是有别于工具理性的。工具理性的外延更广泛，它包括技术理性。技术理性只是到了 19 世纪尤其是 20 世纪才越来越成为统治性的价值取向、思维方式、意识形态性的东西。也就是说，技术理性更突出的是在现代性条件下，其对技术性控制的合理性，它是现代化的产物，同时也是现代性的特征。

（一）学术职业角色

随着知识越来越学科化、系统化、高深知识越来越远离普通民众，成为大学教师的代名词，大学教师不再被称为教士、高级公务员，而是成为带有彰显自我社会属性的知识阶层——专家。大学教师被誉为在社会的职业分工中比其他专门职业的人员如医生、律师等更符合知识技术创造者角色（黄宇红，2008）。在经济方面，大学教师收入极高，经济地位较高。1893 年美国大学教师的年平均收入是 1470 美元，这个数字比牧师高出 75%，是中小学教师年收入的 5 倍，比政府职员多 75%，是一般工厂工人收入的 3 倍（维赛，2011）。

大学教师的学术职业角色是由其提供的专业服务决定的。现代大学教师的专业服务包括以下几个方面。①培养技术人才。美国大学教师的专业服务是为国家、州和地方培养技术人才。②为社会发展提供科学技术支持。随着时代的发展，人类社会不断进步，曾经的经验探索的社会发展方式向依靠科学技术的发展方式转变。在这里，大学教师通过教学和科学研究为社会发展提供技术上的支持。例如，耶鲁大学医学院、法学院、企业工程学研究室和人际关系研究所组建了一个名为"人类福利集团"的学术研究团队。该团队主要用生物学和医学的技术手段来研究智力、体力和社会福利的关系，包括：身体健康与家庭收入之间的关系；智力稳定与职业之间的关系；犯罪与娱乐设施之间的关系；儿童训练与智力发展之间的关系；经济条件与离婚之间的关系等（弗莱克斯纳，2001）。③为国家的安全提供技术帮助。与为社会发展提供技术支持相类似的是大学教师还为国家的安全提供技术帮助。在赠地学院中，大学教师要进行军事教学和研究，包括步兵、对抗、田野炮兵、化学战争等十二个不同的教学内容和研究课题（李素敏，2004）。他们主要目的是培养军事人才，提供军事技术支持。

正因为现代大学教师提供了其他阶层不能提供的专业服务，所以社会对大学教师的期望很高。主要表现在以下几个方面。①从政治角度来看，政客们希望大学教师通过教学、科学研究和社会服务提高社会成员对他们的支持度。②从经济发展来看，社会成员希望大学教师通过他们的学术研究增加农业效益，提高工业生产率，从而促进经济社会发展。③从文化方面来看，社会成员希望大学教师能够普及高等教育，不仅培养身份和地位高的人，也应教育面向田地，并与实际生活搏斗的农民和工人（李素敏，2004）。更重要的是，学生希望大学教师为他们提供跻身社会上层的能力和技术。在 1902 年对密西根大学的学生进行受教育愿望调查时发现：所有农夫的孩子都希望老师授予他们能够成为律师和医生的知识和技术（Eddy，1957）。

（二）学术职业素养

1. 专业知识

在技术理性下，现代大学教师要掌握的专业知识不再是古希腊时期的德行知识，也不是中世纪宗教性知识，更不同于近代纯科学知识，而是专业化知识。在安德鲁·怀特（Andrew D. White）看来，现代大学教师掌握的专业知识包括学科化知识、实证研究方法、思维方式（Eddy，1957）。

学科化知识。现代大学教师要掌握的知识不再是古希腊、中世纪和近代的界限模糊的知识，而是学科化知识。学科化知识是以学科为逻辑起点组建的学科群。例如，哲学、古典文学、语言学、经济学、社会学、心理学、医学、法律、物理学、化学、数学、生物学、地理学、工程学、地质学、农业学、机械学、制造学、广告原理、广告研究、实用家禽饲养、书评写作、家庭烹饪、家庭社交生活、着装基本问题（科恩，2010）。在此，学科化知识具有两方面的特征。①系统性。在现代，知识不再是古希腊时期所有的知识都内含于哲学中，也不类同于中世纪时期任何知识都匍匐于《圣经》的脚下，更不像近代一切知识都是纯科学知识，而是系统化的知识，是以学科为单位建立起的学科群。②高深性。现代的知识是专业人员的从业知识，需要经过专门机构的训练才能掌握。它区别于以往中世纪、近代的知识，因为在那时非专业人员也可以拥有专业知识。但在现代，情况就不同了。知识已经越来越远离普通非专业人员，成为专业人员所独有的，原因在于，现代知识具有高深性，非专业人员是难以理解和掌握的（弗莱克斯纳，2001）。

实证研究方法。在技术理性的规定下，只有经过实证研究方法获得的知识才是科学知识。实证研究方法有以下几种。①实验研究方法。这种方法不同于近代的实验研究，近代的实验研究是一种纯科学研究，即不是为了应用到实际生活中的研究，而现代的实验研究是以应用为主的实验研究。因此其研究方法也以实物为研究对象。例如，工程研究实验站是研究木材检验、水泥横梁与柱子加固的方法（李素敏，2004）。②社会调查法。现代大学教师的社会调查法不同于近代的观察法。近代的观察法主要是依靠大学教师对事物的发生和发展进行考察，得出结论。而社会调查法主要是指对社会实际问题进行调查，通过调查寻找到解决之道。例如，农业调查法主要涉及农业管理、家政服务、交通运输等社会实际问题的调查。③推广法。推广法是大学教师将学术研究成果应用于实际生活中的最重要的研究方法。在此，大学教师通过与农民、工人以及各行各业的人士的交流、接触将知识和技术推广到社会中去。

思维方式。现代性的思维方式有主客二分思维、还原论思维、计算性思维（李国俊，2007）。主客二分思维指世界知识是从"我思"中推论出来的，"我思"构成了绝对"主体"，外部世界作为经验的材料本身没有真理，不过是"我思"推导出来的秩序而已。这样，自然就成为相对于"我思"的"客体"。还原论思维指把纷繁芜杂的经验世界，还原为纯粹可以用数学加以表述的普遍规律，从而把握世界的本质。计算性思维指人做任何事情时都以有用为出发点，有用的就是真理，没用的就是谬误。

2. 专业能力

在现代，人们认为大学教师应当具备掌握科学技术原则以及熟练运用现代科学技术的能力（马斯登，2009）。这些能力表现为以下几点。

讲授能力。讲授能力是现代大学教师具备的最基本的一项能力。这里的讲授不再是以往以传授理论性知识为主的传统讲授法，而是以传授技术和方法为主的讲授法。在此，大学教师讲授的目的不是仅仅告知学生原理性知识，向学生传递思想观念和价值观，而是培养学生利用科学技术发现知识的能力。在授课中，大学教师先阐述某个特定的原理，然后举例说明。在这个过程中教师通常以自己的研究成果为例，讲解实验原理。

实验技能。实验技能是现代大学教师必备的一项能力。因为在实验室培养学生的动手能力，是学生获得技术的重要途径。一般来讲，大学教师首先在课堂上讲解实验的理论性知识，然后演示实验的过程，讲解实验要领，最后指导学生自己动手做实验（科恩，2010）。

分析归纳技能。在现代，科学技术的原理不再靠演绎得来，而是在分析归纳中发现。在克拉克·克尔（Clark Kerr）看来，分析归纳是一种综合的方法，它根据可观察的数据建立起纲领性的观点，然后建立假设和基本原则，这是大学教师教学和研究的基础（石伟平，1996）。因此，大学教师必须具备一定的分析归纳技能。由此，现代大学教师在教学、研究中通过分析归纳，去发现和证实新的科学技术，批评旧思想，从而更好地为经济社会发展提供服务。

组织技能。在现代，组织也是一种技能。现代大学教师的组织技能有以下两个方面。①教学组织技能。现代的教学不再是以往待在教室里教授课本，而是在实验室里做实验，在野外进行标本采集。由此，大学教师要合理地组织这些教学内容以及流程。②研究工作组织技能。研究工作组织技能就是指大学教师在遇到学术问题时，能够组织专业内人士一同开展学术研究。例如，组织学术研究会等。

3. 专业精神

在技术理性的规定下，现代大学教师具有普遍性、公有性、非谋利性以及有组织的怀疑性等专业精神。

普遍性有两层含义。①现代大学教师在评价其学术成果上采用的是整个学科普遍的标准，而不是以个人的偏见为指标。例如，大学教师学术成果的评价指标是专业协会按照学科的逻辑建立的统一的学科评价标准。②只要有才能，人人都能进入学术殿堂，从事学术研究。在现代，大学教师这一职业不再像中世纪需要考虑宗教因素，也不像近代，成为大学教师必须得到政府的聘任，而是只要你有才能，不必考虑出身、种族、政治倾向，并且不接受任何外在权力的检查和认可，只需要获得同行的专业认可即可。他们坚持在民主社会所有有能力的人，都能够成为未来的大学教师（李素敏，2004）。

公有性有两重含义。①现代大学教师将知识作为交流和使用的公共产品而不是私有财产。在技术理性的规定下，现代大学教师将知识作为公共产品，其作用就是发展技术，培养技术人才。因此，他们走到田间地头，向农民、工人等传授知识和技能。②现代大学教师的研究成果是可以相互交流和使用的，但必须承认和尊重同行的知识产权，即在无偿使用这一成果的同时应该注明其来源。例如，1915 年美国大学教授联盟（AAUP）就发表声明，指出大学教师有相互交流研究成果，彼此使用研究成果的权利，但在发表言论或写作时，必须尊重同行的研究成果（Joughin，1967）。

非谋利性指现代大学教师从事科学研究是以科学本身为目的，而不是利用科学谋取个人利益，也不以服务他人和公共利益为直接目的。现代大学教师非常鄙视利用学术研究成果去谋取个人利益。例如，在赠地学院中要求大学教师以金钱为目的的学术研究必须征得所在大学的同意。发表学术成果的目的是促进学术发展，而不应以金钱为目的，以个人利益为目的的服务必须受到限制（Joughin，1967）。

有组织的怀疑性有两层含义。①现代大学教师主张根据经验事实的标准来质疑和审查任何科研成果。由此，现代大学教师自己动手做实验，走出学校去观察动物和植物，去考察工业、社会制度及其机构，自己动手设计和到车间实习，以此来检验科研成果的真实性。②现代大学教师对科研成果的怀疑和检验是制度上的安排，而不是个人行为。在此，现代大学教师组成各种各样的学术组织，制定统一的学术评价标准，对其学术成果进行检验和评价。

（三）学术职业发展

海德格尔指出，"在技术时代，人不仅限定了事物，而且人本身也完全受制于技术，自觉或不自觉地总是按照技术的需要去行动"（海德格尔，1996：945）。在技术理性的规定下，现代大学教师的学术职业发展已被纳入政府、社会和大学的规划中，大学教师学术职业发展表现出组织化、制度化的特征。

博士生培养机制。在现代，各种专业及准学术职业组织要求大学教师候选人必须接受博士学位的教育。博士生的培养主要有以下几个方面。①学业培训。在这一阶段中，博士生要接受一系列严格的学术训练。例如，在哈佛大学建立了从选课到论文答辩一系列培养制度，如博士生课程选择、评估、管理制度（张凌云，2010）。②实施研究生助教制度。这种制度主要通过研究生协助导师做一些教学工作来培养研究生的教学能力。③参加学术会议。参加学术会议贯穿于整个博士生培养阶段。④实施博士生资助机制。为了提高博士生教育质量，1900年以后，现代大学开始利用一部分经费成立基金会，资助基础研究和设立研究生奖学金制度。这些资助为博士生培养奠定了坚实的物质基础，为博士生教育的进一步发展提供了条件。

合理的大学教师在职进修机制。在现代，为了提高教师的学术能力，无论是政府还是大学都鼓励教师参加各种在职进修和培训。因此，也制定了一套大学教师在职进修的体制、机制。主要包括以下几个方面。①带薪休假制。1810 年哈佛学院首创教师带薪休假制，这成为美国高等教育领域最古老且有组织的教师发展形式。②利用实验室和培训基地训练大学教师。为了培养优秀的师资力量，大学开始建立实验室和培训基地，购买科研设备，培养教师研究能力。例如，哈佛大学就规定理工科的大学教师必须在三个不同的实验室轮流工作，在每个实验室至少待 4 个星期。这样做的目的是让大学教师融入不同的科研环境，以此扩展大学教师的研究视野（张凌云，2010）。③创办期刊，承办学术会议促进学术交流。在现代，大学都积极地创办学术刊物、组织学术交流会来培养大学教师。例如，霍普金斯大学创办了大量的学术刊物，譬如，《数学杂志》《美国化学杂志》《语言学杂志》《生物学杂志》等，并且组织了多种学术会议，通过学术交流提高大学教师的能力（李子江，2008）。④成立技术服务俱乐部，强化大学教师社会能力。在 20 世纪初，赠地学院成立了技术服务俱乐部，专门负责向乡村的青少年提供关于土地以及资源管理和一些家政服务的教育（李素敏，2004）。

系统的大学教师职业晋升机制。为了保障大学教师的学术性，现代大学创立了大学教师职业发展的晋升制度。主要包括以下两种。①试用期的晋升制度。该制度规定了两种情况。一种是讲师到副教授阶段；另一种是助理教授到副教授阶段。②终身教职制度。终身教职制度是指大学教师在经过最多 7 年的试用期以后，如果其科研成果获得了同行认可，其即可获得终身教职。终身教职有两个阶段。第一阶段是副教授阶段。试用期过后，通过考核非终身教职的大学教师升为副教授，同时获得终身教职。第二阶段是正教授阶段（终身教授阶段）。这一阶段一般是指当学院中出现终身教授职位空缺时，学院中的终身教授就会召集起来，成立一个委员会，并根据副教授阶段的候选人的学术能力进行考核，胜出者即可为终身教授（周雁，2011）。

（四）学术职业组织

在赫伯特·马尔库塞（Herbert Marcuse）看来，"技术理性是统治着一个特定社会的社会理性"（马尔库塞，1989：107）。在技术理性的规定下，现代大学的教师运用复杂的管理技术，建立了多层级的学术组织维持学术职业的职业特性。

建立了学术职业评价组织——专业协会。为了加强知识的共享、交流从而促进学术的发展，大学教师设计出各种不同的专业协会，如语言学学会、经济学学会、人类学学会等。不同学科的成员聚集于此，进行学术探讨，交流各自的成果。这些专业协会的作用在于以下两个方面。①统一学术评价标准。对大学教师学术能力的认可一般是由同行和学生的评价得来的。但在现代，对大学教师的评价受到学院和学科分化的影响，大学中不同的学院有不同的评价标准，不同学院的学科有不同的评价标准，这不利于学术职业的发展。因此，各种专业协会按照学科的逻辑建立了统一的学科评价标准，避免了这种评价的无序以及杂乱，从而促进学术职业的发展。例如，制定课程标准，制定各门学科的发展方向，以及学术规划、评价标准。②维持学术活动的有序。专业协会作为一个按照学科建立的大学教师组织，具有制定自己学科内部学术政策和规章等权利，从而起到维持学术活动有序的作用。因为在学科不断分化的情况下，以往的学术标准不再适用，学科之间形成一种分散和无序的状态，学术生活也呈现无序状态，大学教师各自为政，不利于学术职业发展。由此，大学教师组成专业协会建立统一的学术标准，维持学术生活的健康和有序。

建立了学术权益保障组织——大学教师联合会。为了保障学术自由、捍卫教师的合法权益，现代大学教师组建了跨全行业的大学教师联合会。其功能如下。①保护功能。大学教师联合会的主要宗旨就是保障大学教师的合法权益。譬如，其制定了大学与大学教师必须遵循的原则。其一，大学不得歧视低级职位的教师特别是试用期的那些教师。其二，对于试用期合格的教师大学必须授予其终身教职。其三，大学解聘教师包括试用期的教师必须提前一年予以通知，并且大学教师拥有申诉的权利。其四，试用期的教师拥有和其他教师同等的权利（李子江，2008）。②促进社会公众理解和支持的功能。这些校外组织的另一个功能就是获得社会公众的理解和支持。大学教师联合会创办之初的目的就是让公众理解和支持大学教师的学术工作。一方面，大学教师联合会宣传保护大学教师的自身利益、保护学术自由，是为了大学教师更好地履行对社会和学生的职责；另一方面，大学教师联合会指出，保护大学教师对真理的自由探索和阐释是为了社会的共同利益，而不是大学教师自身的利益。因此，社会和大学要保护大学教师的学术自由（Joughin，1967）。

建立了学术职业管理组织——董事会。在现代，大学教师依赖于自身的"技术能力"（陈伟，2008：167），建立起类似于企业性质的自治组织，最有代表性的就是董事会。董事会实际就是大学法人制度以及学者行会制度的结合体。董事会的功能如下。①它是大学的最高决策者。董事会是大学法定的所有者或管理者，是大学的最高决策机构和最高权力机构：它要确定学校的性质、目标和制定学校的长期发展计划；它任命校长，协助校长开展工作，并对校长的工作进行评价；它检查、审批教育计划和公共服务计划以及连接学校与社会；它保障学校的自治，裁决校内申诉以及评价教师的工作。②它是社会与大学的缓冲器。它既可以代表学校向政府施压，从而影响政府的政策，又可以担负执行政府决策的责任，帮助学校完成政府下达的任务（薄建国、王嘉毅，2010）。董事会缓和了大学与政府之间的关系，保证大学学术自治，有利于大学教师的学术自由，从而促进大学教师的学术职业发展。③它具有反映不同阶层对大学及其教师的需求的作用。董事会一直由校外人士控制，这些校外人士包括：政府官员、企业家、法官、律师、牧师、校友以及其他社会名流（刘宝存，2001）。董事会的人员构成的多样性是为了使董事会的决策能充分反映各方面的意见。由此，大学教师可以根据不同阶层的意见，强化教学能力、提高研究水平、提升服务质量，从而促进学术职业发展。④它实行内部民主管理，建立大学教师平等制度。例如，哈佛大学的教师，无论是讲师还是副教授和正教授，都有权利参加学术委员会（陈伟，2008）。

（五）小结

现代正处于城市发展和工业飞跃的时代，现代大学的生命在于满怀信心接受新时代的挑战（滕大春，1994）。新时代的挑战就是按照技术理性的规则去行事。

在技术理性的规定下，大学教师不再被称为教士、高级公务员，而是成为专家。也正是这些作为专家的大学教师将其独有的知识和能力应用于社会的实际生活中，培养人才，提供技术服务，从而获得崇高的社会地位。在整个学术生活中，现代大学教师在评价其学术成果上采用的是整个学科普遍的标准，奉行在民主社会所有有能力的人，都能够成为未来的大学教师的理念。他们将知识作为交流和使用的公共产品，为了促进学术的发展他们相互交流和使用各自的研究成果。他们强调学术研究是以科学本身为目的，主张根据经验事实的标准来质疑和审查任何科研成果。由此，体现出现代大学教师具有普遍性、公有性、非谋利性以及有组织的怀疑性的特质。现代大学教师运用复杂的管理技术，建立了学术职业评价组织、学术权益保障组织和学术职业管理组织等多层级的学术组织，保障了其学术活动的自由与自治，维持了其学术职业的职业特性。与此同时，现代大学教师按照技术理性的原则建立了博士生培养机制、大学教师在职进修机制以及大学教师职业晋升机制，使大学教师的学术职业发展组织化、制度化。

五 非理性规定的后现代大学学术职业

到了后现代，非理性主导社会和大学的发展。所谓"非"主要体现在两方面："一方面为理性寻找一个更本源的开端，即存在；另一方面也为存在获得一个比理性更为本源的把握方式，即经验。所谓非理性由此实际上是一种更本源的东西，它先于理性，并使理性成为可能。"（滕大春，1994：517）在齐格蒙特·鲍曼（Zygmunt Bauman）看来，"后现代就是与矛盾性和解的时代，就是学会如何在不可救药地充满矛盾的世界上生活的时代"（鲍曼，2003：3）。学术职业一般意义上指"以学术作为物质意义上的职业"，要以学术为志业（韦伯，2004）。由此来看，学术职业具有物质性和精神性双重属性，前者表明学术职业是大学教师谋生立业和赖以生存发展的职业，后者表明学术职业要求大学教师超越功利性目的，将其视为一种精神职业，从而实现其人生意义和生命价值。由此，"学术职业是以专门和系统化知识的研究、教学、综合和应用为工作对象的特殊职业。学术职业的物质性是职业的基本特征，而精神性是其本质诉求"（李志峰、沈红，2007）。后现代大学的学术职业有着独特的内涵。那么具体来看，在非理性规定的后现代，大学学术职业呈现一幅什么样的图景呢？

（一）学术职业角色

正如让-弗朗索瓦·利奥塔（Jean-Francois Lyotard）所指出的，后现代社会的知识分子是具有丰富差异性的、具体的知识分子（利奥塔，1996）。首先，后现代社会的知识分子具有丰富的差异性。这种差异性主要体现在以下几个方面。一是知识背景的差异，在后现代社会中，知识分子的知识背景变得更加丰富和多样。他们不再仅仅局限于某一学科领域，而是涉及多个学科领域，形成了跨学科的知识体系。这使知识分子在面对复杂的社会问题时，能够从多个角度进行思考和分析，提出更加全面和深入的解决方案。二是理论观点的差异，在后现代社会中，知识分子的理论观点也呈现丰富多样的特点。他们不再受到某一种理论体系的束缚，而是吸收和借鉴多种理论资源，形成了自己独特的理论观点。这使知识分子在面对社会问题时，能够提出更加具有创新性和针对性的解决方案。三是价值取向的差异，在后现代社会中，知识分子的价值取向也呈现丰富多样的特点。他们不再受到某一种价值观的约束，而是根据自己的知识背景和理论观点，形成了自己独特的价值取向。这使知识分子在面对社会问题时，能够提出更加符合实际需求和社会发展规律的解决方案。四是实践方式的差异，在后现代社会中，知识分子的实践方式也呈现丰富多样的特点。他们不再仅仅局限于理论研究，而是将理论与实践相结合，积极参与社会实践活动。这使知识分子在解决社会问题时，能够更加贴近实际，提出更加具有可操作性和可行性的解决方案。其次，后现代社会的知识分子具有具体性的特点。这种具体性主要体现在以下几个方面。一是知识分子的社会责任，在后现代社会中，知识分子的社会责任变得更加具体和明确。他们不仅要关注自己的学术研究和理论创新，还要关注社会的实际需求和发展，积极参与社会实践活动，为社会的进步和发展做出贡献。二是知识分子的公共角色，在后现代社会中，知识分子的公共角色变得更加重要和突出。他们不仅要关注自己的学术成果和理论观点的传播，还要关注社会舆论的引导和公共价值的塑造，为社会的和谐稳定和文化繁荣做出贡献。三是知识分子的道德担当，在后现代社会中，知识分子的道德担当变得更加重要和紧迫。他们不仅要关注自己的学术道德和职业操守，还要关注社会的道德风气和伦理规范，为社会的正义和公平做出贡献。后现代的特性要求后现代大学的学术职业具有灵活性，拒绝大学教师作为单纯的教师角色发展。这类知识分子本质上是特别、多样、具体的知识分子。正如安东尼·史密斯（Anthony Smith）和弗兰克·韦伯斯特（Frank Webster）所言，后现代的大学教师应该是"特别的"知识分子，即"他们提供局部、艰深和专业的知识，却不付诸权威地位。用鲍曼教授的话说，后现代知识分子是'解释者而非立法者'"（史密斯、韦伯斯特，2010：189）。由于后现代出现了知识的碎片化现象，大学作为一种知识文化形态的公共领域已经在不经意间向全国和国际范围快速扩张了，甚至已经成为世界上知识交融的"地球村"。后现代大学教师作为特别的知识分子，更是承担着解释和创造知识的使命，他们在后现代社会文化生活中可以成为"一簇充满希望的火焰"（史密斯、韦伯斯特，2010）。

后现代大学教师本质上应该是作为"阐释者"的知识分子。鲍曼依据知识分子在不同历史时期扮演的社会角色和承担的义务，将现代历史时期知识分子命名为立法者，该角色负责对社会权威性话语的构建；将后现代历史时期的知识分子称为阐释者，他们负责进行解释性话语活动，防止社会交往中人与人之间发生意义的曲解（徐天伟、杨超，2017）。"阐释者"角色是指在后现代社会条件下，大学教师在多元且复杂的社会生活方式与价值观等的影响下，功利化和世俗化特征凸显，逐步失去了对知识的绝对权威，成为阐释政府或社会法治理念和政策实施的目的和意义，以便让社会系统的团体或人群更好地理解及认同的"阐释者"（徐天伟、杨超，2017）。"阐释者"角色具备两个典型特征。一是学术人格的相对依赖性。在后现代，随着社会经济发展与高等教育关系日益密切以及政府政策和经费投入对大学的干预与控制，大学教师不得不走出"象牙塔"。二是学术研究的应用性。大学教师的学术研究以社会市场需求为导向，服务于企业技术生产甚至是国家经济、政治和军事发展需求。值得注意的是，根本上后现代大学教师的学术职业角色从"立法者"到"阐释者"的转变，更多反映的是在后现代社会中"阐释者"角色的主导性，而不是否定"立法者"角色的存在；更多彰显的是社会转型中大学教师角色及其功能的变化，而不是说明两种角色产生替代关系。在后现代社会中，"阐释者"角色从社会边缘走向中心，但这并不是教师角色的最终归宿，其任务是使高等教育价值观得以实现（徐天伟、杨超，2017）。伽达默尔的思想中也流露出理解和解释是人类认识世界的基本方式，是人类文化传承和发展的重要途径。"阐释者"就是诠释者、解释者，他们不仅传播知识，而且通过自己的理解和解释，使知识得到更新和发展；不仅传承文化，而且通过自己的创新和实践，推动文化的发展；不仅倡导价值，而且通过自己的实践，使价值得到实现。从根本上说，"阐释者"是后现代大学教师职业角色转变的典型性特征和表现形式。

从"立法者"向"阐释者"的转变与从"现代性"到"后现代性"的转变分不开，现代性是一种社会形态，它以理性、进步、科技和工业化为基础，强调个人自由、平等和民主。在现代社会中，大学教师作为知识分子主要扮演立法者的角色，他们通过理性思考和科学方法，为社会制定规则和法律，以实现社会的秩序和进步。然而，随着社会的发展和变迁，现代性面临许多挑战和问题，诸如理性主义的局限性、科技进步的副作用、全球化的影响、文化的碎片化等。这些问题使现代性的理想与现实之间产生了巨大的鸿沟，导致社会的混乱和失序。在这种背景下，后现代性应运而生。后现代性是一种对现代性的反思和批判，它强调多元化、相对主义、反普遍主义和解构主义。在后现代社会中，大学教师作为知识分子的角色发生了重大转变，从立法者转变为阐释者。阐释者与立法者有很大不同。本质区别在于：立法者是人工造园、设计秩序，寻找最优秩序，而阐释者是解释实践、惯习与沟通主客体（汪冬冬，2014）。具体区别在于以下几个方面。首先，阐释者不再强调理性和科学，而是强调理解和解释。他们认为，社会现象和文化现象是复杂的、多元的，不能简单地用理性和科学的方法来解释。因此，阐释者需要通过深入的理解和解释，来揭示社会现象和文化现象的复杂性和多样性。其次，阐释者不再追求普遍的真理和价值，而是强调相对主义和解构主义。他们认为，真理和价值是相对的，是由特定的历史、文化和社会背景决定的。因此，阐释者需要通过对特定历史、文化和社会背景的解构，来揭示真理和价值的相对性和多元性。最后，阐释者不再关注社会的秩序和进步，而是关注社会的变革和创新。他们认为，社会的秩序和进步是由特定的权力关系和社会结构决定的，而这些权力关系和社会结构是不断变化的。因此，阐释者需要通过对这些权力关系和社会结构进行解构和重构，来推动社会变革和创新。

总的来说，从现代性到后现代性的过渡以及从立法者到阐释者的角色转变，反映了现代社会的变迁和发展。这种变迁和发展改变了大学教师的角色、责任和使命。在后现代社会，由于后现代的非理性观逐渐替代了现代的理性观成为社会的主要指导思想，因此强调"世界在本质上是由无限种类的秩序模式构成，每种模式均产生于一套相对自主的实践"（鲍曼，2000：5），秩序与实践无先后之分，秩序好坏不能作为实践结果的唯一衡量尺度。本质上，后现代的非理性似乎更突出相对主义是世界的永恒特征。这种观念告诉人们大学教师作为知识分子的角色在发生转变，从现代性的"立法者"角色转变为后现代性的"阐释者"角色，阐释者的社会职责是向社会公众解释形成于不同社会话语体系的社会事物，或者说形成于后现代社会的实践能够被传统或现代的知识系统所理解，其目的是促进社会主体在不同社会系统间的自主性交往（汪冬冬，2014）。后现代大学教师作为阐释者需要做到以下三点：一是通过深入的理解和解释，来揭示社会的复杂性和多样性；二是通过相对主义和解构主义，来揭示真理和价值的相对性和多元性；三是通过解构和重构权力关系和社会结构，来推动社会的变革和创新。这是后现代大学教师作为"阐释者"在后现代社会中的新角色和新使命。

（二）学术职业素养

后现代大学教师的学术职业突出了作为阐释者的知识分子角色，需要具备教化力、共通感力、兴趣力、判断力等素养。教化力是指通过教育和培养，使个体获得一定的知识、技能和态度，形成一定的价值观和人生观。在后现代社会中，教化力不仅包括传统的知识和技能教育，还包括对个体的人文素养和社会责任感的培养。教化所达到的普遍性不是知性的普遍性，而是一种感觉的普遍性，受到教化的意识是一种普遍的、共同的感觉，它超越了自然的感觉，这种共同的感觉也就是所谓的共通感。共通感作为人文主义的一个主导性概念，体现了人们对于事物共享的理解和感受。特别是由于信息的高速流动和全球化的影响，人们的共通感力更加重要。后现代大学教师通过共通感能够更好地理解和接纳不同的文化和观念，从而促进自身和社会的和谐和进步。随着知识的爆炸和信息的丰富，个体的兴趣力也很重要，其是指个体对于某一事物的热爱和追求。后现代大学教师通过兴趣才能够更加深入地学习和研究某一领域，从而在这个领域中取得专业的成就。判断力则是指个体对于事物的评价和判断。后现代社会信息更加复杂和多元，后现代大学教师通过判断力才能够从复杂的信息中筛选出有价值的信息，从而做出正确的决策。总体来看，教化力意味着后现代大学教师作为阐释者能够通过自己的理解和解释，影响和改变他人的思维方式和行为模式。共通感力意味着后现代大学教师作为阐释者能够理解和感受到他人的情感和经历，从而建立与他人的共通感。兴趣力意味着后现代大学教师作为阐释者对自己研究领域的兴趣和热情，这种兴趣和热情可以激发他们的创新思维和探索精神。判断力意味着后现代大学教师作为阐释者能够根据自己的专业知识和理解，对复杂的社会现象和文化现象进行准确的判断和评价。

后现代大学教师的教化力、共通感力、兴趣力、判断力等学术职业素养的发展归根结底都离不开"知识"。在现代，处于支配地位的知识观认为，知识是人脑对客观世界的本质与规律的反映，是具有真理性的认识结果，具有客观性、普遍性、确定性、价值中立性等特征。知识具体物化为文字符号等形式，以概念、范畴等来表达，可以由占有者向接纳者传授（赵蒙成，2003）。后现代的知识观主张知识是人们对认识对象的解释，是对所选择的认识对象特征及其联系的一种猜测、假设或一种暂时的认识策略，具有主观性、文化性、境域性、价值性、未完成性等特征（石中英，2001）。福柯认为，知识的本质是权力，"我们只能通过权力产生真理，除非真理产生，否则我们就无法行使权力"（Foucault，1980：93）。因此，后现代大学教师作为阐释者的知识分子角色要求必须具有知识，并且要通过知识发展自身的教化力、共通感力、兴趣力、判断力等。尤其随着大学面临来自其他渠道对信息和知识的竞争，知识碎片化的特征愈加凸显，永恒的价值不断受到挑战，知识的相对性（知识只能根植于自身的传统之中）成为世界的一个永恒特征，加剧了多元主义和相对主义盛行于各个领域。基于此，后现代大学教师要更加重视知识并具有知识。在后现代，高深知识也表现出了其独特性，知识不是某个阶层或群体所专有的，人人都可以拥有由自己揭示和解释的知识，不存在标准化、规范化、客观化的知识，知识是碎片化、数字化、技术化的，甚至是商品化的，既可以生产，又可以消费。基于此，后现代的大学学术职业要求大学教师必须能够主动建构、解释和创造所拥有的知识，并在此过程中获得知识的意义。

　　此外，后现代大学学术职业要求大学教师在知识领域具有变革创新、追求真理和独立自主的意识。当前大学学术职业正在经历着重要的变化，人们对大学学术职业的认识也在发生变化。后现代大学的多元性和差异性要求大学学术职业拒绝学术权威和"合法知识"（史密斯、韦伯斯特，2010）。因为知识分子的重任之一就是努力破除限制人类思想和沟通的刻板印象和化约式的类别，正如爱德华·萨义德（Edward W. Said）提出的，"知识分子是具有能力'向'（to）公众以及'为'（for）公众来代表、具现、表明讯息、观点、态度、哲学或意见的个人。……知识分子的代表是在行动本身，依赖的是一种意识，一种怀疑、投注、不断献身于理性探究和道德判断的意识；而这使个人被记录在案并无所遁形。知道如何善用语言，知道何时以语言介入，是知识分子行动的两个必要特色"（萨义德，2016）。在后现代，知识分子多被认为是学识渊博、学术性和专业性极强、以追求学术真理为理想的人。这样的人正是大学所需要的，他们作为大学教师通过自己的学识、专业性和学术性使学生自觉跟随，学习知识的同时，学习他们的品质。质言之，后现代大学教师的学术职业素养要扎根于时代、大学及其与政府、市场、公众的关系等才能得到发展，后现代大学要为大学教师的学术职业素养生长提供创造性知识环境，秉承后现代大学的精神和特点，让大学教师在后现代大学作为阐释者能够充分发挥学术职业素养，发挥学术权力和民主权利，并为其提供技术转让条件。

（三）学术职业发展

　　"无论就表面还是本质而言，个人只有通过最彻底的专业化，才有可能具备信心在知识领域取得一些真正完美的成就。"（韦伯，1998：23）后现代的非理性突出了多元性、不确定性和相对主义等，对后现代大学的影响在于破坏了大学教师学术职业发展的专一性，更突出了跨界性和融合性。在跨界性特征方面，如跨学科合作与研究就是很突出的例子，在后现代大学不同学科领域的交叉融合已成为一种趋势，跨学科的生产场域、异质性的多元主体、解决问题的实践知识、多维度的社会评价，要求后现代大学及其教师的发展均走向广域的生活世界。不同学科之间的交叉融合可以产生新的知识和思想，不仅可以帮助大学教师从不同的角度看待问题，从而获得更全面的认识和理解，提高学术研究的质量和水平，还可以促进知识的整合和创新，推动学术研究的进步。在融合性特征方面，如产教融合与创新可以说是较为突出的例子，亨利·埃茨科威兹（Henry Etzkowitz）作为创新研究领域的国际知名学者指出，"大学、产业、政府三方在创新过程中相互作用，密切合作，同时每一方都保持自己的独特身份"（埃茨科威兹，2013：3）。这实际上就是三螺旋，其本身就是一种创新模式。在该创新过程中，大学教师作为施行主体发挥着自身的创造性，能在创新过程中促进其创新能力的发展。后现代大学的生态系统有助于大学挖掘创新资源，推进产学研用合作，推动价值共享，强化优势互补，实现更加开放、更高效益的合作共赢。后现代大学教师要紧跟后现代的时代特点，加强自身的创新和产教融合的能力，实现技术转移，促进科技成果转化，打通创业生态链中的难点、痛点和堵点，推进自身的学术职业发展和职能发挥，以应对不断变化的社会需求和学术挑战，并促使后现代大学的教育链、人才链与产业链、创新链深度有机衔接。

资格化、社会化和主体化是重要的教育功能和目的领域，三者密不可分，共同在教育领域中发挥核心作用，尤其对人的成长和发展的影响是立体和多维的。基于此，后现代大学教师的学术职业应结合资格化、社会化和主体化来发展。首先，资格化指个体具备从事某种职业的专业资格，以及具备做相关某事所需的判断倾向和判断方式（比斯塔，2019）。资格化是教育的一个主要功能，它为教育确定了一个首要的基本原则。从资格化来看，后现代大学教师作为阐释者的知识分子角色要求他们具备相应的学历证书和获得专业知识与技能，同时，他们还需要不断学习和更新知识，适应社会的发展和变化，以便能够胜任其角色赋予的使命和任务。其次，社会化指个体成为特定社会、文化和政治"秩序"的一部分（比斯塔，2019）。社会化是包含学校在内的教育机构积极追求的目标，用于传递特定规范与特定价值观、延续特定文化传统或进行专业社会化。从社会化来看，后现代大学教师作为阐释者的知识分子角色要求他们具备社会化的能力，需要积极参与社会活动，与他人交流和合作，以便能够更好地理解和解释社会现象和文化现象。同时，他们还需要关注社会问题，提出自己的观点和建议，为社会的发展做出贡献，并且能够在教育中促进学生的社会化。最后，主体化不是将个体嵌入既存秩序，而是暗含独立于秩序之外的存在方式，即个体不单纯作为包罗万象秩序中的"标本"的方式而存在

（比斯塔，2019）。在资格化、社会化和主体化中，比斯塔认为主体化应该成为教育名副其实的本质或核心元素。从主体化来看，后现代大学教师作为阐释者的知识分子角色要求他们彰显独特的自我存在，需要建立自己的价值观和人生观，形成自己的思想和观点。同时，他们还需要保持独立思考的能力，不受他人的影响和干扰，并且能够引导学生彰显自己的独特性和主体性。可见，后现代的知识分子作为阐释者，其学术职业发展是一个复杂而多元的过程。他们不仅需要具备深厚的学识和专业知识，还需要具备批判性思维、良好的沟通和表达能力等学术职业素养。同时，他们还需要通过资格化、社会化和主体化的过程，不断提升自己的能力和水平，以更好地扮演作为阐释者的知识分子角色。

（四）学术职业组织

知识生产模式 3 由埃利亚斯·卡拉雅尼斯（Elias Carayannis）和大卫·坎贝尔（David Campbell）于 2003 年提出，是在知识分型创新环境中，由多层次、多形态、多节点的知识生产群形成知识生产、知识扩散和知识使用的复合系统。他们指出模式 3 具有以下特征。①多元化。模式 3 是模式 1 与模式 2 的结合，不同知识和创新范式共存和共同演化（Carayannis & Campbell，2019）。②分形性。模式 3 是一个多层次、多模式、多节点和多边的创新体系（Carayannis & Campbell，2019），强调大学、产业、政府、公民社会以及自然环境之间分形协同创新，表现为多个创新网络和知识集群相连接，每个节点都是人力、技术和文化等多要素联合体（Carayannis & Campbell，2012）。③非线性。基础研究和应用研究以平行或并行关系耦合，不同部门之间以重叠或交叉关系耦合。随着技术的进步和变革，知识生产模式 3 对后现代大学的影响越来越深刻，同时改变了教师的教学内容与方式，出现了许多大型数字化资源库和网络平台。利奥塔认为，后现代大学教师在技术变革和网络平台的影响下甚至可能被取代，因为"教学可以由机器完成，这些机器可以把传统的存储器（图书馆等）作为数据库与学生使用的智能终端连接在一起"，而"那些数据库资料库将是明天的百科全书。它们超出了每个使用读者的能力，它们是后现代人的'自然'了"（利奥塔，1997：107~108）。数字化资源和网络平台可以帮助学生更好地学习和掌握知识，提高学习效率。例如，上海开放大学智慧教育资源管理平台是一个集课件、题库、作业、考试等多种类型的数字化教育资源于一体的管理平台，其既可以让教师将自己的学术成果做成教学资源从而促进自身的学术职业发展，也可以为学生提供更加便捷的学习方式。许多大学的电子图书馆也收藏了丰富的数字化资源，成为大学师生进行专业学习、撰写毕业论文、进行科学研究和提升自我素养的重要助手。如今，每个人都拥有连接互联网的个人电脑，而最新的科学思想经过适当修改，都可以成为便捷而生动的课程内容，而且这些内容可以在任何一台电脑里获得。因此，后现代大学学术职业要获得可持续发展和适应时代就需要紧跟时代的发展，掌握先进的技术促进自身的发展，去探索和生产最前沿和尖端的学术成果。

基于知识生产模式 3 来看，后现代大学教师作为阐释者的知识分子角色被置于一个多元而有差异性的世界和发展组织中。在后现代背景下，后现代大学教师作为阐释者的知识分子角色，其学术职业组织发展需要适应这种多元性、分形性和非线性的知识生产模式。首先，他们需要形成一个多层次、多形态、多节点的知识生产群，以应对知识的非均质性。其次，他们需要强调组织结构的多维聚合性和非线性创新路径，以适应知识经济的发展需求。最后，他们需要通过学术企业等方式，实现知识生产、知识扩散和知识使用的复合系统。由此来看，后现代大学教师作为阐释者的学术职业组织可能主要包括以下几种形式。一是生态系统组织。这里的生态系统组织指向大学本身，意指大学与自然生态系统有类似的生产规则、运行机制和演化规律等。根据卡拉雅尼斯的观点，生态系统组织是大学的动态功能单位，具有一定的区域性特征，是开放的自持系统，并具有自动调节功能（张超等，2021）。具体来看，第一，大学不断与政府、企业、社区、自然等外界环境进行互动，丰富了大学生态环境，大学也因此走出自己独立的象限，与产业、政府相互作用，密切合作。第二，大学的空间范围辐射到较大的周边区域，显现了一定的社会弥散性，具有地区特色和特性。第三，大学形成的生态系统通过明确产业需求借助人才培养、研究转化产生创业者、新创企业和知识产权，形成新的外界资源达到"自维持"（张超等，2021）。第四，大学作为一个系统，有较强的缓冲能力和自我调适能力，不会受外界干扰。可以说，大学作为生态系统，为大学教师的学术职业发展提供了学术职业组织。二是学术企业。学术企业是大学未来发展的逻辑向度，它将学术研究与产业发展紧密结合，实现了知识生产、知识扩散和知识使用的复合系统。三是四重螺旋。四重螺旋是知识生产模式3的动力机制模型，它由"大学-产业-政府-公民社会"组成，旨在减少UIG关系网知识经济化、效益化对科学和社会发展的负面效应。四是研究机构。研究机构是知识分子进行学术研究和知识创新的重要平台，它可以提供一个多元化、分形化的工作环境，促进知识的生产和发展。五是社会组织。社会组织是知识分子参与社会服务和公共事务的重要渠道，它可以提供一个实践知识和服务社会的平台，促进知识的广泛应用。后现代大学教师作为阐释者的知识分子角色，其学术职业组织发展需要适应知识生产模式3的要求，形成一个多元性、分形性、非线性的知识生产和创新体系。可以说，后现代大学教师的学术职业组织也在朝着美好的憧憬和更好的未来发展。

（五）小结

后现代时代就是与"矛盾性"和解和充满不确定性的时代，无论是人还是大学这种高等教育组织都需要学会如何在这样的时代生存和发展。矛盾性（ambivalence），即那种将某一客体或事件归类于一种以上范畴的可能性，是一种语言特有的无序，是语言应该发挥的命名（分隔）功能的丧失。无序的主要征兆是，在我们不能恰当地解读特定的情境时，以及在可抉择的行动间不能做出选择时，我们所感受到的那种极度的不适（鲍曼，2003）。后现代社会作为人类发展的一种境遇，是无法逃避的。而后现代性作为大学发展的一种境遇，也是无法逃避的，后现代大学最典型的标志是大学价值取向的多元化，大学变成真正的创造主体（王洪才，2017）。后现代的学术职业发展意味着将走向多样化、多元化和个性化或特色化。学术职业发展不仅是个人的学术职业发展，还是大学组织的学术职业发展。只有大学能发展，大学教师作为学术职业才能发展，才能真正作为具有精神性的学术职业。不过，作为大学教师的学术职业"只有在遇到适宜的制度化环境时才能发展"（科塞，2001：3）。后现代大学学术职业是大学教师的专业化与学术化和大学组织的思想与能力都能够提升的职业，学术职业是有精神性的职业，学术职业是正在多元化、多样化、碎片化、充满不确定性的环境中发展的职业。

第二章　西方大学学术职业的当下态势

　　西方大学学术职业面临多方面的挑战和变化，目前美国的学术职业能在较大程度上反映西方大学学术职业的当下态势，主要表现在以下几个方面。第一，经费短缺。自 2008 年金融危机以来，美国学术界经历了经费的削减，特别是在外部基金会和工业界的资金支持上。尽管国会增加了拨款，但仍然难以弥补其他经费的缺口。这导致教授们将大量精力投入经费申请中，而实际的资助率非常低。第二，科研工作稳定性下降。近年来，西方学术界出现了科研工作稳定性下降的现象。学者因经济压力、心理健康问题等原因中断学术职业的情况增多。这种现象在一定程度上反映在所谓的"退出文学"上，即科研人员在公开平台上发表的关于离开学术界原因和过程的文章。第三，学术自由受限。传统的学术自由和自主性受到挑战，科层管理和绩效竞争限制了学者的自由度。终身制与合同制之间的差异也造成了职业安全的不确定性。第四，聘任制度的挑战。终身教职制度一直是学术职业的重要组成部分，但现在这一制度正面临重新评估和改革的压力。合同制的引入使学术职业的稳定性受到影响。第五，人才流动性增强。在全球化背景下，学术人才的国际流动性增强，但这也带来了人才流失和世界失衡的问题。一些地区可能会经历人才虹吸现象，即优秀人才被富裕国家或机构吸引，导致本地学术资源的流失。第六，职业吸引力下降。竞争激烈和相对较低的收益使学术职业的吸引力下降，尤其是在年青一代学者中。第七，学术评价体系受质疑。西方学术界控制着学科导向、出版发表以及国际学术评价体系，但这些体系现在也面临重新评估和改革的呼声。学术界需要考虑如何更加公平和全面地评价学者的工作和贡献。

综上所述，西方学术职业正处于一个充满挑战和变革的时期。学术界需要适应这些变化，寻找新的平衡点，以确保学术研究的质量和持续性。同时，这些挑战也为学术界提供了反思和改进现有体制的机会。

从西方大学学术职业的当下态势看，各国学术职业面临的挑战有来自外部环境的变化，但更多来自学术职业自身。这是伯顿·克拉克（Burton Clark）坚持的高等教育研究方法的价值取向。他说："1960年以后，高等教育的扩展问题以及人们对高等教育的不满引起了公众和学者的极大注意，但是所采取的方式是分散的、脆弱的。"（Clark，1983：1）在他看来，高等教育出现的问题要从高等教育自身找原因，这种研究取向有两个优点："研究高等教育的基本特征，就是集中研究这个系统本身是怎样决定行动和变革的。这种内部的研究方法可以由此避免把影响归罪于'社会'。……从高等教育内部进行研究的观点还具有强调机构反应的优点。……如果我们要把重要的和不重要的区分开来，需要进行很多内部的分析。"（Clark，1983：2-3）这个内部的分析是什么呢？伯顿·克拉克说，高等教育是"控制高深知识和方法的社会机构"（Clark，1983：11），"高等教育的任务是以知识为中心的。正因为它那令人眼花缭乱的高深学科及其自体生殖和自治的倾向，高等教育才变得独一无二——不从它本身的规律去探索就无法了解它"（Clark，1983：276）。托尼·比彻（Tony Becher）和保罗·特罗勒尔（Paul Trowler）也认可这个观点。他们认为影响学术职业演进的因素有两个，一个来自社会现象论，另一个来自知识认识论，而后者的影响更为强烈，"像所有其他社会活动参与者一样，学者并不是环境的牺牲品，不是完全受外部力量驱使的'社会同化者'，而是至少被部分地有意识或无意识地赋权去重建文化环境"（Becher & Trowler，2001：24）。本章基于比彻的二分观点，从学术职业的角色发展、素养发展、专业发展和组织发展出发，以美国为个案，诠释西方大学学术职业的当下态势。

一　学术职业角色发展

欧内斯特·博耶（Ernest Boyer）认为，大学教师有四种学术角色：学术发现者、学术整合者、学术应用者、学术传播者。① 随着大学逐渐成为政治、经济、文化建设的中心，美国社会赋予了大学教师一些新的学术角色，如实践者、论证者、作者、模范、发现者、创造者、调查者、设计者、建筑者、探索者、专家、学者、开发者、合作者、转化者、服务者、促进者、评价者、批评者、顾问、指导者、同事、监督者、听众、建议者、教练、辅导员、谈判者、传递者、管理者、领导者和企业家（Gordon，1997）。对于如此多的学术角色，比彻和特罗勒尔认为当前美国大学教师主要有六种学术角色：学术研究者、学术应用者、学术传播者、学术自由捍卫者、学术管理者、学术经营者（Becher & Trowler，2001：18）。遗憾的是，比彻和特罗勒尔还没有对这六种学术角色做深入的阐述。本章通过研读美国大学教师学术角色的相关文献，从原因、表现和意义三个维度，针对比彻和特罗勒尔提出的美国大学教师的学术角色进行解读。

（一）大学教师作为学术研究者

美国大学教师从事学术研究工作主要由如下原因推动。①对于大学教师自身而言，主要有三种目的：基于发现知识的纯科学目的；满足大学人事部门制定的基本学术标准；获得职位晋升和其他奖励。当前，研究也在大学教师的评价和晋升中具有决定作用，大学教师首先被看作知识的研究者，然后才是知识的传授者和应用者。因此无论是在教学导向的机构还是职业导向的机构，大学教师只有从事一定的研究才能提升学术职业发展水平。②大学教师的科研活动有利于提高大学的学术声望。以美国杜克大学的富科商学院为例，该院将研究作为立身资本，为此它鼓励大学教师建立各种学术研究中心，如全球资本市场研究中心、领导与伦理中心、决策研究中心、社会创业发展中心、国际商业教育和研究中心等。此外，该院通过不断增加博士生培养数量进一步推动了学术发展，通过吸引高质量的博士生，有效帮助大学教师开展研究工作（Babcock，2005）。

克里斯·琼斯（Chris Jones）等人综合了比彻和特罗勒尔的观点，认为美国大学教师作为学术研究者可以划分为作为硬科学的研究者和作为软

---

① "The Boyer's Model of Scholarship." http://it.coe.uga.edu/itforum/paper90part2/What_is_Research Pt2V1f.pdf.

科学的研究者两个方面（Phillips，2011）。

硬科学的研究对象是理工科领域，包括纯粹以学术为目的和以应用为目的的研究。在纯粹以学术为目的的研究领域中，如物理学，大学教师更注重理论性知识的累积以及知识的系统性、普遍性和简单化，更加强调知识生产的数量，研究成果主要以理论发现或假说的形式表现出来。在以应用为目的的研究领域中，如工程学，大学教师则重视技术的作用和知识的目的性、实用性，更加熟悉人类所面对的生存环境问题，研究成果通过新产品和技术的研发体现出来。

软科学的研究对象是人文社科领域，也分为纯粹以学术为目的的研究和以应用为目的的研究。在纯粹以学术为目的社会科学领域中，如历史学，大学教师强调研究的系统性和整体性，注重知识的细节、复杂性和质量，研究成果体现在对知识的理解和表述上。在以应用为目的的社会科学领域中，如教育学，大学教师更强调知识的实用性和自身的专业实践能力，成果体现在签订的协议或设计程序中。

在比彻看来，大学教师作为学术研究者还表现在跨越学科边界进行研究。当前，支持大学教师从事跨学科研究已经成为联邦政府、科学联盟、企业和学术带头人的共同目标。这些支持者认为，传统的以学科为基础的研究导致知识的过度分裂和专业的不断分化，这种研究方式不利于科学发展和社会进步（Creso，2008）。当前美国大学教师开展的多领域合作具体体现为多学科研究、跨学科研究和超学科研究三种类型。多学科研究作为最基本的形式，是指多个不同的学科以平行或连续的方式共同解决某一问题，而没有跨越各自的学科边界；跨学科研究是指学科之间互相作用，以至于学科的边界变得模糊，从而产生了新的方法、观点、知识甚至是新的学科；超学科研究包括来自不同学科的大学教师、非专业人士和其他利益相关者的共同参与，他们超越学科的界限，用全局性方式统筹整个学术系统。可见，这三种研究方式的特点各不相同：多学科研究具有附加性，跨学科研究具有互动性，超学科研究具有整体性（Barnes，2011）。

总之，美国大学教师作为学术研究者，不但增加了新的知识，还打破学术的藩篱促进了不同学科的合作，使错综复杂的世界问题得以解决。

（二）大学教师作为学术应用者

美国大学教师作为学术应用者主要有如下原因。①通过应用的学术，大学教师不但可以提高大学的声誉而且可以使大学办出特色。②大学教师只有接受实践的检验才能更加出色地履行其他学术职责。"最好的学术应该对学生、社区和政策事务最有影响力，而且应用的学术和其他形式的工作一样需要大学教师运用专业知识才能完成。"（O'Meara，2002）③一些大学教师把学术的应用当作职业乐趣，而不在乎大学的评价标准。

美国大学教师作为学术应用者，主要体现在如下四个方面。

服务于政治。首先，大学教师的研究避免了政府决策失误。如果仅仅依靠猜测，政府颁布的政策无法适应不同地区的具体情况。解决这一问题的好办法就是鼓励大学教师对即将实施的政策开展研究（Clark，2011）。例如，加州大学分别建立了联邦政府关系组织和州政府关系组织。前者主要作为加州大学与国会以及联邦政府各部门之间连接的纽带，为联邦立法机关和决策机构建言献策。后者作为连接大学和州立法机关、州政府的官员和行政机构的纽带，为州政府建言献策（University of California，2011）。其次，大学教师的研究提升了美国的国防科技实力。例如，加州大学约有21000位大学教师供职于三个美国能源部的国家实验室：劳伦斯伯克利国家实验室、劳伦斯利弗莫尔国家实验室、洛斯阿拉莫斯国家实验室。这些大学教师主要服务于美国的国防安全，当前，他们又增加了新的任务：应对恐怖主义和国土安全。

服务于经济。美国大学有服务于联邦政府和州政府经济发展的传统。美国未来的经济发展仍然依托于大学教师的科技创新以及所培养的新一代年轻的科学家、工程师和商界精英。首先，在"知本社会"（knowledge-based society）中，提高人力资源的质量是经济创新和生产力发展的关键。因此，大学教师最大的经济贡献在于他们培养了各领域受过良好教育且有一技之长的高水平人才，这些人才对未来的经济发展起到了推动作用。其次，大学教师通过科技创新推动经济的发展。例如，当前大约有1/4的美国生物技术公司建立在加州大学附近，这些公司是通过大学教师授权的技术转让而建立起来的（University of California，2011）。

服务于公民。这主要体现在大学教师通过教育提高了美国的人口素质。例如，加州大学教师承担着大学预备教育、中小学教师培训、成人继续教育和企业员工培训的责任。公民通过接受大学的培训提升了个人能力，从而获得更多的发展机会。加州大学扩大服务项目（UC Extension）作为世界上最大的继续教育提供者之一，每年向 300 万名受教育者提供 17000 门课程，而且它们还注重不断调整课程内容和学术水平来满足不同学习者的需要。

服务于世界。当今世界充满着错综复杂的问题，例如，环境污染、自然资源破坏、战争伤亡、全球性贫富差距以及人口膨胀所带来的温饱、失业、住房、医疗、教育和水污染等问题。面对这些挑战，大学教师不能像过去那样不问世事，而是要积极解决这些困扰人类的问题（Sullivan，1997）。例如，加州大学圣巴巴拉分校 2010 年从比尔及梅琳达·盖茨基金会那里获得 10 万美元的探索大挑战基金。这些资金主要用来支持生物学教授凯文·博莱斯可（Kevin Plaxco）开展的全球健康研究项目（University of California，2011）。

美国犹他州立大学的教师为专门解决全球性水污染问题而创建的犹他州水研究实验室（UWRL）也享誉世界。

总之，大学教师积极解决美国政治、经济、公民乃至全球面临的共同问题。正如奥斯卡·韩德林（Oscar Handlin）指出："一个困惑不安的世界不再能够负担象牙塔里搞研究的奢华。学术的价值不是取决于学术自身的名词术语，而是取决于它对国家和世界的服务。"（博耶，2002：92）

（三）大学教师作为学术传播者

作为学术传播者的美国大学教师需要掌握一定的教学技能，包括：学科的专门知识、开发学科教学的意识、理解学生的学习方式、广泛使用各种教学方法、自我发展的意愿、有效规划教学会议和课程材料、课程评价和学生评价的技能、掌握各种评价方法的能力、对学生群体多样化的认识、为学生提供成功的学习案例等（Gordon，1997）。美国卡内基教学促进基金会认为大学教师作为学术传播者有如下三个原因：①为了促进学生更好地获得知识和学会学习，大学教师需要从事教学；②为了促进自身的学术职业发展，大学教师必须参与教学的学术；③为了使教学和其他学术工作一样获得大学的认可和奖励，大学教师积极从事教学活动（Hutchings，2011）。

帕梅拉·亚当斯（Pamela Adams）认为，作为学术传播者的美国大学教师表现为理性主义者、行为主义者和建构主义者（见表2-1）。

表 2-1　大学教师作为学术传播者的表现

	理性主义者	行为主义者	建构主义者
教学方式	知识的单向传播过程	获得知识和技能的过程，并受到外部客观的观察和评价	指导活动，对过去的知识和经验进行建构，从而获得新的理解
课程特征	外界专家提前决定内容，对大学教师的教育学理论需求较少	大学教师设计并直接利用技术进行教学，促进知识增长	建立符合学生兴趣的话题，知识通过意会，在潜移默化中形成
核心理念	独立获取性，知识传播和获取过程不是在人与人之间的交流中完成的	学习社团的形成并不明确，大学教师和学生的信任通常在教育过程中产生	社会建构主义方式，形成了明确的学习社团
传递方法	大学教师讲解，学生被动接受	辅导和互相帮助，强调反馈的个性化教学	质询和合作方式，在教学中不断反思

资料来源：Adams，2009.

表 2-1 显示：大学教师的学术传播在教学方式、课程特征、核心理念和传递方法上具有差异。①在教学方式上，理性主义模式针对单向传播知识；行为主义模式注重同时掌握知识和技能，并受到外部的客观观察和评价；建构主义模式需要大学教师对学生过去的知识和经验进行建构，并在此基础上重新进行理解。②在课程特征上，理性主义模式的课程是专家预先设定的；行为主义模式要求大学教师同时负责课程内容的设计和教学；建构主义模式的大学教师注重选择学生感兴趣的教学内容，通过学生理解，在潜移默化中获得知识。③在核心理念上，理性主义模式培养的学生主要通过大学教师的讲解获得知识；行为主义模式虽然没有形成明确的学习社团，但也偶尔通过讨论学习获得知识；建构主义模式要求形成明确的学习社团。④在传递方法上，理性主义模式是大学教师的课堂讲解和学生被动接受的过程；行为主义模式强调大学教师的辅导和学生互相帮助的个性化教学；建构主义模式是学生质询和合作的学习方式，大学教师在这一过程中鼓励他们不断反思。

总之，当前许多美国大学在探索如何更有效地提高大学教师教学的学术。对此，比彻等人认为大学教师只有重视教学才能应对高等教育大众化带来的不断增长的学生需求，才能在高等教育的国际化进程中保持竞争优势，才能为社会培养所需的人才（Becher & Trowler，2001）。当然，美国大学为了彰显教学的核心地位，通过如下举措提升大学教师学术传播力。

1. 博士生教学能力发展

美国国家研究委员会（National Research Council）的调查表明，54%的美国博士生毕业后在大学工作。① 可见，博士生教学能力的培养与大学教学质量息息相关。但是，传统的博士生教育注重对博士生科研能力的培养，忽视了对其教学能力的培养。随着美国本科教学质量问题日益凸显，遭到社会诟病，美国开始注重对博士生教学能力的培养。②

（1）培养内容

美国各大学对博士生教学能力发展的侧重点各不相同。归纳起来，美国各大学非常关注如下教学能力的培养：整合能力、实施能力、研究能力、创新能力和理解能力。

整合能力。整合能力是教师教学能力的重要组成部分，"能使教学更具多变性、灵活性和创造性"（Borich，2004：126）。①教学方法与教学内容的整合。如哥伦比亚大学新媒体教学与学习中心（Columbia Center for New Media Teaching and Learning）为包括博士生在内的教师提供平台，帮助他们将网络教学方法与教学内容进行整合（CCNMTL，2014）。②教学环境与教学内容的整合。如哈佛大学的博士生科伦·亚皮赛拉（Coren Apicella），非常擅长将教学环境与教学内容相结合，由此在 2008 年荣获哈佛大学教学优异奖（The Harvard Gazette，2014）。③不同学科内容的整合。整合跨学科内容是当前美国博士生必须具备的能力，这有利于开阔学生的视野。④学科前沿与教学内容的整合。如哈佛大学教育研究生院鼓励博士生选择的教学内容要反映该学科研究前沿问题。③ ⑤受教育者的基本素养与教学内容的整合。

① "Educate Graduate Students as Apprentice Teachers." http://naples. cc. sunysb. edu/Pres/bo-yer. nsf/webform.

② "Teaching Assistant Training and Teaching Opportunity（TATTO）." http://www. gs. emory. edu/professional-development/tatto. html.

③ "Harvard Graduate School of Education：About HGSE." http://www. gse. harvard. edu/about.

实施能力。实施能力指博士生将教学设计方案付诸教学实践的能力。弗吉尼亚大学的伦弗·曼尼（Renfro Manning）教授指出，应该从制定教学计划、组织教学活动和传授知识三个方面提高博士生教学实施能力（Manning，1988）。博士生的教学实施能力主要包括：①制定教学计划是博士生组织和管理教学的依据，教学计划要体现课程特色，充分考虑学生的兴趣爱好、能力等方面的差异；②博士生通过组织不同的教学活动，促进学生自主、合作、探究学习；③博士生运用自己所习得的教育学、心理学知识对班级进行管理，让学生在较短时间内吸收和理解新知识。

研究能力。研究能力指博士生能够运用所习得的科学知识，分析教学现象，发现和解决教学问题，揭示教学规律，得出科学结论的能力。埃默里大学的实践结果表明，研究能力的培养对提高博士生教学水平有重要的影响。[①] ①教学前，博士生需要对教学内容进行研究，从而选取合适的教学方法，进行教学设计。埃默里大学专门委派资深教师辅导博士生用科学方法研究教学内容。[②] ②教学时，博士生要具备解决突发问题的能力，由此调整教学计划，以降低突发情况对教学的影响。③教学后，博士生需要及时有效地进行教学反思，发现教学问题，进而及时改进。如哈佛大学让博士生再次观看自己的教学视频，以此反思问题，总结经验。[③]

创新能力。创新能力指博士生创新教学方法，发现新的教学规律，创造新的教学理论的能力。哈佛大学德里克·博克教学与学习中心（Derek Bok Center for Teaching and Learning）的主旨是让博士生的教学充满创新性。[④] 博士生的创新能力主要包括以下内容。①根据教学实际情况，创新教学方法。如普林斯顿大学杰出教学校长奖（President's Award for Distinguished Teaching）的评价指标就非常强调教学方法的创新。[⑤] ②根据教学

---

① "Doctoral Program in Business：Teaching Assistant Training and Teaching Opportunity Program（TATTO）." http：//goizueta. emory. edu/degree/pdf/phd_ viewbook. pdf.

② "Doctoral Program in Business：Teaching Assistant Training and Teaching Opportunity Program（TATTO）." http：//goizueta. emory. edu/degree/pdf/phd_ viewbook. pdf.

③ "Harvard Gazette：Teaching the Teachers." http：//news. harvard. edu/gazette/story/2011/10/teaching-the-teachers.

④ "New Leader in Teaching and Learning：Robert Lue Appointed as Faculty Director at Bok Center." http：//news. harvard. edu/gazette/story/2013/02/new-leader-in-teaching-learning.

⑤ "Princeton University：Four Faculty Members Recognized for Outstanding Teaching." http：//www. princeton. edu/main/news/archive/S33/89/03Q76/index. xml? section＝newsreleases.

实际需要，创新教学内容和教学设计。如埃默里大学的水晶苹果奖（Crystal Apple Awards）就奖励给具有独特教学风格的博士生。① ③根据教学实际效果，创新学生评价方式。如密西根大学要求博士生采用多种教学评价方式，促进学生更好地学习。②

理解能力。在教学活动中，博士生教的行为和学生学的行为都建立在理解的基础上。①理解学生的家庭背景。如密西根大学要求博士生对学生的家庭背景尤其是语言背景进行理解，以便让所学知识在他们的实际生活中得到广泛应用（Dyer & Dobson，2014）。②理解学生的生活习惯。每一个学生都有独一无二的生活习惯，博士生在教学过程中应充分尊重和理解学生的独特性，由因材施教达到人尽其才。③理解学生的基本知识素养。博士生应根据学生的基本知识素养，对教学内容进行有效筛选，提取适合学生发展需求的教学内容。如康奈尔大学明确提出，博士生在教学中应根据学生接收学习信息的程度和方式，采取不同的教学策略，以便让学生更好地参与到学习活动中。③ ④理解学生的学习动机。学习动机是推动学生进行学习活动的内在原因。博士生应该最大限度地强化学生的学习动机，使学生始终保持学习的热情。⑤理解学生的学习目标。学习目标指引着学生学习的方向。博士生应该根据学生不同的学习目标，采取类型多样的教学方法和教学评价方式。

区分整合能力、实施能力、研究能力、创新能力和理解能力，只是研究的需要。实际上，这五种能力是不可分割的整体。每种能力都渗透于其他能力之中，因此没有孰轻孰重之分。

（2）培养模式

美国各大学把博士生教学能力发展纳入教师教学能力发展模式中。通观这些大学的培养模式，主要有临床指导、综合实践和自主反思三种模式。

临床指导。临床指导指具有较丰富教学经验的教师指导博士生在真实

---

① "Residence Life and Housing：Crystal Apple Awards." http：//www. emory. edu/HOUSING/crystal. html.

② "Center for Research on Learning and Teaching（CRLT）：Guidelines for Evaluating Teaching." http：//www. crlt. umich. edu/tstrategies/guidelines.

③ "Committed to the Advancement of Teaching and Learning at Cornell University：Learning and Teaching Style." http：//www. cte. cornell. edu/teaching-ideas/engaging-students/learning-and-teaching-styles. html.

的环境中教学。①导师制。大学通过选择一些卓越教师指导博士生的教学，帮助博士生获得丰富的教学技能和教学经验。如普林斯顿大学的导师针对博士生的各种教学问题进行指导。②教学培训。埃默里大学主要针对博士生的教学技能和教育素养进行培训，让博士生具有教学自信心和教学责任感。③校外专家辅导。美国大学定期邀请校外专家为博士生进行辅导，提高博士生的教学能力。④教学咨询。专家为博士生在教学中遇到的疑难问题提供帮助。如康奈尔大学利用助教研讨会，为博士生提供咨询平台。⑤观摩课堂。观摩课堂首先让博士生知道如何将所学的理论知识用于实际教学中，其次让博士生反思自己在课堂教学活动中存在的问题。⑥观看教学视频。这些教学视频不仅内容广泛，让博士生从不同的视角去认识教学活动，而且形式多样，有助于博士生提高教学技能和积累教学经验。⑦教学研讨会。美国各大学都会举行形式各异的教学研讨会，如耶鲁大学的爱德·凯瑞斯（Ed Kairiss）教授指出："研讨会可以为博士生和教师分享具有创新性的教学方法。这对于博士生和教师来说都是一个很难得的机会。"① ⑧参与课程开发与设计。参与课程开发与设计可以增强博士生对教学的归属感和责任感。美国教育博士项目（American Education Doctoral Program）规定，要想获得毕业证书，必须获得参与课程开发与设计的学分。

综合实践。综合实践指博士生在教学活动中扮演主导者的角色，且具有一定的主导权。①担任助教。担任助教是美国大学发展博士生教学能力的主要方式。首先，助教要预览课程教材与教学资料，做好听课和讲课期间的协助工作，组织讨论，指导学生学习，批改作业和核对学生的考试成绩。其次，助教要回答学生的各种提问。同时，助教作为学生与教授之间的联络员，要积极地向教授反馈学生的学习进展。最后，助教需要准备相关的教学材料发放给学生。② ②参加实习。实习为博士生提供将理论知识应用到实践的机会。宾夕法尼亚大学为博士生提供特定的实习场所，并对博士生的实习进行评估。评估合格者才能获得教学资格证书。③ ③伙伴合

---

①　"Innovation is Focus of This Year's Spring Teaching Forum. " http://www.yale. edu/opa/arc-ybc/v29. n22/story24. html.

②　"Teaching Assistant Responsibilities. " http://dornsife. usc. edu//your-college-teaching-assistantship.

③　"Are We Preparing Doctoral Students in the Art of Teaching. " http://www. aabri. com/manuscripts/09195. pdf.

作。通过伙伴合作，博士生能够及时发现自己在教学中的问题。如哈佛大学德里克·博克教学与学习中心会定期组织博士生进行伙伴合作，合作者经过商讨拿出共同的教学方案。④习明纳。博士生和优秀教师组成研究小组，定期聚集在一起，共同探讨教学中出现的问题。⑤工作坊。博士生聚集起来，针对一项或多项教学议题进行讨论。宾夕法尼亚大学规定，博士生要想获得教学资格证书，必须参与工作坊。① ⑥圆桌会议。圆桌会议是指博士生以教师的身份参加教学协商会议，就某一教学主题发表自己的意见和看法。帕梅拉·诺里斯（Pamela Norris）的调查研究表明，圆桌会议有助于博士生领悟教学真谛，掌握教学技巧。② ⑦轮转（Rotary），即分派博士生从一个学院到另一个相关学院任教，或到其他大学或国外任教，以此丰富博士生的教学阅历。

自主反思。肯尼斯·热切那（Kenneth Zeichner）认为，自主反思型的教师是"能够在所有层次上对自己的教学创新、教学目的以及教学成果进行评估的人"（Zeichner，1985）。自主反思作为教学能力的一个重要环节，能够帮助博士生调节并改善教学活动。例如，哈佛大学德里克·博克教学与学习中心的一个关键任务是让博士生"能够不断地去思考采取怎样的教学方式才能更好地教导学生"③。具体的培养模式主要包括以下几种。①阅读专业书籍和期刊。通过不断地阅读专业书籍和期刊，博士生对学生的看法以及教学实践的思想观念逐渐发生改变，他们不仅专注于教学理解和教学研究，还注重教学创新。②教学反思日志。博士生可以将自身在教学过程中遇到的困惑、难题以及感想等用日志的形式记录下来。哈佛大学课程同伴项目（the Curriculum Fellows Program），要求博士生参加教学讨论会后，提交教学反思日志。③观看自己的教学视频。博士生通过观看自己的教学视频，能快速有效地发现教学中存在的问题。④与学生交流互动。与学生交流互动能帮助博士生及时了解学生的课堂反应、课堂参与程度以及课后作业反馈情况。通过这些反馈信息，博士生可以不断改进自己的教

---

① "The Need for Teaching Doctoral Students How to Teach." http://www.ijds.org/Volume4/IJDSv4p001-011Brightman65.pdf.

② "Effectiveness of the Woodruff School Doctoral Teaching Intern Program." http://findarticles.com/p/articles/mi_qa3886/is_199807/ai_n8789007/pg_1.

③ "New Leader in Teaching and Learning: Robert Lue Appointed as Faculty Director at Bok Center." http://news.harvard.edu/gazette/story/2013/02/new-leader-in-teaching-learning.

学。⑤教学网络互助组。互助组以网络为载体，把博士生团结在一起，有助于博士生相互探讨教学问题和交流教学经验。⑥文献分析。通过收集、研究和整理相关的教学文献，博士生能不断夯实自己的教学理论和丰富自己的教学经验。⑦发表教学类文章。发表教学类文章是教学的学术的表现之一，也是博士生走向专职教师必须具备的能力。

临床指导、综合实践和自主反思这三种模式相互作用。没有临床指导，博士生就无法进行综合实践和自主反思。没有综合实践，博士生无法将临床指导和自主反思的内容付诸实践。没有自主反思，博士生临床指导和综合实践的效果不会理想。

（3）培养平台

美国为博士生教学能力发展搭建了"政府-学术职业组织-大学"互通有无的平台。首先，美国联邦政府在博士生教学能力的培养过程中，主要扮演指导者的角色，而州政府主要以统筹和协调为其工作重心。其次，学术职业组织对博士生教学能力的培养有很大的影响力，是高等院校与其他社会组织联系的重要纽带。最后，美国各大学是博士生教学能力培养的主要场所。

第一，政府重视。

博士生教学能力的培养日益受到美国联邦政府和州政府的重视。

联邦政府。①"事"。联邦政府针对博士生教学能力的培养开展了一系列教学能力培训项目。如由国家科学基金会（the National Science Foundation，NSF）、联合教会慈善托管会（the Pew Chairtable Trusts）和大西洋慈善基金会（the Atlantic Philanthropies）共同资助的未来师资培训计划（Preparing Future Faculty，PFF），其目标是使博士生具有教学、科研和服务的专业能力。NSF 还实施了博士生在不同类型的高校教学轮转项目，89%的参与者表示他们的教学技能在这一项目中得到提高。[①] ②"人"。联邦政府为博士生教学能力的培养提供必要的人力资源。如 PFF 专门委派专职导师对博士生教学进行一对一形式或小组形式的指导。③"财"。联邦政府为博士生教学能力的培养提供不同类型的财政支持。首先是基金。如全美博士后协会（National Postdoctoral Association）和哲学博士协会（Doc-

---

① "The Cluster is Key."http://www.preparing-faculty.org/PFFWeb.Cluster.htm.

tor of Philosophy Association）中用于博士生教学能力发展的资金主要来源于联邦政府设立的教学基金。其次是拨款。为了开展博士生教学能力培训工作，联邦政府每年会为各州的培训项目拨款 3000 万～4000 万美元。① 最后是奖励。NSF 为教学质量优异的博士生提供奖学金，提高了博士生的教学积极性。美国联邦政府开展的富布赖特项目（Fulbright Program）为博士生提供到国外讲学的奖学金，以增加博士生的教学阅历。④ "物"。联邦政府为博士生教学能力发展提供培训平台，包括培训设备以及培训信息等。如美国国会技术评估办公室（the Office of Technology Assessment）指出，联邦政府用于博士生教学能力发展的拨款主要用于引进和更新教学设备。

州政府。①"事"。州政府根据自己的实际情况，出台了相关文件，用以支持博士生教学能力的培养。如艾奥瓦州的立法机构出台 2284 号参议院文件（Senate File 2284），为包括博士生在内的教师职业绩效、薪酬和职业发展提供制度保障。② ②"人"。如艾奥瓦州提倡让退休教师成为博士生的教学导师。③"财"。州政府根据本州的经济发展状况，为博士生教学能力的培养提供财政支持。如纽约州每年为包括博士生在内的教师教学能力发展的财政预算是 50000 美元。③ ④"物"。州政府通过建立网络教学互助平台，为博士生提供教学交流的机会，以支持其教学能力的培养，如纽约州每年为此投入达 80000 美元。④

第二，学术职业组织推动。

学术职业组织在一定程度上对博士生教学能力的发展起到了推动作用。①基金会。为促进高等教育发展，福特（Ford）、凯洛格（Kellogg）、约翰逊（Johnson）以及卡内基（Carnegie）等私人基金会每年的捐助高达 100 亿美元，其中就包括博士生教学能力的培养（Altbach，2011）。如卡内

---

① "Recruiting and Retaining Teachers：What Matters Most and What Can Goverment Do?" http：//www. forumforeducation. org/news/recruiting-and-retaining-teachers-what-matters-most-and-what-can-government-do.

② "Task Force on Teacher Leadership and Compensation. " https：//www. educateiowa. gov/docu-ments/newsroom/2013/05/final-report-task-force-teacher-leadership-and-compensation.

③ "Provost's Advisory Council on Teaching Educationg. " http：//www. suny. edu/sunypp/docu-ments. cfm？ doc_ id = 220.

④ "Provost's Advisory Council on Teaching Educationg. " http：//www. suny. edu/sunypp/docu-ments. cfm？ doc_ id = 220.

基基金会的博士生创新计划（Carnegie Initiative on the Doctorate Collection）为博士生提供教学交流的网络平台。②协会。一是专业资格认证。各协会的主要任务是确认包括博士生在内的教师的教学能力，并对其教学能力进行评估。评估合格者，会获得教学资格证书。二是提供资金。美国国际教育协会（Institute of International Education）在近十年的时间里共投资 710 万美元用于资助包括博士生在内的教师的教学能力发展。博士生每年还可从美国国际教育协会申请 2000~5000 美元的教学资金。① ③联盟。联盟是指高等教育机构自愿合作所结成的组织联盟。联盟提供多种服务，如弗吉尼亚州东部高等教育委员会（Virginia Tidewater Consortium for Higher Education）提供如博士生教学轮转、博士生教学能力培训、博士生交流网络等服务。联盟不仅能提供多样化服务，还能促进资源共享，如学术合作委员会（Committee on Institutional Cooperation）提供博士生交流和校际的在线课程共享，给博士生提供教学能力培训的机会。

第三，大学实施。

美国大学在博士生教学能力培养的过程中扮演着重要角色。主要表现在以下方面。①纳入规划。在美国，近一半的大学把博士生教学能力发展纳入规划，要求博士生在其教育第二学年或第三学年进行教学活动。如耶鲁大学要求所有博士生在第四学期担任教学研究员（每周至少 10 小时）。② ②创新举措。大学通过为博士生开展专门的教学研讨会、实施微格教学等举措，促进博士生教学能力的发展。如哈佛大学每年会开展秋冬教学研讨会（Fall and Winter Teaching Conferences），为博士生教学经验的交流提供平台。③加大投入。各大学为博士生设立专门教学奖学金，用以鼓励博士生从事教学实践活动。如普林斯顿大学每年有六名博士生获得教学卓越奖。③ 各大学还设立教学研究基金，鼓励博士生对教学活动进行相关研究。

---

① "The NEA Foundation：Grants to Educators." https：//www. neafoundation. org/pages/grants-to-educators.

② "Yale School of Forestry & Environmental Studies：Teaching and Funding Policy." http：//environment. yale. edu/content/documents/00000685/Doctoral-Student-Handbook. pdf.

③ "Princeton University：Graduate Students Honored for Excellence in Teaching." http：//www. princeton. edu/main/news/archive/S33/84/05C09/index. xml？section＝topstories.

如杜克大学提供 50000 美元助学金，鼓励博士生开展教学研究。[1] ④配置人员。如哈佛大学定期邀请资深的各学科教师或教育专家为博士生讲解有关教学的基本理论，以及如何解决在教学中面临的各种问题。⑤设立中心。美国很多大学通过开设教学培训中心，为博士生教学能力的发展提供帮助。如哈佛大学创办的德里克·博克教学与学习中心、康奈尔大学的卓越教学中心（Center for Teaching Excellence）以及布法罗大学的教师教育资源中心（Center of Teaching Education Resource）等。⑥加强合作。为了促进博士生教学能力发展，美国各大学之间加强合作，促进资源共享。

可见，美国政府通过宏观指导，为博士生教学能力的培养确立总的发展方向和路径。学术职业组织是大学与政府之间的重要纽带，为博士生教学能力的培养献计献策。大学作为博士生教学能力培养的具体实施者，根据本校实际情况卓有成效地开展博士生教学能力培养工作。正是这三者之间相互贯通，美国大学博士生教学能力的发展才有了可靠的保障。

通过分析，美国大学博士生教学能力发展机制具有如下特征。①培养内容的全面性，包括整合能力、实施能力、研究能力、创新能力和理解能力。②培养模式的多样性，即博士生教学能力的培养不仅注重理论知识的学习，还注重将理论知识运用到教学实践活动中，更注重对理论知识和实践活动进行反思。③培养平台的贯通性，即政府在博士生教学能力培养中扮演宏观指导者的角色，学术职业组织在政府和大学之间扮演中观协调者的角色，大学作为博士生教学能力的培养主体，扮演微观实施者的角色。

2. 青年教师教学能力发展

美国高校一直非常重视青年教师教学能力发展，在长期的教学实践中摸索出行之有效的发展机制。研究美国的发展机制，对我国高校青年教师教学能力发展有重要的借鉴意义。

（1）美国高校青年教师教学能力发展内容

罗伯特·博伊斯（Robert Boice）指出，"青年教师通常发现教学是最具挑战性和最耗时的工作"[2]。为了让青年教师爱教学和乐教学，美国高校着重发展青年教师的五种教学能力：整合能力、实施能力、研究能力、创

---

[1]　"Career and Professional Development：Funding."http://gradschool.duke.edu/prof_dev/pff/funding.php.

[2]　"Junior Faculty Teaching Fellows."http://cft.vanderbilt.edu/programs/jftf.

新能力和理解能力。

整合能力是教师根据学生的实际需要进行教学规划的能力。整合能力包括以下五个方面。①教学目标与教学内容的整合。如弗吉尼亚州立联邦大学创建的青年教师辅导计划（Junior Faculty Mentorship Program），帮助青年教师将教学目标与教学内容进行整合。②教学技能与教学内容的整合。如巴克内尔大学为青年教师提供支持，帮助其将教学技能与教学内容进行整合。③教学方法与教学内容的整合。如康奈尔大学的青年教师激励计划（Junior Faculty Inspire Program），帮助青年教师将教学方法与教学内容进行整合。④学生的学习情况与教学内容的整合。如犹他州立大学支持青年教师以学生为中心开展教学。⑤研究成果与教学内容的整合。如范德堡大学的青年教师在导师的帮助下，将最新的研究成果融入教学内容中。

实施能力指教师在课堂上为促进学生学习采取措施的能力。具体来说，实施能力包括以下五个方面。①课堂引导能力。如圣母大学为青年教师提供引导学生课堂讨论、观察与主动学习的发展项目。②讲授能力。如南卫理公会大学的教学卓越计划（Teaching Excellence Program）内容涉及青年教师讲授能力的提高。[①] ③运用教学方法和策略的能力。如康奈尔大学为促进学生学习，专门为青年教师设计了运用教学方法和策略的项目。④课堂组织与管理能力。如弗吉尼亚州立联邦大学通过导师项目提高青年教师的课堂组织与管理能力。⑤课堂总结能力。如巴克内尔大学鼓励青年教师对自己的课堂教学内容进行总结。

研究能力是教师对教学问题进行发现、探究、处理，最终得出规律性结论的能力。研究能力包括以下三个方面。①发现问题的能力。如南卫理公会大学通过同行反馈计划（Peer Feedback Program），帮助青年教师发现教学问题。[②] ②探究能力。如犹他州立大学为青年教师提供教学体验活动，引导青年教师探索高效教学原则。③教学学术能力，即教师将研究成果融入教学中的能力。这是大部分美国高校要求青年教师必须掌握的能力。

创新能力指教师在教学过程中形成自己独特的教学风格的能力。创新

---

① "CTE One-on-One Individualized Support for Your Teaching." http://www.smu.edu/Provost/CTE/Services/OneonOne.

② "CTE One-on-One Individualized Support for Your Teaching." http://www.smu.edu/Provost/CTE/Services/OneonOne.

能力包括以下三个方面。①教学内容的创新。如南卫理公会大学鼓励青年教师在课堂教学中融入课外知识。②教学方法的创新。如圣母大学鼓励青年教师运用多媒体技术和计算机辅助教学课件开展教学。③教学评价的创新。如犹他州立大学鼓励青年教师根据不同学生的学业表现进行教学评价,通过"因材施评"的方式促进每个学生的发展。①

理解能力指教师基于学生的具体情况开展教学的能力。理解能力包括以下三个方面。①应然的理解,即教师在理论层面理解学生,包括对学生的心理特征、学习动机、学习技能的理解。如圣母大学要求青年教师了解学生的学习动机和学习技能。②实然的理解,即教师在现实层面理解学生,包括对学生生活经验和知识基础的理解。如范德堡大学提倡青年教师通过课堂观察的方式,理解学生的学习情况。③必然的理解,即教师在展望层面理解学生,包括学生的期望和将来的求职目标。如弗吉尼亚州立联邦大学鼓励青年教师阅读学生的职业生涯规划从而设计相关的教学环节。

可见,美国高校青年教师教学能力的发展内容主要包括整合能力、实施能力、研究能力、创新能力和理解能力。每种能力之间并没有实质性的区分,是你中有我,我中有你的关系。如理解能力渗透于其他四种教学能力当中,因此教师必须以学习者为中心,发展其整合能力、实施能力、研究能力和创新能力。

(2)美国高校青年教师教学能力发展方式

美国高校青年教师教学能力发展的方式多种多样。

第一,根据规模分为群体式发展与个体式发展。

群体式发展指两个以上青年教师参加的提高教学能力的活动。①工作坊是围绕鲜明的教学主题开展讨论的活动。如弗吉尼亚州立联邦大学2013年青年教师工作坊包括如下主题:制定教学大纲和编写教学目标;教师面临的困难;平衡教学、研究和服务三者之间的关系;了解任期和晋升方针;创建教学档案袋。② ②习明纳是指青年教师针对教学中的具体问题组织讨论的活动。如康奈尔大学2013年的习明纳问题包括:常见的教学困难及其解

---

① "About USU's New Faculty Teaching Academy." http://www.usu.edu/teachingacademy/about.

② "Junior Faculty Mentorship Program." http://www.vcu.edu/cte/programs/junior_faculty_mentorship.htm.

决办法；教学记录；教学效果评估；分担其他教师的工作职责。① ③阅读小组指青年教师阅读某本教学类书籍后共同进行讨论的小组。讨论之后，主持人还需向学校提交针对讨论的简短概要。

个体式发展指青年教师根据自身的实际情况设计一些提高教学能力的活动。①咨询是个体式发展的主要形式，指青年教师就教学疑惑向一些教学经验丰富的教师或专家单独请教。如南卫理公会大学为青年教师提供的一对一的个性化教学支持中就包括提供咨询服务。②教学观摩指青年教师定期观摩一些有经验的教师和同行的课堂以反思自己教学中的不足。如范德堡大学规定青年教师每学期至少要观摩两节课。

第二，根据对象分为导师指导式发展与同行切磋式发展。

导师指导式发展指青年教师在导师的指导下发展其教学能力。①定期指导是导师指导式发展的主要形式。如巴克内尔大学为青年教师指定教学导师，导师需要定期地指导青年教师开展教学。②餐桌讨论是高校为促进青年教师与有经验的教师进行教学交流而组织的活动。如弗吉尼亚州立联邦大学在秋季学期的每个星期五举办餐桌讨论，鼓励青年教师和有经验的教师对话交流。②

同行切磋式发展指青年教师通过与同行进行交流进而发展其教学能力。①同行反馈指教师观摩课堂教学后向青年教师提供的教学反馈信息。如南卫理公会大学专门制定了同行反馈计划，观摩者要给青年教师提供书面或口头的反馈意见。②学习共同体是一个由 6~10 名热衷于探讨教学问题的教师组成的跨学科团体。如弗吉尼亚州立联邦大学在 2005 年就开展了教师共同体计划，促进青年教师基于跨学科的视角组织教学。

第三，根据平台分为面授发展与在线发展。

面授发展指高校为青年教师提供实地的教学体验机会。一般来说，美国高校通过为青年教师提供各类平台，让青年教师有机会面对面地与导师和同行交流。这些平台类型多样，包括教学中心、研究院等实体实施类平台，也包括项目、计划等文件引领类平台。

---

① "Junior Faculty Inspire Program." http://www.cte.cornell.edu/programs-services/faculty/junior-faculty-inspire-program.html.

② "Junior Faculty Mentorship Program." http://www.vcu.edu/cte/programs/junior_faculty_mentorship.htm.

在线发展指高校为青年教师提供网络资源平台，青年教师通过在线使用这些网络资源来发展其教学能力。如弗吉尼亚州立联邦大学开发了青年教师资源指南（Junior Faculty Resource Guide）。青年教师可以在线使用这些资源，如教学视频、教学策略、教学反思等。① 相对于面授发展，在线发展突破了时空的限制，为青年教师提供了便利的信息资源。

第四，根据时间分为入职教育与职后培训。

入职教育指青年教师在入职前接受的教育，目的是推动青年教师由研究生角色向高校教师角色转变。美国高校青年教师入职教育一般包括六个部分：基本教学技能、最新知识更新、教育实习、一周旅行进修、教育科学研究和其他高阶课程知识（李延平，2002）。

职后培训指青年教师入职后，通过参加高校提供的教学培训项目来提高自身教学能力。职后培训不仅包括习明纳、咨询、工作坊等正式活动，还包括课堂观摩、餐桌讨论、会议、同行反馈等非正式活动。

第五，根据动力分为外部促进式发展与内部提升式发展。

外部促进式发展指青年教师在高校的组织下参加的提高教学能力的活动。①培训是高校提升青年教师教学能力最常用的方式。如麻省理工学院培训项目（Training Program）旨在帮助青年教师更好地理解教学的战略地位，更好地从学生实际情况出发组织教学，更好地与其他教师讨论教学。②②技术整合学习是高校帮助青年教师把先进的教育技术融入教学的学习。具体过程如下：确定适合青年教师需求的技术；设计实现技术的有效策略；考虑当前教学需要运用的技术；查找满足青年教师需求的校内资源和校外资源。③

内部提升式发展指青年教师根据自己的教学目标和方向，自主采取提高教学能力的行动。内部提升式发展最主要的形式是反思。反思是青年教师根据每位学生的具体情况，主动调整其教学内容、方法和评价标准，以促进学生有效学习的活动。①晚餐反思。如范德堡大学教学中心提供晚

---

① "Junior Faculty Mentorship Program." http://www.vcu.edu/cte/programs/junior_faculty_mentorship.htm.

② "MIT Teaching and Learning Laboratory." http://tll.mit.edu/help/teaching-orientation-new-faculty.

③ "Learning Technology Integration." http://kaneb.nd.edu/services/learning-technology-integration.

餐，促进青年教师与年长教师交流，进而反思自己的教学。②协作教学反思。如圣母大学组织同行观看青年教师的教学录像。观看者要向青年教师提供书面反馈。青年教师根据书面反馈评估自己的教学优势并找出需要改进之处。

美国高校青年教师教学能力发展方式具有点齐、段多、线长、面广、体大的特点。"点齐"意味着美国高校既重视青年教师群体发展也重视青年教师个体发展。群体发展是个体发展的"帆"，个体发展是群体发展的"风"，只有这两者结合，青年教师才能扬帆前行。"段多"意味着美国高校调动一切可以调动的人力资源促进青年教师教学能力发展，这些人力资源既有教学经验丰富的人，也有亟须提升教学能力的人。前者能给青年教师提供指导，后者能给青年教师提供反思。"线长"意味着美国高校将面授教育与在线教育两者有机地结合，面授教育给予青年教师实地体验教学的机会，在线教育为青年教师创造自定步调体验教学的机会。"面广"指美国高校将青年教师置于研究生-新教师-老教师的职业生涯规划中，整体地规划青年教师教学能力发展。"体大"指美国高校为青年教师创设了多种教学能力发展方式。这些发展方式要落到实处，还需青年教师投入时间和精力。正因为内外结合，青年教师才有主观和客观发展其教学能力的意愿。

（3）美国高校青年教师教学能力发展保障

美国构建了政府、社会和高校三级联动的青年教师教学能力发展的保障系统。

第一，政府的宏观支持。

政策支持。美国政府出台了一系列支持青年教师教学能力发展的法律法规。如 1998 年的《高等教育法》（*Higher Education Law*）强调为青年教师教学能力发展提供资金支持；2001 年的《初任教师入职指导：一座至关重要的桥梁》（*The New Teacher Induction：A Vital Bridge*）指出要加大青年教师入职培训计划的实施力度；2005 年的《走进学习社区的教师入职指导》（*Teacher Induction of Approaching the Learning Community*）提到要将青年教师入职教育作为 21 世纪学习社区的重要任务。

资金支持。美国政府为青年教师教学能力发展提供资金支持。如美国国务院教育和文化事务局每年拿出国会拨款的一部分，资助富布赖特项目

（Fulbright Program）。该计划已成为美国政府资助青年教师教学能力发展的重要形式之一，其开阔了青年教师教学的学术视野，提高了他们的教学水平。

项目支持。美国政府还通过具体的发展项目支持青年教师教学能力的发展。如康涅狄格州的青年教师支持和培训计划由美国教育部和康涅狄格州教育机构共同开发，旨在为青年教师提供全面的教学指导。

第二，社会机构的中观支持。

基金会支持。美国的一些知名基金会大力支持青年教师教学能力发展，如福特基金会（Ford Foundation）和卡内基教学促进基金会（Carnegie Foundation for the Advancement of Teaching）。福特基金会的教育机会和奖学金（Educational Opportunity and Scholarship）项目主要资助青年教师培训，也为教学质量优异的青年教师提供奖励。卡内基教学促进基金会的促进教学-提高学习（the Advancing Teaching-Improving Learning）项目帮助青年教师提高他们的教学评估能力。

学术职业组织支持。美国的一些学术职业组织通过不同方式为青年教师教学能力发展提供保障。如青年教师通过与美国大学教师联合会（American Association of University Professors）合作，能得到行之有效的教学建议。州际新教师评估与支持联合会（Interstate New Teacher Assessment and Support Consortium）为青年教师教学能力发展提供各种支持，如其制定的10条有效教学标准能帮助青年教师比较高效地完成教学任务。[①]

第三，高校的微观支持。

人力支持。美国各高校院系领导及相关教学管理人员为青年教师发展其教学能力提供的支持包括如下方面：①提供教学清单，如教学大纲、课程内容、教学时间和教学考核等；②分配教学导师和教学合作伙伴，并提供相关人员的背景知识；③分配教学任务时考虑青年教师的需要，如果青年教师的兴趣重在教学，就要减少其科研工作量。[②]

财力支持。①奖励指高校对在教学上有突出成绩的青年教师予以肯定并给予物质和精神的奖励。如佐治亚理工学院专门设立青年教师卓越教学

---

① "Interstate New Teacher Assessment and Support Consortium." http://www.doe.in.gov/sites/default/files/licensing/intasc.pdf.

② "Mentoring Junior Faculty." http://faculty.washington.edu/olmstd/research/Mentoring.html.

奖（Junior Faculty Teaching Excellence Award），激励青年教师上好每一节课。②资助指高校为促进青年教师教学能力发展提供的经费支持。如弗吉尼亚州立联邦大学的小额赠款计划，目的是鼓励青年教师用这笔资金购买教学类设备和书籍。①

物力支持。物力支持指高校为促进青年教师教学能力发展而建立的各类平台。如康奈尔大学的青年教师学院为青年教师提供如下的教学帮助：展示教学策略；组织教学活动；提供教学实践机会等。② 康奈尔大学还成立了青年教师课程设计院（Junior Faculty Course Design Institute），为青年教师提供教学讨论场所。犹他州立大学成立的教科院，为青年教师创造了体验卓越教学的机会。校长斯坦·阿尔布雷特（Stan Albrecht）表示："教科院不仅有助于青年教师发展他们的教学技能，还能为他们提供指导和重要的社交机会，让同行分享他们的教学故事和教学策略。"③ 一些大学成立读书俱乐部（Book Club），为青年教师购买教学类书籍并定期组织读书沙龙。还有一些大学建立了专家数据库，帮助青年教师快捷地找到可以帮助自己提高教学能力的专家。

项目支持。美国高校为青年教师教学能力发展提供多种项目支持。①青年教师助教项目的目标是：帮助青年教师向有经验的同事学习；发展自己的技能并使自己能够分析和改善教学；学会平衡教学与研究。④ ②青年教师辅导计划的目标是：向青年教师介绍高校的教学情况；对青年教师教学进行一对一指导和团体指导；对青年教师开展教学培训；提供青年教师和导师见面的场所。⑤ ③青年教师教学共同体计划(Teaching Scholars Community for Junior Faculty) 通过工作坊（Workshops）、习明纳（Seminars）、务虚会（Retreats）、全国性会议（National Conferences）、导师制（Faculty Mentors）、学生协会（Student Associates）、教学项目（Teaching Projects）、与其他学科的同事合作（Colleagueship of Peers from Other Disciplines）为青

① "Small Grants Program." http://www.vcu.edu/cte/programs/small_grants.htm.
② "Junior Faculty Inspire Program." http://www.cte.cornell.edu/programs-services/faculty/junior-faculty-inspire-program.html.
③ "About USU's New Faculty Teaching Academy." http://www.usu.edu/teachingacademy/about.
④ "Junior Faculty Teaching Fellows." http://cft.vanderbilt.edu/programs/jftf.
⑤ "Junior Faculty Mentorship Program." http://www.vcu.edu/cte/programs/junior_faculty_mentorship.htm.

年教师提供教学能力发展的机会。④青年教师激励计划（Junior Faculty Inspire Program）鼓励青年教师在教学中大胆探索、发挥所长。⑤教学认证计划（Teaching Certification Program）帮助青年教师获得教师学术职业发展证书：教学学者证书侧重于教学学术的探索；教学技术证书侧重于课程中的教学技术整合；团体参与教学证书侧重于课程中服务学习和公众参与的结合。①

可见，美国已建立了完善的高校青年教师教学能力发展的支持体系。从支持者看，支持体系涵括了政府、社会机构和高校三级机构。从支持内容看，支持体系涉及人、财、物等方面，为青年教师教学能力发展提供了各个层面的支持。从支持方式看，支持体系涉及政策引领、项目规划和平台实施等方面，保障了青年教师教学能力发展有法可依和有章可循。从支持过程看，支持体系涉及入职教育和职后培训等方面，全方位地打造青年教师快速成长的平台。

发展内容、发展方式和发展保障构成了美国高校青年教师教学能力的发展机制。这三者的关系就像一座桥的桥面、桥梁和桥墩。发展内容是"桥面"，发展方式是"桥梁"，发展保障是"桥墩"。发展保障是发展内容的隐性支柱，发展方式是发展内容的显性支柱，发展内容是发展方式和发展保障的最终价值的体现。

3. 教师网络教学能力发展

2012 年美国网络高等教育学生占全美高校学生的 33.6%（Seaman，2014）。2013 年 74% 的美国高校负责人认为网络教学效果并不比传统教学效果差（Seaman，2014）。美国网络高等教育的规模及教学质量处于世界领先地位，这与美国重视高校教师网络教学能力的发展息息相关。我国网络高等教育仍处于起步阶段，其规模的扩大和质量的提升还需要通过加强教师网络教学能力的发展来实现。因此，研究美国高校教师网络教学能力发展机制，对我国发展高校教师网络教学能力有重要的借鉴意义。

（1）发展内容

通过研究美国不同高校教师网络教学能力发展项目，发现美国高校非

---

①　"Junior Faculty Inspire Program."　http://www.cte.cornell.edu/programs-services/faculty/junior-faculty-inspire-program.html.

常重视教师发展如下的网络教学能力。

教学设计能力。教学设计能力是规划网络教学的能力，包括确定教学目标、整合教学内容和选择教学技术三方面。确定教学目标要立足于促进学生学习的原则；教学内容要根据教学目标、学科需要以及学生的知识背景等进行整合；教师应紧跟教学技术发展趋势选择合适的教学技术。

帮助学生做好准备的能力。网络学习的特殊性要求教师教给学生如下知识：网络学习常识性知识，如在哪里看课程消息、如何将作业贴在网上、如何评价学习等；网络学习独特性知识，如网络学习时间、网络讨论、网络交流、网络阅读等；网络学习规则性知识，如尊重知识产权、网络讨论规章和网络学习考评制度等。[①]

精心组织课程的能力。因为网络学生都是独自上课，遇到不懂的问题不能与同学交流。教师只有精心组织课程，才能避免这类问题的出现。①为了帮助学生检查课程掌握情况，教师需要按照课程单元、教学目标、课业任务对课程大纲进行分类；②由于学生自定步调学习，不好把握进度，因此教师要将学习任务进行分块；③为了检测教学效果，教师要开展提问、布置作业、测验、考试等活动；④教师要掌握课程设计流程，包括大纲确定、教学设计、教学材料准备、课件制作、作业布置与考试开展等；⑤为了促进学生学习，教师要发掘有趣的教学内容，包括将现实生活中的热门话题带进课堂、将最新的学术研究动态带入课堂、将学生感兴趣的话题融入课堂。

运用先进技术的能力。相比传统教学，网络教学对教师运用先进技术的能力有更高的要求，如具备运用课程管理系统（如 Blackboard 和 Moodle）的能力，具备 Web 2.0 素养，教学生展示学习成果的能力，排除故障的能力，紧跟先进技术的能力。

加强互动的能力。网络教学的异地异时性需要教师具备与学生互动的能力。①促进学生讨论，如鼓励学生讨论、调节讨论气氛、控制讨论进程；②使互动更加有趣，如邀请专家或教授加入讨论；③根据学生能力、兴趣、专长进行分组讨论；④引导学生自己组织讨论。

---

① "Teaching and Learning Online Communication, Community, and Assessment." http://www.umass.edu/oapa/publications/online_handbooks/Teaching_and_Learning_Online_Handbook.pdf.

合理评价的能力。合理评价不仅能促进学生有效学习，还能促进教师有效教学。教师评价能力包括：①了解评价的步骤——学生来了吗？学生进步了吗？学生完成课程了吗？学生考了多少分？学生给予网络教学什么反馈？②知道评价的细节，如根据个人对团体的贡献给分、通过记录每个学生的表现给分等。[①]

可见，美国高校教师网络教学能力发展具有系统性和完善性。从系统性看，各发展内容层层递进，构成了一个不可分割的整体。教学设计和帮助学生做好准备是网络教学准备阶段的能力，是网络教学的前提条件；精心组织课程、运用先进技术和加强互动是网络教学过程中的能力，是网络教学的核心内容；合理评价是网络教学完成阶段的能力，是对网络教学效果的总结。从完善性看，这六种能力涵盖了网络教学的各个环节，是教师开展网络教学必须具备的能力。教学设计和帮助学生做好准备为网络教学奠定基础，精心组织课程、运用先进技术和加强互动保证了网络教学的成功，合理评价为网络教学的成功增添了筹码。

（2）发展方式

美国高校教师网络教学能力发展方式可分为不同的类型。

第一，发展形式分为研讨班、会议、导师指导、网络论坛四类。

研讨班分为面授和网上授课两种。面授式研讨班有严格的课程安排，一般集中在假期或学期中某几周。网上授课式研讨班形式较灵活，教师可以任意选择时间和地点进行学习。研讨班有如下特点：①有专门的中心负责，如雪城大学的信息研究学院（School of Information Studies）专门负责本校教师研讨[②]；②研讨成果要进行评估，如宾夕法尼亚大学教师根据学校提供的评估工具自评研讨后的收获[③]；③研讨主题丰富多彩，如斯隆联盟 2014 年的研讨主题涉及网络教学的课程设计、课堂讨论、工具开发、学习积极性调动等；④研讨进度和时间清晰明确，如乔治梅森大学的教师同

① "Teaching and Learning Online Communication, Community, and Assessment." http://www.umass.edu/oapa/publications/online_handbooks/Teaching_and_Learning_Online_Handbook.pdf.

② "Faculty Development in Distance Education: Issues, Trends and Tips." http://faculty.yc.edu/tconaway/Faculty_Focus_Distance_Ed_8_2010.pdf.

③ "Tech Literacy Ⅱ: Skills for the Online Instructor." http://www.onlineuniversities.com/articles/educators/tech-literacy-ii-skills-for-the-online-instructor.

伴项目（the Faculty Fellows Program）分为两部分，一部分由校内外专家指导，另一部分由教师讨论网络教学规律①；⑤研讨人数有严格的限制，一般控制在 20 人左右。

会议分为面对面和混合两种。①面对面式会议给教师提供到现场交流思想、分享经验的机会；②混合式会议更加灵活，教师既可以通过网络观看主题报告，也可以到现场聆听主题报告。但大多数教师认为不定期地与同事和专家面对面交流对自己的影响更大（Dolan，2011）。

高校每学期从有网络教学经验的教师中选拔导师。导师与教师进行一对一、一对多或多对一形式的指导。一对一指导形式比较灵活，教师可以随时随地与自己的导师沟通；一对多指导是由一个导师给一组教师指导；多对一指导是一个教师向多个导师咨询。

美国许多高校会将网络课程模板、课件发布在论坛中供教师学习和使用。如伊利诺伊大学春田分校为教师提供"网络学习"和"高等教育技术"两个论坛，教师可以在论坛中浏览感兴趣的话题。②

第二，发展平台分为网络形式、面对面形式和混合形式三类。

大部分美国高校通过网络形式培养教师的网络教学能力，如马里兰大学要求新教师完成为期五周的网络培训课程。新教师要从学生的视角去运用网络课程管理系统。在这五周内，教师可以自定步调完成培训任务。③

面对面形式要求教师必须来到现场。面对面形式最大特点是无论内容还是时间都有严格的规定，如内布拉斯加大学的暑期网络教学项目提供五周面对面的培训课程及研讨会。④

混合形式综合了面对面和网络两种形式，如雪城大学的"教师网络教学能力发展项目"（Developing Faculty Competency in Online Pedagogy）就是

---

① "Building Faculty Skills and Confidence：The Faculty Fellows Program. " http：//sloanconsortium. org/effective_ practices/building-faculty-skills-and-confidence-faculty-fellows_ program.

② "Up to Date Information on New and Developing Initiatives， Methodologies， and Technologies in ALN. " http：//sloanconsortium. org/effective_ practices/date-information-new-and-developing-initiatives-methodologies-and-technologies-a.

③ "Enhancing Online Education Through Instructor Skill Development in Higher Education. " http：//www. westga. edu/distance/ojdla/winter134/roman_ kelsey134. html.

④ "Summer Institute for Online Teaching：A Decade of Successful Faculty Development Online. " http：//sloanconsortium. org/effective_ practices/summer-institute-online-teaching-decade-successful-faculty-development-online.

混合式的，其中个性化网络教学课程通过面对面形式进行，异步培训课程通过网络形式进行。[①]

第三，发展机构分为自主型和合作型两类。

自主发展是指高校独自开发和设计网络教学能力发展项目。如伯克利学院自主组织网络教学研讨班。学校将研讨内容发布在网络上，本校教师注册后就可以参加研讨班学习。[②]

合作发展是高校和其他机构通过资源共享、技术互补等方式开展项目。合作主要通过以下方式实现：①租借外部资源，如凤凰城大学租借其他大学的场地开展本校教师网络教学能力培训；②吸引外资和技术，如宾夕法尼亚大学教师网络教学能力培训得到美国电话电报公司的技术和资金的资助（姜闽虹，2009）；③资源共享，如林恩大学与远程学习委员会（the Institute for Distance Learning）共享网络教学的资源和技术。

第四，发展对象分为兼职教师和所有教师。

美国高校通过实施兼职教师网络教学能力发展项目，增强了兼职教师的归属感。①提供完善的发展内容。如伊克塞尔希尔学院为兼职教师提供如下培训：使用网络教学管理系统、体验网络学习环境、评估网络学生学习。②注重团队意识的培养。兼职教师容易产生孤立感和不安全感。因此，美国高校管理者特别注重给兼职教师及时的反馈，对他们的工作给予肯定，增强兼职教师的归属感。

所有教师包括兼职教师和全职教师。美国大多数发展项目面向所有教师，未专门针对兼职教师的特点设计发展项目，如斯隆联盟2012年网络教育政策研讨会面向全体教师。这些项目立项之前要进行教师满意度和需求调查，如北得克萨斯州大学让教师对培训项目进行过程性评价和结果性评价，也让教师列出他们所需要的发展项目。[③]

美国高校教师网络教学能力发展方式具有灵活性和合理性的特点。从灵活性看，网络形式适合不便于亲自参与和自主学习能力较强的教师；面

---

① "Faculty Development in Distance Education：Issues，Trends and Tips." http：//faculty. yc. edu/tconaway/Faculty_ Focus_ Distance_ Ed_ 8_ 2010. pdf.

② "Tips for Designing an Online Faculty Workshop." http：//www. osuokcprofdev. net/facultyfocus-reports/bestpracticestrainingandretaining. pdf.

③ "Faculty Development in Distance Education：Issues，Trends and Tips." http：//faculty. yc. edu/tconaway/Faculty_ Focus_ Distance_ Ed_ 8_ 2010. pdf.

对面形式适合想深入解决网络教学问题的教师；混合形式是目前最主要的一种发展形式，适合所有教师；自主形式适合网络教学资源比较丰富的机构；合作形式有利于高校节省成本。同时，高校也根据不同教师的类型开发发展项目。从合理性看，集体学习和个人学习相结合使教师既能通过自学得到发展，也能通过与同事或专家的交流得到发展；混合形式逐渐占主流，为教师参与发展项目提供了选择的余地；合作形式受到青睐，使高校能够获得更多更好的资源，为高校节省成本，使合作机构得到共赢。

（3）培训体系

网络高等教育已成为美国高等教育的重要组成部分，其质量与高校教师的网络教学技能密不可分。英特尔公司首席执行官克瑞格·贝瑞特（Craig R. Barrett）博士说："计算机并不是什么神奇的魔法，而教师才是真正的魔术师。"（张豪锋等，2008：297）为了保持网络高等教育处于世界领先水平，美国很重视高校教师网络教学技能培训。美国高校教师网络教学技能培训模式对我国开展高校教师网络教学技能培训有重要的借鉴意义。

第一，网络教学技能培训目标。

美国网络高等教育质量有五个支柱：促进学生有效学习；尽可能让所有学习者便捷地获得网络课程；尽可能在合理的开支内得到最高质量的网络教育；学生满意；教师满意。[1] 美国高校教师网络教学技能培训的目标主要围绕教师满意这一支柱来制定，即通过培训提升高校教师的技术素养、完善高校教师的异步教学技能、帮助高校教师完成角色转变，使高校教师很好地开展网络教学。

提升高校教师的技术素养。技术素养指高校教师能够适当、创造性、有效地利用技术工具进行信息收集、处理、整合和评价，进行知识的创造和分享，从而提高各学科学习效果的能力。[2] 技术素养包括四方面的能力：使用技术工具的能力；整理和创造知识的能力；传播知识的能力；促进学生有效学习的能力。技术素养是高校教师进行网络教学应该具备的基本

---

[1] "The Sloan Consortium Quality Framework and the Five Pillars." http://sloanconsortium.org/publications/books/qualityframework.pdf.

[2] "Faculty Training Strategies to Enhance Pedagogy-Technology Integration." http://www.igi-global.com/viewtitlesample.aspx? id=61245.

素养。

完善高校教师的异步教学技能。异步教学技能指高校教师能够有效地利用网络工具进行授课的能力。异步教学技能包括三方面的能力：正确有效地使用网络工具的能力；网络课程的设计和讲授的能力；提高学生网络学习有效性的能力。高校教师只有更好地掌握异步教学技能，才能积极地应对复杂的网络环境，对网络高等教育产生满意感。

帮助高校教师完成角色转变。高校教师的网络教学角色有认知、情感和管理三种。[①] 认知角色指教师是知识的创造者、信息的收集者、课程的设计者，在教师准备网络教学内容过程中起到重要作用。情感角色指教师与同事交流、与学生沟通的角色，在教师教学和提高自身教学能力方面起到不可替代的作用。管理角色指教师是教学过程的控制者，在教师引导学生学习的过程中非常重要。许多高校教师由于很难适应网络教学角色而放弃网上授课，因此，帮助高校教师完成角色转变是培训的重要目标，也是提高教师满意度的有效途径。

可见，美国高校教师网络教学技能培训的三个目标相辅相成。技术素养是高校教师进行网络教学的前提；异步教学技能是高校教师在实践环境中开展网络教学的保证；角色转变是高校教师融入网络教学的体现。没有技术素养，教师无法开展异步教学和完成角色转变。没有异步教学技能，教师同样也不能完成角色转变。角色转变表明教师拥有良好的技术素养和异步教学技能。

第二，网络教学技能培训内容。

据调查，技术工具的使用、网络课程的评估、网络课程的管理、学生成绩的评定是高校教师开展网络教学的主要障碍。[②] 为了提高高校教师的满意度，美国根据调查结果，有的放矢地安排高校教师网络教学技能培训的内容。

网络课程管理系统的使用。在网上授课首先要学会使用 WebCT 和

---

① "Faculty Lived Experiences in the Online Environment." http://cnr. ncsu. edu/it_ services/files/wrap/faculty%20experiences%20online. pdf.

② "A Faculty Development Survey Analyzed What Faculty Want and Need to Be Successful Teaching Online." http://www. educause. edu/EDUCAUSE + Quarterly/EDUCAUSEQuarterlyMagazineV-olum/FacultyDevelopmentProgrammingI/163099.

Blackboard 等课程管理系统。以 WebCT 为例，它包括一系列可以自动与课程内容紧密集成的强大的学习工具，可以用于开发完全联机的课程，也可以用于将现有的课程内容在网上发布。教师将从如下三个方面接受培训。①设计课程内容。它包括设计课程提纲、文档转换、设计课程材料、建立 WebCT 账号、完成 WebCT 指南。②创建 WebCT 环境。它包括导入课程提纲、导入课程文档、组织课程内容页面、创建课程目标、创建链接术语表项、创建问题、创建链接参考内容、创建索引、调整主页。③学期准备。它包括创建主题或小组公告板、更新课程表、创建学生列表等。

网络教学规则的学习。高校教师在网上授课必须懂得网络教学规则，网络教学规则涉及以下内容。①有效的教学原则。它包括：交互性原则，即鼓励师生之间、高校教师之间的讨论；学生自主原则，即尽可能让学生做大部分工作，如学生自主讨论、查找网络资源、评定作业等；及时反馈原则，它又包括信息反馈（information feedback）和确认反馈（acknow-ledgement feedback）。[①] 信息反馈指回答学生的提问、评价学生的作业等。确认反馈指学生向高校教师发送信息后，教师告诉学生自己已经收到信息。②网络教学法案。例如，《千年数字版权法》（*The Digital Millennium Copyright Act*）、《公共领域加强法》（*The Public Domain Enhancement Act*）、《技术、教育和版权协调行为法案》（*Technology，Education and Copyright Harmonization Act*）等。[②] 这几个法案涉及遵守网络课程的版权等。明晓这些法案有助于教师在教学时有章可循、有法可依。

网络课程的设计。网络课程的质量是网络教育质量的核心部分，因此培训项目很注重网络课程的设计这部分内容。课程设计指导分为以下几步：第一，学习课程设计理论，观看课程模板；第二，设计课程大纲；第三，学习先进的课程设计软件，比如运用 Adobe Captivate 软件和 Camtasia 软件设计基于动画和视频、音频文件的交互式内容；第四，组织课程内容，这些内容具体到每一章节、每一段落的安排。

学生作业和考试成绩的评定。对学生作业和考试成绩做出合理评定是网络教学的重要组成部分。有效的评定有助于学生把握自己的能力，了解

---

① "Providing Feedback in Your Distance Learning Course." http://www.wpi.edu/Academics/ATC/Collaboratory/Teaching/feedback.html.

② "Um-Flint Online Instructor Certificate Program." http://www.umflint.edu/oel/OIC.htm.

自己的学习状况，进一步促进学生有效学习。为此，指导高校教师优质高效地评定学生作业和考试成绩是培训的重要内容。这部分的培训内容主要有以下三个方面。①帮助高校教师学习 MicroGrade 评分软件的运用。高校教师用 MicroGrade 计算学生的分数、评价学生的表现可以节省时间，还可以通过这个系统和学生联系。[①] ②学习作业评定原则，比如作业反馈方式和反馈时间等。③掌握成绩评定标准，比如标准答案的制定和评定灵活度的掌握等。

自我评估。自我评估是高校教师在接受培训后，对自己网络教学技能的掌握程度做出评价。美国许多培训机构帮助高校教师学习使用基于 Excel 的评估工具。这个评估工具提供了一个尽可能客观的衡量标准和加权系统。[②] 总体来说，高校教师的自我评估分为三个维度：①技术掌握，如对课程管理系统的掌握程度、处理多重任务的能力和课程设计中网络工具的运用等；②课程组织，如课程内容的编排和授课时间的掌握等；③网上交流，如用电子邮件、博客、论坛等交流工具与学生和同事进行交流。

可见，美国高校教师网络教学技能培训内容的安排采取循序渐进的原则：第一，让高校教师掌握网络课程管理系统的使用方法；第二，了解网络教学规则；第三，学习网络课程设计；第四，对学生作业和考试成绩进行评定；第五，学会自我评估。各部分培训内容之间联系紧密，网络课程管理系统是网络教学过程的平台，网络教学规则是网络教学的约束体系和标准，因此这两部分是培训内容的基础；网络课程设计是培训内容的核心；学生作业和考试成绩的评定是培训内容的辅助；高校教师自我评估是对以上学习成果的自我鉴定。

第三，网络教学技能培训形式。

2000 年前后，美国就已有 60% 的开展网络高等教育的高校和机构开展高校教师网络教学技能培训项目。[③] 2009 年增加至 81%，2011 年达到了 94%（Elaine，2011）。美国高校教师网络教学技能培训的形式多种多样，

①　"Faculty Trainings." http://www.laredo.edu/cms/LCC/Instruction/Divisions/Arts_and_Humanities/Distance_Learning/Faculty_Resources/Faculty_training_and_tools.

②　"Um-Flint Online Instructor Certificate Program." http://www.umflint.edu/oel/OIC.htm.

③　"Training Online Faculty: A Phenomenology Study." http://krex.k-state.edu/dspace/bitstream/2097/13085/1/KangIJEL2012.pdf.

依据不同标准有不同的划分。

依据培训途径，有面对面参与形式、基于网络的自主学习形式和混合培训形式。

面对面参与形式。面对面参与形式是最主要的培训形式，它通过班级授课、导师指导和召开会议的方式培训高校教师。①班级授课。它的特点是有严格的课程安排和考核制度。一般面授式的研讨班集中在夏季或学期中某几周。考核分为课业任务和终结性考试，内容包括理论考试和实践展示，教师只有考核合格后才能获得资格证书。②导师指导。有经验的教师会给新接触网络教学的教师做导师，导师会陪着新教师完成整个网络教学培训过程。③召开会议。会议为一些经验丰富的教师提供了交流经验的平台。例如，乔治梅森大学的高校教师同伴项目（the Faculty Fellows Program）就以会议的形式将高校教师聚集在一起分享教学经验。①

基于网络的自主学习形式。基于网络的自主学习形式是一种自定步调的培训形式，以网络研讨班、网络论坛等方式为主，主要针对事务比较繁忙或不在本地区居住的高校教师。①网络研讨班。网络研讨班会将内容发布在相关网站，教师可以任意选择培训时间、地点，自己决定培训进度。网络研讨班的考核方式和面对面班级授课的考核方式相同。②网络论坛。美国许多网络教育机构会将网络课程模板、课件发布在论坛中供教师学习和使用。有经验的教师也会将自己的网络教学心得发布在论坛中与大家分享。

混合培训形式。混合培训形式也是通过课程和会议等形式进行培训，只是课程和会议有时以面授形式进行，有时以网络形式进行。例如，宾夕法尼亚州立大学提供的网络话题论坛（the Online Issues Forum）有时会将教师集中起来开会讨论问题，有时会以网络会议的形式进行培训。

依据培训阶段的不同，有专业培训形式和成人培训形式。

专业培训形式。专业培训形式包括五个阶段：计划阶段、指导阶段、实施阶段、提高阶段和评价阶段。计划阶段是制定培训目标的阶段，一方面指培训者制定目标，另一方面指高校教师制定目标；指导阶段是指导教

---

① "Building Faculty Skills and Confidence: The Faculty Fellows Program." http://sloanconsortium. org/effective_ practices/building-faculty-skills-and-confidence-faculty-fellows-program.

师学习网络教学的基本技能的阶段，主要以研讨课的形式开展培训；实施阶段是培养教师将理论知识运用于实际能力的阶段，此阶段会为教师提供机会参加各种建模项目和合作项目，将学到的技能运用到实践中；提高阶段是对教师网络教学技能的进一步完善的阶段，教师之间通过相互学习和经验交流来提高自己的能力；评价阶段是培训者和教师总结培训成果的阶段，主要用于评价教师培训效果。

成人培训形式。成人培训形式特意将成人学习的原则和成人教育方案整合到培训过程中。它包括四个阶段：提前计划阶段、计划阶段、实施阶段和跟进阶段。提前计划阶段是制定培训目标的阶段；计划阶段是根据培训目标安排培训内容和培训活动的阶段；实施阶段是培训内容和培训活动具体实施的阶段，是成人培训形式的核心部分；跟进阶段是培训项目不断完善的阶段，是实施阶段的补充。[①]

依据是否和其他机构合作，有自主培训形式和合作培训形式。

自主培训形式。自主培训形式是高校或网络高等教育机构自己制定培训计划、开发培训项目、开展培训课程等，培训对象也是本校或本机构的高校教师。例如，乔治梅森大学高校教师同伴项目就是由学校内部设计和实施的，旨在培养本校教师具备网络教学技能。

合作培训形式。合作培训形式主要有高校与机构的合作、高校与高校的合作。高校与机构的合作指机构为教师提供培训或为教师培训提供技术等方面的支持。例如，美国远程教育和培训委员会（the Distance Education and Training Council）就会和高校合作，为教师提供网络教学技能培训。高校与高校的合作指高校之间按照优势互补的原则，各司其职，共同完成培训。例如，门罗社区学院与纽约州立大学网络学习中心合作，为两校教师提供培训。[②]

可见，美国面向具体的教师和高校开展相应形式的培训。面对面参与形式具有组织严密性和内容完整性的特点，适合便于亲身参与培训的教师和全职教师；基于网络的自主培训形式和混合培训形式具有灵活性的特

---

① "The Role of Faculty Development in Online Teaching's Potential to Question Teaching Beliefs and Assumptions." http://www.westga.edu/distance/ojdla/fall103/mcquiggan103.htm.

② "Institutional Support for Online Faculty: Expanding the Model." http://www.missouristate.edu/assets/provost/Inst-Support-Faculty-Satisfaction-MFetzner_13.pdf.

点，适合不便于亲身参与培训的教师和兼职教师。专业培训形式适合想要接受全方位网络教学技能培训的教师和培训资源比较丰富的机构；成人培训形式适合接受能力和自学能力较强的教师和培训资源相对不足的高校。自主培训形式适合培训资源相对充足的高校；合作培训形式适合培训资源不足的高校。据调查，高校教师最喜欢的培训形式是面对面参与形式、基于网络的自主培训形式和合作培训形式。①

通过对美国高校网络教学技能培训模式的解读，我们可以得出如下结论。

培训目标围绕教师满意度制定。网络高等教育质量的一个支柱是教师满意，教师满意是网络高等教育保持高质量的基石。因此，美国高校教师网络教学技能培训主要是为了提高高校教师对网络教育的满意度。围绕教师满意度，美国高校教师网络教学技能培训有三重目标：提升高校教师的技术素养、完善高校教师的异步教学技能、帮助高校教师完成角色转变。这三个目标互为前提、互相促进，共同提高高校教师对网络高等教育的满意度。

培训内容科学系统。美国高校教师网络教学技能培训内容是以培训目标为导向，在科学的调查结果的基础上形成的。它包括：网络课程管理系统的使用、网络教学规则的学习、网络课程的设计、学生作业和考试成绩的评定、自我评估。这五部分内容相辅相成，形成了一个科学的培训体系，共同帮助高校教师顺利掌握网络教学技能。学会使用网络课程管理系统是网络教学的前提，明晓网络教学规则和自我评估方法是网络教学的保障，掌握网络课程设计技能和学生作业、考试成绩的评定方法是网络教学的内核。

培训形式面向具体的高校教师和高校。美国高校教师网络教学技能培训形式的多样性是由高校教师的不同需求和高校的不同特点决定的。时间相对充足、想要接受全方位培训的教师适合接受面对面参与形式和专业培训形式；时间安排灵活、自学能力较强的教师适合接受基于网络的自主学习形式、混合培训形式和成人培训形式。培训经验丰富、资源充足的高校

---

① "A Faculty Development Survey Analyzed What Faculty Want and Need to Be Successful Teaching Online." http://www. educause. edu/EDUCAUSE + Quarterly/EDUCAUSEQuarterlyMagazineV-olum/FacultyDevelopmentProgrammingI/163099.

适合选择自主培训形式，培训经验不足、资源短缺的高校适合选择合作培训形式。其中，面对面参与形式、基于网络的自主培训形式和合作培训形式是最主要的培训形式，这三种培训形式能够满足多数高校教师和高校的需求。

如果把美国高校教师网络教学技能培训比喻成一次成功的航行，那么，培训目标是航行的目的地，培训内容是航行的过程，培训形式是航行的航线，培训保障是航行的船只。因此，只有培训目标围绕教师满意制定、培训内容科学系统、培训形式面向具体的高校教师和高校、培训保障面向全社会，才能保证高校教师网络教学技能培训的成功实施。

（4）发展保障

美国构建了政府、校外机制和高校三级发展教师网络教学能力的保障系统。

第一，政府的宏观导向。

颁布网络资源合理使用法案。美国联邦政府颁布的《著作权法》（*Copyright Law*）对教师使用网络教学资源做了相关规定：①标明不受法律保护的资源和受到法律保护的资源；②网络资源只能在教育领域使用，不能用于商业目的。美国联邦政府颁布的《技术、教育和版权协调法案》（*Technology, Education and Copyright Harmonization Act*）对教师使用网络教学资源做了如下规定：未经版权所有者同意，教师可以通过网络传播版权的部分内容；必须有指导者的监控；必须用于课堂；必须提供给正式入学的学生。[①]

出台网络教学质量标准，如俄克拉何马州网络教学质量标准包含九条：教师要主动与网络学生交流和合作；教师通过及时反馈引导学生学业成功；教师鼓励合法、合理、安全的技术运用；教师具有网络学习经历；教师理解并能够满足学生的学习需求；教师能有效和可靠地评估学生的学业水平；教师根据学习目标评价学生的学习效果；教师要不断改进教学内容；教师要有促进学生自我评估的策略。[②]

[①]　"Policies Copyright." http://onlineteaching.unl.edu/planning/policies.aspx.

[②]　"Online Teaching and Learning Methodology, Management, Knowledge, Skills and Delivery." https://icat.okcareertech.org/cgi-bin/WebObjects/OKCT.woa/wa/room? id = 4A4AK&bid = 21362.

确保资金到位。美国政府出台法案、条例直接或间接地确保经费到位，如联邦政府出台的很多财政资助法案规定了高校网络教育的经费来源。卡佩拉大学 75% 的网络学生可得到联邦政府的资助。[①] 2013 年佛罗里达州投入 1000 万美元用于佛罗里达大学和佛罗里达州立大学网络教学项目，部分资金将用来发展教师的网络教学能力。[②]

第二，校外机构的中观协调。

校外机构主要指非营利性机构、协会、公司等。校外机构在美国高校教师网络教学能力发展中起到中观协调的作用。

开展调查研究。开展调查研究是校外机构的一项重要工作，如从 2003 年起，斯隆联盟和百步森调查研究小组等机构合作开展网络高等教育调查。调查报告的很多部分涉及教师网络教学能力，如教师的网络教学认可度、教师从事网络教学的动机和障碍、教师网络教学能力培训的现状等。

提供发展项目。如学习屋（Learning House）已和 100 多所高校合作，为教师提供网络教学能力发展项目。同时，学习屋还针对教师网络教学能力发展中存在的问题提出合理的建议。

网络教学资格认证。教师必须获得资格认证后才能进行网络教学。认证内容一般由六部分组成：设计网络课程；将网络教学内容分块；运用聊天室和讨论板辅助教学；掌握网络交流工具；运用网络教学工具；更新课程内容。[③] 教师设计的网络课程及教学方案只有通过专家的认证，才能用于网络教学。

提供奖励。校外机构为网络教学提供奖励，如斯隆联盟设立杰出网络教学奖（Excellence in Online Teaching）和杰出教师网络教学发展奖（Excellence in Faculty Development for Online Teaching），前者用来奖励网络教学表现优异的教师，获奖者可获得一枚纪念奖章和 2000 美元的奖金，后者

---

① "Are Online Students Eligible For Financial Aid. " http://www.onlinecollegecourses.com/faq/online-students-eligible-for-financial-aid.

② "Florida to Provide Extra Funding for Faculty Salaries, Research. " http://depts.washington.edu/opbblog/2013/04/florida-to-provide-extra-funding-for-faculty-salaries-research-3.

③ "Faculty Development in Distance Education: Issues, Trends and Tips. " http://faculty.yc.edu/tconaway/Faculty_Focus_Distance_Ed_8_2010.pdf.

用来奖励表现突出的机构，获奖机构可得到一枚纪念奖章。①

投入资金。许多校外机构为教师网络教学能力发展投入资金，如微软公司向社区学院提供了700万美元的教育基金，用于教师网络教学能力培训（尚元东、张宝歌，2008）。

第三，高校的微观实施。

美国高校在发展教师网络教学能力中扮演重要的角色，它从微观层面实施发展项目。

选拔合适人才。高校通过面试选拔合适的网络教学教师。面试内容包括以下四个方面：①网络教学知识、网络教学发展趋势、网络教学理论的学科性知识；②成人教育原理、终身学习的实践性知识；③网络教学应变能力、网络教学经验等条件性知识；④网络教学的课堂管理、互动交流、作业布置和考试组织等技术性知识。②

帮助教师通过网络教学资格认证。如圣安东尼奥学院首先派专家指导教师掌握网络教学所需的基本知识和技能，接着派导师手把手地辅导教师设计网络课程及教学方案。③

制定模板课。模板课对新教师来说非常有用，他们可以根据模板课设计教学。模板课内容包括教学大纲、课业任务、课程内容、课件样本、每周检查表、软件的使用和说明。④

制定网络教学手册，包括网络教学概观和网络教学策略两方面。网络教学概观让教师对网络教学有一个大体的了解。网络教学策略包括：为学生的网络学习做好准备；营造温馨的学习环境；促进学生积极主动地学习；监督、引导学生进步；合理评价学生的学习；帮助学生调整学习状态；有效管理时间和工作量。

---

① "Faculty Development in Distance Education: Issues, Trends and Tips." http://faculty.yc.edu/tconaway/Faculty_Focus_Distance_Ed_8_2010.pdf.

② "Standardizing the Interview Process and Developing a Faculty Interview Rubric: An Effective Method to Recruit and Retain Online Instructors." http://www.sciencedirect.com/science/article/pii/S1096751605000345.

③ "This Is the Spot for Certification for Online Teaching." http://www.mtsac.edu/instruction/learning/dlc/spot.

④ "Preparing Faculty to Teach Their First Online Class." http://ac.els-cdn.com/S18770428120 40797/1-s2.0-S1877042812040797-main.pdf?_tid=a80245ee-9006-11e3-8a8e-0000 0aacb35d&acdnat=1391784581_fbc5d60404b74c95039e5631a66b9d01.

完善教师监督系统。教师监督系统包括三部分：导师、课堂观察和年度审查。[①] 导师要监督教师开发课程和开展教学并评估教学效果。课堂观察包括定量反馈和定性反馈：定量反馈指教师的课堂教学、论坛讨论参与、电子邮件回复、作业批改等的次数；定性反馈是对教师课堂教学、参与论坛讨论、回复电子邮件、批改作业等情况的分析。年度审查除了包含课堂观察中的定性和定量的数据，还包括其他数据，如学生满意度、学生成绩、学生表现等。

提供技术保障。高校为教师提供学习管理系统软件和虚拟课堂软件等技术保障。学习管理系统软件包括课程设计工具、合作交流工具、学习评价工具、组织活动工具等。虚拟课堂软件有同时同地、同时异地、异时同地以及异时异地的交流等软件。

薪酬、补偿和奖励制度合理化。美国高校为教师提供了合理的薪酬、补偿和奖励制度。①薪酬。美国高校根据所教科目、学生数量、教师学历和网络教学资历等给予教师相应的薪酬。如凤凰城大学规定，上五周网络课程的新教师可以领取 1015 美元的报酬。如果教师有 3 年以上网络教学经验，或者已教授了至少 8 门网络课程，可获得 1337 美元的报酬。如果教师的学历为博士，再另加 150 美元的津贴。[②] ②补偿。补偿是高校为网络教学教师花费时间和精力的报偿。如肯尼绍州立大学为参加且通过为期四天的网络教学能力发展项目的教师提供 1000 美元的补偿。[③] ③奖励。高校为优秀的网络教学教师提供各种奖励，如马里兰大学设置教务长奖（Provost's Award），获得该奖的教师可获得 500 美元奖金，还被邀请参加学术成就晚宴。[④]

可见，美国已建立了较为系统的高校教师网络教学能力发展的保障体系。①全面性。保障体系涵盖了政府、校外机构和高校三级机构。从纵向

① "Best Practices in Online Faculty Development." http://www.learninghouse.com/wp-content/uploads/2012/10/Best-Practices-in-Online-Faculty-Development_Web_Final.pdf.

② "The Average Salary of Part-Time Adjunct Online Professor." http://www.ehow.com/info_12093560_average-salary-parttime-adjunct-online-professor.html.

③ "Institute for Online Teaching and Learning." http://cetl.kennesaw.edu/faculty-funding/institute-online-teaching-and-learning.

④ "2013 Provost's Award for Best Paper in Online Education Research." http://www.umuc.edu/facultydevelopment/provosts_award.cfm.

来看，保障方式涉及从政策到资金的各方面；从横向来看，保障方式涉及从精神到物质的各方面。②可靠性。政府是引导者，为教师网络教学能力的发展指引方向；校外机构是协调者，协调政府和高校发展教师的网络教学能力；高校是实施者，采取各种措施将各项工作落到实处。这三者共同协作、互相促进，构成了一个牢固的保障体系。

发展内容、发展方式和发展保障构成了美国高校教师网络教学能力发展的铁三角，它们紧密联系、相互促进、缺一不可。没有发展内容，发展方式和发展保障就会失去目标。没有发展方式，发展内容会流于形式，发展保障也会失去工作重心。没有发展保障，发展内容和发展方式将无法运转。正是这三者相互作用，才使美国高校教师网络教学能力得到长足的发展。

（四）大学教师作为学术管理者

过去，美国大学教师并不认为自身是学术管理者，大学教师从事学术职业是出于对知识和学术的热爱（Gordon，1997）。当前，大学教师参与学术管理主要有三种原因。首先，大学日常的管理工作需要大学教师加以诠释和贯彻，如果大学教师和行政部门在管理中无法达成共识，那么行政部门所制定的规则将会成为一纸空文。其次，推动知识发展的大学教师是有思想和创新性的群体。任何大学的管理如果没有博学多才的大学教师的指引就失去了管理的意义。最后，大学教师只有具备一定的管理权才能保证自身的学术权力和专业地位，因为"任何进步的社会都不应该强制规定大学教师的课程和研究议程，因为这将会限制大学教师的学术生活"（Harris，2001：28）。

大学教师自身一般具有八项管理任务，分别是自我管理、学科管理、学生管理、员工管理、结构管理、战略管理、系统管理和学术环境管理。其中，自我管理、学科管理和学生管理被认为是美国大学教师的三项重要的管理功能（Gordon，1997）。

自我管理。学术职业的准入制度不但保证了大学教师的整体质量，而且严格的选拔过程也为大学赢得了一定名望。例如，美国克莱姆森大学的博士生如果要获得教育领导专业哲学博士学位，他们必须具有领导能力、道德基础、多元知识、研究能力和政策开发等多种能力。① 同时，大学教师招聘委员会在录用标准上通常会对大学教师申请者的科研能力、学术道德和教学能力进行详细审核。

学科管理。①学科一般被认为是高等教育的血液，大学教师管理着不同的学科，形成了学科文化。当学术部门在一起讨论未来的发展方向、质量监控和解决问题时，他们以共同管理和参与管理为特征而形成了质量圈（Krause，1998）。②在研究成果的出版物上，每个学科的大学教师有一个最低的学术标准，如化学专业的大学教师通常每年只需出版几篇短小的文章，历史专业的大学教师不但要出版杂志文章，而且要出版图书，还有一些专业的大学教师希望通过提供咨询或其他专业活动获得学术认可。③不同学科的大学教师在教学方式上也有所不同。例如，人文学科大学教师一般开设研讨班，物理和化学的大学教师设计规划实验室教学，工程学大学教师开展和监督学生的工作实习，建筑学的大学教师热衷于项目开发教学（Becher，1994）。

学生管理。除了在生活上给予学生关心外，大学教师更有责任向作为消费者的学生保证教育质量。一方面，他们负责监督每个学生的学业表现，确保一个更加融洽的学习环境，尤其注重对干扰课堂秩序学生的管理；另一方面，他们通过同行评价等方式保证教学质量、课程的连贯性和目标的明确性。评价内容关注学生在学习过程中的积极参与，学生完成任务的质量，学生的感受、对学习资源的有效使用和对学习环境的适应性，从而确保学生达到预期的学习成果。

总之，当前大部分美国大学教师被要求扮演额外的管理角色，如研究生导师、研究项目的管理者、课程开发者、资源创造者、委员会成员、委员会负责人和企业顾问等角色。大学教师作为学术管理者进一步增强了学术使命感。

（五）大学教师作为学术经营者

希拉·斯劳特（Sheila Slaughter）和拉里·莱斯利（Larry Leslie）认

---

① "Faculty of Leadership, Counselor Education, Human, & Organizational Development." http://www. clemson. edu/hehd/departments/education/documents/PhDhandbook. pdf.

为，美国大学教师之所以能成为学术经营者，一方面是由于政府经费的减少使大学教师无法开展正常的教学与研究工作，为此，他们需要用掌握的学术换取未来学术发展的资本；另一方面是由于大学教师作为大学发展的主体，必须满足大学发展所需的政府资本和产业界资本。据统计，美国的高等院校通过销售与服务获得的收入占院校收入总额的比例从 1980~1981 年的 20.9% 上升到了 1990~1991 年的 22.8%（斯劳特、莱斯利，2008）。

美国大学教师作为学术经营者包括参与校企合作和创业两种方式。

美国大学教师参与校企合作有三种方式：咨询定向模式、产品定向模式和技术定向模式（Shane，2002）。①咨询定向模式要求大学教师利用自己的专业技能为企业提供咨询和问题解决方案。②产品定向模式指大学教师主要参与新产品的研发、生产和行销。这种模式是大学教师参与校企合作的主要模式。③技术定向模式指大学教师主要通过技术授权、参与合资企业或其他类型的联盟而将技术商业化的过程。大学教师参与校企合作，一方面是科学研究的需要，另一方面是社会的需要。例如，加州大学出于学科制高点和科技发展的需要，面向生物工程和医学生物技术、无线电通信技术、纳米技术和社会信息系统建立了 4 个促进大学教师参与校企合作的科学和创新学院。

美国大学教师创业是指大学教师通过开设新的公司或扩大原有的小型公司等形式将大学的学术成果商业化。按照和大学的关系，这些公司被划分为三种类型（Balazs，2011）。①独立性的子公司。这些子公司最初可能建立在大学或其他研究型机构的内部，后来随着规模的扩大而逐渐迁移出来。②共存类型的公司。它们虽然在法律上具有独立的地位，但在物理空间上通常接近于大学。这使它们在和大学的合作、雇用员工和知识发现上具有一定的优势。③隐蔽性学术公司。它们是大学的服务公司，但在地理位置上可以不接近大学。隐蔽性学术公司不但为大学增添了额外的研究成果，而且通过引进最新的技术支持大学的教育活动。一般来说，这三类企业的特征是：独立性的子公司是过去大学教师开办企业的方式，共存类型的公司里的企业家也在大学里占有一定的学术地位，隐蔽性学术公司通常是由对学术工作充满热情的年轻大学教师创办的。

总之，作为学术经营者的大学教师是联系"知识基地"和产业的纽带。因为具有大学或研究型机构的学术背景，大学教师被称作具有特殊地位的经营者。这些大学教师不仅有本专业的前沿性知识，还有将知识转化为社会生产力的经营能力，他们使知识的流通渠道更加畅通。

（六）小结

西方大学的学术职业角色历经学术研究者、学术应用者、学术传播者、学术管理者、学术经营者等，既促进了西方大学学术职业的积极发展，同时也产生了一些消极影响，在现实中，学术职业角色出现多元化，也出现混沌化和危机。从积极方面看，首先，有利于知识创新与发现，学术研究者通过基础和应用研究，推动了科学技术的进步以及新知识的创造。同时，学术职业角色的多元和融合增强了解决复杂问题的能力，促进了不同领域的知识融合。其次，大学教师不仅传授知识，还致力于培养学生的批判思维、解决问题的能力以及创新精神，为社会输送了大量的高素质人才。同时，他们通过公共讲座、撰写通俗读物等方式，将学术研究成果转化为社会可以理解和利用的知识，也为政府决策提供咨询，对社会发展产生直接影响。此外，学术交流增进了不同文化间的相互理解和尊重，有助于构建更加开放和包容的世界。从消极方面看，首先，学术职业的不同角色获得资源分配存在不均，经费的分配往往偏向于知名大学和热门研究领域，导致其他机构和学科面临资金短缺。这可能导致研究质量的不均衡，使一些重要但非主流的研究难以获得足够的支持。其次，职业压力与竞争较大，"发表或灭亡"文化给学者带来了巨大的压力，影响了他们的工作满意度和生活质量，甚至过度的竞争导致学术不端行为的增加，如抄袭、伪造数据等现象。一方面，合同制教职工的比例增加，终身教职减少，造成了学术职业的稳定性下降；另一方面，许多年轻学者面临就业难的问题，长期的职业不确定性可能抑制其创新能力。整体上，学术职业越来越受到市场需求的影响，应用性强的学科得到优先发展。这种趋势可能会导致学术研究的单一化，削弱了对基础学科和纯学术研究的支持。

二 学术职业素养发展

学术职业素养是指学术研究者在研究过程中应具备的素质和修养，包括批判性思维、独立意识、无畏精神和勤奋态度等。学术职业素养不仅涉及个人的知识、技能，还包括伦理道德、社会责任感以及对学术界的贡献。学术职业素养是学术活动持续进行的内在动力，它保证了研究的质量和学术的诚信。因此，学术职业素养的发展，一方面，有助于提升学者的学术成就，增强学术社区的凝聚力，促进知识的创新和传播；另一方面，能够指导学者进行科学的研究和合理的学术评价，确保研究的严谨性和有效性，帮助学者建立起对学术职业的身份认同，从而更好地定位自己的角色和职责。如何在高等教育中平衡学术性与职业性的关系对于学术职业的发展具有重要作用。总的来说，学术职业素养的发展是一个多维度的过程，不仅关乎个人的成长，还与整个学术的健康发展密切相关。

（一）知识拓展

大学教师成长已进入专业化时代，"唯有凭借严格的专业化，学术工作者才有机会……体认到，他完成了一些可以传世的成就。今天，真正确定并且重要的成就，无不属于专业性的成就"（韦伯，2004：161~162）。大学教师专业知识结构是大学教师专业化成长的重要组成部分，是大学教师从事学术工作的支撑点，它几乎影响着大学教师学术工作的每个方面。为此，美国很多学者对大学教师专业知识结构进行了论述（Shulman，1987）。归纳这些学者的观点，美国大学教师专业知识结构包括学科性知识、跨学科知识、实践性知识和条件性知识。本部分结合相关文献，从定义、原因、类型、特征和意义五个方面阐释当前美国大学教师专业知识结构的内涵。

1. 学科性知识

学科性知识是指大学教师所具有的特定学科的知识。长期以来，大学教师的学科性知识往往等同于大学教师的专业知识。这种传统可追溯到亚里士多德，他说"唯有知者才能教"。

艾米·柯士南（Armin Keishnan）认为美国大学教师的学科性知识包括：①各学科有专门化的研究主题；②积累了一系列与研究主题相关的知识；③包含了一系列的理论和概念，能有效地形成累积性知识；④利用专门化的术语阐述研究主题；⑤根据具体的研究需求调整研究方法；⑥设立相应的科目和组建相关的院系或研究所，使学科制度化。① 安东尼·比格兰（Anthony Biglan）划分的美国大学教师的学科性知识更具代表性（Sinclair & Muffo，2012）。

第一个维度从范式程度划分，分硬学科研究范式和软学科研究范式。①硬学科研究范式发展较为成熟，其学科领域有明确的边界，如自然科学类学科。在科研方面，硬学科大学教师非常注重学术论文发表的数量；在教学方面，硬学科大学教师多采用教师中心的教学方法；在服务方面，硬学科大学教师重视学术工作和社会的密切联系；在学术社团方面，硬学科大学教师团体多以竞争性而不是合作性方式从事学术工作。②软学科研究范式发展欠完善，还没有形成一致认同的理论基础和研究方法，如人文科学类和社会科学类的学科。在科研方面，软学科大学教师更注重专著出版的数量；在教学方面，软学科大学教师更注重教学，他们的教学方法往往以学生为中心；在服务方面，软学科大学教师与社会的联系不是很密切，其学术成果很少受到社会的普遍关注；在学术社团方面，软学科大学教师之间的联系较为松散。

第二个维度从应用程度划分，分为"应用性学科"和"纯学科"。①应用性学科倾向于知识与市场接轨；应用性学科重视将科研成果转化为技术和产品；应用性学科结构较为开放，以效用和实用为研究旨趣。②纯学科很少关心知识能否应用到社会中；纯学科重视知识本身的价值，强调知识内在的逻辑；纯学科的结构具有个别、临时、分散的特征，没有明确的任务导向；纯学科知识生产具有可重复性的特征，非常关注研究的细节。

第三个维度从涉及生命程度划分，分为以生物学、农学为代表的"生命学科"和以语言学、数学为代表的"非生命学科"。生命学科研究生命机体系统，非生命学科研究非生命机体系统。非生命学科的大学教师比生命学科的大学教师更关心教学。②

比格兰按照这三个维度，划分了八类学科性知识，分别是：硬－非生命－纯学科的知识、硬－非生命－应用性学科的知识、硬－生命－纯学科的知识、硬－生命－应用性学科的知识、软－非生命－纯学科的知识、软－非生

---

① "What are Academic Disciplines." http://eprints.ncrm.ac.uk/783/1/what_are_academic_disciplines.pdf.

② "Different or Similar." http://www.hansnaslund.se/Academic_Disciplines.pdf.

命-应用性学科的知识、软-生命-纯学科的知识、软-生命-应用性学科的知识（Sinclair & Muffo, 2012）。

在比格兰研究的基础上，保罗·德雷斯（Paul Dressel）等人认为学科性知识具有如下特征。[1] ①物质性，这表现为学科的偶像、艺术品、身份的界定等。每门学科都有自己的偶像，如物理学的偶像是艾伯特·爱因斯坦（Albert Einstein）；每门学科都通过艺术品来体现自己的学科文化，如化学家的办公室桌上会摆放复杂分子的三维结构模型；每门学科都试图界定自己的身份，保护自己的领地。一方面，学科身份以实物形态来体现，如英语系占用的大楼；另一方面，学科身份以学科成员的传统、习俗、信仰、道德标准与行为准则来体现。②规则性，包括大学教师的研究规范、精神气质、学术标准、行话等。以行话为例，每门学科有一套自己常用的专门术语、句式、句法，对外行来说很难仿效。行话划定了学科性知识的领地，建立了学术部落。③行为性，指大学教师的学术和生活行为，包括职前和职后发展、学术交流、竞争与合作、职业生涯规划等。例如，每门学科都有自己的学术职业组织、年会、专业期刊等。④精神性，指学科性知识具有自身的认同感。一门学科之所以被外界认可，是因为大学教师对该学科高度认可，对外具有强烈的排他性，对内具有强烈的归属感。离开学科，大学教师往往会有无家可归的心理。

学科性知识是美国大学教师从事学术工作的前提。在教学方面，学科性知识是美国大学教师开展人才培养工作最普遍的材料。在研究方面，美国大学教师的角色往往由其推动学科性知识的发展而决定。托马斯·库恩（Thomas Kuhn）指出，不同学科大学教师的思考方式、探究方法以及论证和阐释的标准具有明显差异，分别表现为自然科学的实验室研究、工程学的项目设计、管理学的案例研究、人文科学的文本分析（Taylor, 2012）；在服务方面，美国大学教师以其学科性知识参与到政府的决策、企业的咨询、地区的福利等社会服务中。茱莉·克莱恩（Julie Klein）认为，学科性知识是为了更好地服务社会而产生的。[2]

---

[1]　"Understanding the Disciplines Within the Context of Education Development." http://onlinelibrary.wiley.com/doi/10.1002/tl.398/pdf.

[2]　"What are Academic Disciplines." http://eprints.ncrm.ac.uk/783/1/what_are_academic_disciplines.pdf.

2. 跨学科知识

跨学科知识是两类或两类以上学科性知识的对话或互动。除了学科性知识，美国大学教师还要掌握跨学科知识，这是时代的需要。随着美国社会面临的问题越来越复杂，单一学科性知识已经无法解答，需要跨学科知识加以解决。同时，美国大学教师掌握跨学科知识，还是知识生产的需要。从库恩的前范式-常规范式-革命范式-新范式的知识生产范式变更出发，新知识是在学科边界处生成的。学科性知识和跨学科知识共同构筑了美国大学教师社会精英的形象。

跨学科知识具有如下内涵。①研究目标的当前性。跨学科学术工作将不同学科的大学教师整合起来，通过不同学科的理论和研究方法来解决当前某个复杂的社会问题。该问题一旦解决，大学教师又会因为其他问题的出现再次整合为一个跨学科学术团队。②评价标准的双重性，即评价既强调学术工作的成果也强调学术工作的过程。一方面，跨学科学术工作的评价标准只有突出成果，如专利数量、出版物、学术声誉、同行和学术共同体的认可，才能增加可信性。在此评价标准中，跨学科知识仍保持认知的创造性与逻辑的理性形象。另一方面，由于跨学科学术工作的特殊性，其评价标准要注重学术工作的过程，如逻辑推理的生成、研究框架的制定、调研方法的采纳、论文数据的撷取、不同学科大学教师之间的分工和合作、资金和资源的有效运用等（Klein，2008）。③能力指标的多样性。美国国家科学院（National Academy of Sciences，United States）认为，跨学科学术工作要求美国大学教师具有如下新的能力指标：多样技能、多国语言、多种研究手段、跨越学科边界的工作能力、积极参与跨学科合作、广泛阅读、善于聆听不同学科大学教师的建议等（Klein，2008）。④知识生产的情境（context）性。跨学科知识生产渗入了政治、经济、文化、军事等社会因素，具有很强的情境性，是社会关系网中不同利益团体的博弈，是由决定（decision）和商谈（negotiation）构成的链条。为此，杰克·斯帕彭（Jack Spaapen）等人认为跨学科知识生产是"一种知识生产的社会化过程"（Klein，2008）。

克劳斯·卡斯腾霍福（Klaus Kastenhofer）认为跨学科知识具有三个特征（Kastenhofer，2008）。①合作的多学科性，指大学教师通过平行的多学科知识解决某一问题，如对手机磁场安全性的研究包括医学、生物学和物理学等学科大学教师的合作。在合作过程中，不同的学科仍然保持着自身的边界。②整合的交叉学科性，指学科性知识之间相互作用，以致边界变得模糊，从而产生了新的方法、观点和理论，甚至是新学科。在资源紧缺的情况下，整合的交叉学科性研究是解决问题的好方法。③同化的超学科性，指不同学科的大学教师、校外专家和非专家及其他利益相关者超越学科的界限，用全局性方式统筹整个研究过程，从而产生相同的价值和文化。美国同化的超学科性研究具体表现为校校合作、校企合作、官产学合作、高校与校外研究机构合作。例如，麻省理工学院和伍兹霍尔海洋研究所在签订的备忘录中说，"其中每个机构……将作为一个平等的伙伴参与这项合作"①。

如果说学科性知识是冰山浮出海平面的一部分，那么跨学科知识就是冰山在海平面下的另一部分，它不仅支撑着学科性知识，而且比学科性知识更加博大厚重。美国大学教师的国际声誉建立在跨学科的教学、研究及服务上。①在教学方面，当今的课堂教学和课后辅导需要大学教师用跨学科知识引导学生，这不仅丰富了学生的学习内容，还开阔了学生的视野。②在研究方面，美国大学教师很多重要的研究成果往往是在学科的边界产生的。曼纽尔·马蒂内洛（Manuel Martinello）和吉莉安·库克发现，美国大部分机构对大学教师跨学科研究的评价胜过对单一学科研究的评价（Martinello & Cook，1994）。③在服务方面，美国社会出现的种族冲突、财政赤字、环境污染、城市衰败等问题，都需要不同学科的大学教师合作。可见，跨学科知识是当前美国大学教师必须掌握的知识，这是时代的需要。

3. 实践性知识

实践性知识是大学教师在运用学科性知识和跨学科知识中积累起来的知识，同时也是这两种知识在生活世界中的实践和升华。自赠地学院创办起，美国大学教师形成了将知识践行于生活世界的传统，也与美国实用主义哲学一脉相承。

欧内斯特·博耶（Ernest Boyer）认为，实践性知识是美国大学教师面向社会需要，进而从事知识综合、教学、发现和应用的学术，即综合的学术、教学的学术、发现的学术和应用的学术（Boyer，1990）。

---

① "A Match Made in Academia." http://mit.whoi.edu/history.

综合的学术（scholarship of integration）。博耶认为，综合就是"建立学科之间的联系，将自己的研究或他人的研究综合进更大的学术背景中，用启发的方式解释数据，并常常教育非专业人员"（Boyer，1990：18）。综合首先意味着大学教师赋予孤立的事实以意义，建立各学科之间的联系。不把自己和他人的发现综合到更大的知识框架中，不加强知识之间的本质联系，通常是没有价值的。博耶指出，"学者需要一种综合的能力，在部分与整体，过去、未来和现在中发现新的联系，并得出传统的学科无法认识的内容"①。综合其次意味着以通俗易懂的语言将核心观点阐释出来，以此教化更多的大众，从而提高公民的文化素养。大学教师的综合知识成果包括述评、教科书、解决跨学科或学科问题的畅销书、面向大众的讲演或讲座。

教学的学术（scholarship of teaching）。为了有效地开展教学，大学教师需要有教学的学术。教学的学术指促进学生学习的学术。教学的学术有三层意思：第一，教师面向一个个具体的学生开展的教学，本身就具有学术性；第二，教学的最终目的是促进学生的学习，如何学、学什么、向谁学都是教师必须回答的学术性问题；第三，为了促进学生的学习，教师要积极主动地开展教学的学术研究。②它包括公开和未公开发表的研究成果。公开发表的研究成果指杂志文章、专著等，未公开发表的研究成果指研讨会的交流论文、因特网的在线资源、正在进行的合作研究方案、经验总结等。教学的学术还包括教师运用不同的方式表现自己的工作能力，如陈述、案例研究、班级管理创新机制。

发现的学术（scholarship of discovery）。博耶认为，"对学术的探究乃是学术生命的心脏，当然处于研究工作的中心"③。学术创新一直是美国大学教师最重要的学术使命，它贯彻到大学教师学术工作的方方面面。①理论的创新是发现的学术的关键维度。理论的创新包括新观点、新方法、新成果的出现，它是大学教师学术贡献的体现，同时也是大学教师获得同行

---

① "A Broader View of Scholarship Through Boyer's Four Domains." http://www.ceball.com/classes/402/fall09/wp-content/uploads/2009/08/boyer_four_domains.pdf.

② "A Broader View of Scholarship Through Boyer's Four Domains." http://www.ceball.com/classes/402/fall09/wp-content/uploads/2009/08/boyer_four_domains.pdf.

③ "A Broader View of Scholarship Through Boyer's Four Domains." http://www.ceball.com/classes/402/fall09/wp-content/uploads/2009/08/boyer_four_domains.pdf.

认可的途径。②活动的创新是发现的学术的重要维度。由于美国大学知识生产已走向社会中心，势必受到四个因素的影响：政府紧缩高等教育的拨款、与市场相关的技术科学逐渐走向中心、政府和跨国公司的科技创新合作、社会越来越重视知识产权。这对美国大学教师来说"是一个新兴现象"，大学教师必须面向难以预料的情况创新地从事学术工作（Becher & Trowler，2001）。

应用的学术（scholarship of application）。奥斯卡·韩德林（Oscar Handlin）指出，大学教师专业知识只有在社会服务中才能体现价值，因为在应用中，"知识是动态的、不断更新的，通过和现实的相互作用具有重塑性"①。基于此，应用的学术有利于激发学术活力。首先，应用的学术有助于解决社会问题，如大学教师参与到政府的决策、企业的咨询中；其次，应用的学术提升了学术声誉，加强了政府、企业和大学之间的联系；最后，应用的学术使教学的目标和社会的要求相一致，例如，美国大学教师以社区问题为导向开展的参与式教学，培养了学生关注现实的责任感。

尤金·赖斯（Eugene Rice）根据博耶的论述，认为美国大学教师实践性知识具有如下特征：具体性、抽象性、反思性和主动性。在真实的生活世界中获得的知识具有具体性特征；通过本质还原、逻辑演绎、经验概括获得的知识具有抽象性特征；在不断批判性地追问中获得的知识具有反思性特征；通过积极参与获得的知识具有主动性特征。赖斯根据实践性知识的特征，认为综合的学术是具体-反思性的，教学的学术是具体-主动性的，发现的学术是抽象-反思性的，应用的学术是抽象-主动性的。

正因为大学教师凭借实践性知识"致力于服务社会生活中的每一个重要方面，从医疗保健到环境保护，从人工服务到通信技术，从制造到管理。……为了社会的需要和问题提供新颖而富有创造性的方法和解决之道"（罗德斯，2007：69），所以艾尔文·古德纳（Alvin Gouldner）说，"大学教师取代原有的资产阶级而成为新的统治阶级"（古德纳，2002：1）。可见，实践性知识一方面引领大学教师走向社会中心，另一方面也引领社会尊重知识尊重人才的风气。没有实践性知识，学科性知识和跨学科知识

---

① "A Broader View of Scholarship Through Boyer's Four Domains." http://www.ceball.com/classes/402/fall09/wp-content/uploads/2009/08/boyer_four_domains.pdf.

不能产生社会效益。

4. 条件性知识

条件性知识是大学教师得以开展人才培养、科学研究和社会服务的知识。通晓条件性知识是大学教师从事学术工作的理论依据，也是大学教师的学术工作由经验水平上升到科学水平的前提。

从人才培养看，美国大学教师要掌握教育学知识（如教育科学概念、规律、原理及其相互联系，高等教育改革动态）、心理学知识（如普通心理学中关于认知、情感、意志和个性的知识；发展心理学中关于学生认知与品德发展的特点和规律的知识）、学科教学法知识（将学科性知识在教学情境中转化；在特殊的学科领域应用教育学知识；将学科性知识、跨学科知识、教育学知识和心理学知识整合起来）（Marks，1990）。大学教师不仅要知道"教什么"，还要知道"如何教"，且更应懂得怎样才能"教得好"。大学教师只有懂得教育规律，了解学生心理特点，运用科学的方法，才能有效地开展人才培养工作。没有这些条件性知识，美国大学教师在教学中不能有效地面向具体的学生开展课堂教学和课后辅导。

从科学研究看，美国大学教师要掌握横向和纵向两个维度的知识。从横向看，大学教师要有课题的选择、计划的编制、资料的收集整理分析、方法的选择运用、资金的分配、资源的获取和利用、团队的合作交流、成果的表达与公开等狭义知识；大学教师还要有科研规范、科研伦理、科研道德、科研精神、学科文化等广义知识。从纵向看，大学教师要理解联邦政府或州政府政策的内涵和走向。由于科研需要巨额资金作为支持，科研已经不能游离于政府之外，必须依赖政府。美国政府完善科研政策的措施有两个维度：政府制定长期稳定的资助科研的政策，如经费和薪金。

从社会服务看，克拉克·克尔（Clark Kerr）认为，当前美国大学教师具有如下的条件性知识：核心管理的知识、扩展开发外延的知识、资源优化配置的知识、创业的知识、发展一体化的企业文化的知识（Becher & Trowlet，2001）。可见，大学教师没有这些条件性知识，将会使社会服务效率低下、效益不显著。

条件性知识有两个特征：批判-生成性和回应-建构性。首先，既然学术工作充满错综复杂、变幻莫测、问题丛生的体验，作为一名大学教师，要想在这个混乱的大旋涡里站稳脚跟，其生存之道就是要生成批判性思维。"批判性思维所起的作用很大程度上与暴风雨中电脑导航设备对航海员或飞行员所起的作用一样，有助于人们甚至在浓雾中也能保持稳定感和方向感。"（布鲁克菲尔德，2005：10）经过批判，大学教师知道哪些该做哪些不该做，该做的如何做得更好，不该做的又如何理直气壮地拒绝。其次，由于学术工作已经真正地融入了美国社会的各方面，大学教师必须回应社会的需要从事学术工作，他们与社会之间是一个相互建构的过程。"很多时候我们在工作期间并不明了具体的外部压力，而是自己对具体的外部压力与可能的外部压力进行建构，树立自己的观念，而且重要的是内心对具体外部压力的感知。"（Becher & Trowler，2001：58）回应–建构性知识能够让大学教师面向社会实际需要有的放矢地从事学术工作，不至于沦为"书呆子"。简而言之，批判–生成性知识让大学教师有自己的价值操守，回应–建构式知识让大学教师主动调整自身的学术工作。

可见，没有条件性知识，大学教师不知道如何在实践中运用学科性知识和跨学科知识。同样，没有条件性知识，大学教师不知道如何运用学科性知识和跨学科知识检验和升华实践性知识。总之，条件性知识是学科性知识、跨学科知识和实践性知识得以运用的基石，它打通了理论性知识（学科性知识和跨学科知识）与实践性知识，实现了两类知识的转换。正因如此，美国大学教师能有效地从事人才培养、科学研究和社会服务的学术工作。同时，在学术工作中，大学教师的条件性知识也不断生成，新条件性知识不断构建。

5. 结语

大学教师的学术职业素养包括专业知识、专业能力和专业精神，其中专业知识是专业能力和专业精神提升的先决条件，是大学教师从事学术工作的支撑点。因此，更新专业知识结构是大学教师专业化成长的首要内容。

从美国大学教师的知识结构来讲，学科性知识是大学教师专业化成长的核心，是大学教师从事学术工作的前提。总之，专业知识结构是美国大学教师知识结构中的一部分，是凸显美国大学教师成为专业人员的重要标志。完善专业知识结构在促进美国大学教师专业化成长中具有重要地位：首先，完善的专业知识结构是进入学术共同体殿堂的钥匙；其次，没有完善的专业知识结构，大学教师无从开展专业工作；最后，完善的专业知识结构是大学教师获得较高的社会声望和同行认可的"第一张证书"。

（二）能力提升

19 世纪的大学教师专业化成长运动上升到对专业知识和专业能力的垄断，其主要目标有二：一是有效保护大学教师的经济利益；二是捍卫大学教师的社会地位。其中，专业能力"使大学教师获得了专业地位的报酬：声誉——这是公众对其集体价值的认可；收入常被转换成受人尊敬的中产阶级生活方式；以及为了保护这些报酬而垄断性排挤其他人员进入学术职业组织的努力"（Larson，1977：155）。专业能力对大学教师专业化成长有深刻的现实意义，它伴随大学教师专业化成长运动的国际潮流而出现。自美国赠地学院建立起，美国大学教师专业能力结构由教学能力、研究能力和服务能力构成，其中，每一项能力有其基本要求和扩展重点。基本要求是大学教师要具备的标准能力，扩展重点是大学教师作为时代引领者的能力，两者的结合是美国大学教师从岗位胜任走向绩效卓越的必然路径，是美国大学教师专业成熟的标志。① 本部分以教学能力、研究能力和服务能力为横轴，以基本要求和扩展重点为纵轴，从原因、类型、特征和意义出发，解读当前美国大学教师专业能力结构的内涵。

1. **教学能力**

（1）基本要求

最早的大学是一个地地道道的教学组织，教学能力位于大学教师能力首位。德里克·博克（Derek Bok）认识到，"虽然大学教师忽视教学的学术暂时很有趣，但是最后的结果是令人沮丧的"（Adams，2009）。美国各学术职业组织制定了教学能力标准。归纳起来，有如下要求：①开发广泛的教学技能，计划并实施教学活动的能力；②将教与学的过程连接起来，能够使本课程教学和其他课程教学保持连贯；③增强人际交往、社会协作能力，尤其是教师和学生之间的亲和力；④促进学科教学和教育学、心理学的对接能力；⑤为了提高教学满意度，要不断提高课堂教学、课后辅导能力，要加大对教学研究和教学方法创新的投入，并将其运用到日常教学实践中的能力；⑥提高自我监督和自我适应的技能；⑦提供系统性和知识

---

① "Leadership in Faculty Evaluation and Development：Some Thoughts on Why and How the 'Meta-profession' can Control Its Own Destiny."http://www.cedanet.com/meta/metaleader.pdf.

性的反馈；⑧处理知识、技术和信息协作的能力；⑨促进学生学习是大学教师工作的重点，教学方法要面向学生的多样性，保证每个学生都能认识到自己的进步（Adams，2009：1-22）。

（2）扩展重点：批判性反思式教学能力

随着美国高等教育大众化向普及化过渡，班级规模越来越大，学生与学生之间的差异性越来越明显，大学教学情境表现出高度的复杂性和不确定性。在此情境中开展教学，美国大学教师必须掌握批判性反思式教学能力。李·舒尔曼（Lee Shulman）指出，批判性反思式教学能力超越了内容/过程、理论/实践、教师/学生的划分，它是一个整体。"一个教师的能力是将他所拥有的内容知识转换成有力的教学形式，并根据学生的能力和背景而改变。"舒尔曼说，批判性反思式教学能力是美国大学教师的共同财富。[1]

斯蒂芬·布鲁克菲尔德（Stepheen Brookfield）指出，成为一名批判性反思式教师是指"大学教师对自己想要做什么有个清晰的概念，同时又能积极调整方式以便使自己做到最好"（Brookfield，2006）。

批判的英语是critic，来源于crisisis，即"危机"。危机包含危险和机遇两个方面，危险是否定的，机遇是肯定的。所以批判性是否定与肯定的统一。从否定看，大学教师要以形成的教学信念对教学的操作层面和理论层面的合理性进行质疑。从肯定看，大学教师要在实践运用和理论学习中，不断完善教学理念，使之更加科学。此外，批判性还指大学教师要培养学生的批判性思维，它是大学教师教学工作的首要目标，这有助于学生将来成为社会主体。

反思是指大学教师面向一个个活生生的具体学生，主动调整教学手段、内容、方法和评价标准，以促进学生有效学习。一般来说，大学教师进行三种水平的反思（Brookfield，2002）：①技术层面的反思，即大学教师在处理突发教学事件时，对管理方法应用效果开展反思；②情境层面的反思，即大学教师对教学中遇到的潜在问题以及所使用的教学策略的效果的反思；③辩证层面的反思，这类反思涉及道德问题，即大学教师重视教

[1]　"Beyond Scholarship Reconsidered：Toward an Enlarged Vision of the Scholarly Work of Faculty Members."http://www.tru.ca/trufa/newsletter/205.-6/Rice.pdf.

学过程中的平等、自由、博爱、公正和公平。

可见，大学教师在开展教学时，"一方面受到深刻信念的引导，另一方面也密切注意着学习者体验学习的方式和千变万化的环境因素"（Brookfield，2006）。在此意义上，批判性反思式教学有如下特征：人文-科学融合性、解构-建构统一性、理性-经验共存性。从人文-科学融合性看，批判性反思式教学的出发点是面向具体的学生，但同时以教学论为支撑点，后者是为了更好地服务前者。从解构-建构统一性看，批判性反思式教学强调教师不断质疑教学理论和实践中不合理的因素，但同时从实践总结和理论学习中不断建构合理的教学信念。从理性-经验共存性看，批判性反思式教学强调大学教师要有自己的操守，不要人云亦云，但同时通过实践检验理论的效度，并不断加以完善。布鲁克菲尔德指出："批判性反思是自我评价、自我选择和自我决策的过程。通过反思和批判性思维，大学教师的行为方式变得更加明确，大学教师对过去的行为习惯和教学动机有了更清楚的认识。他们评价不同行为方式的效果，从错误中总结经验。这样，大学教师发现教学理想和现实之间的矛盾，从而寻找新的正确方向。"（Brookfield，2006）

美国大学教师开展批判性反思式教学受到如下方面的影响。①自我反思。自我反思是大学教师开展批判性反思式教学的基础。通过自我反思，大学教师可能回忆起作为学习者的过去经历，从而对当前的教学实践做出理性的判断。②接收来自学生的反馈信息。对学生学习方式、习惯的了解，比自我反思能更进一步指导大学教师调整教学手段和方法。③同行交流。同行交流有利于大学教师发现潜藏的问题和分享成功的经验。④教学文献。教学研究的各类成果有利于大学教师从经验中学习，并吸收相应的理论指导教学实践。（Brookfield，2006）尽管如此，掌握批判性反思式教学能力给大学教师的专业化成长带来了积极影响。①它提高了大学教师的自我意识，使他能为教学行为寻求相应的证据。②它树立了大学教师的行为理念，使他能在紧急情况下迅速做出决定。③它避免了大学教师的自责，使他能更加客观地评价教学角色。④它提振了大学教师的士气，使他能学会主动地应对教学困难。⑤它活跃了课堂氛围。"批判性反思的教师更可能为学生营造一种充满挑战性和趣味性的课堂氛围。"（Brookfield，2002：1-12）⑥它增加了课堂内部信任。大学教师根据学生的学习经验开展教学，避免在课堂中滥用教师权威，有助于建立良好的师生关系。

2. 研究能力

（1）基本要求

自柏林大学建立以来，研究能力成为大学教师能力结构的重要组成部分。美国大学教师基于四种取向开展研究：学术取向、民主社会取向、国家-政府取向和企业取向（Hakala et al.，2001）。大学教师在每个研究取向上分别具有不同的研究能力。①学术取向是大学教师传统的研究取向，大学教师要有探究事物背后本质的好奇心、进行理论演绎和经验归纳、及时地以论文或专著等形式公开研究成果等能力。他们所产生的是理论性知识，研究的主要动机是在学术共同体中获得认可。②民主社会取向的大学教师认为研究应该使普通公众更好地理解社会。他们所产生的是实践性知识，研究的主要目的是改进社会的活动。③国家-政府取向的大学教师认为研究活动对于决策制定者和执行者具有工具性价值。大学教师典型的活动是为政府部门所关注的严重的社会问题收集和分析数据。研究以应用和解决问题为导向，强调决策的可用性。④企业取向。大学教师注重知识生产的商业价值，其研究结果通过转化成新的产品而满足市场需求。市场力量决定了大学教师研究的质量，这种类型的大学教师典型的活动是建立学术性的子公司。当前，美国大学教师研究能力基本上体现在这种取向中。在"不出版就解聘"的今天，在研究能力成为评聘和晋升职位的时代里，美国大学教师不得不把尽可能多的时间用于研究，为此，他们走出象牙塔，面向社会、政府、企业开展研究（Geiger，1986）。

（2）扩展重点：跨学科研究能力

当前美国大学教师研究能力显著地表现为跨学科研究能力（Frank & Schulert，1990）。路德维格·胡贝（Ludwig Huber）给美国起了一个外号——"跨学科研究的黄金国度"（Huber，1990）。美国大学教师开展跨学科研究有如下原因。从客观方面讲，这是由社会问题的复杂性决定的。这些问题具有突发性、非直线的多变性和不确定性，这是单一学科所不能解决的。它不但需要人文科学、社会科学和自然科学的互动，而且需要整合政治、经济和文化等方面的力量。从主观方面讲，跨学科研究可以使美国大学教师获得学术利益和个人利益。从学术利益看，跨学科研究提高了大学教师的学术水平，拓宽其研究视野，有助于大学教师吸收不同学科的"养分"并产生新观点。从个人利益看，跨学科研究比单学科研究能产生更多的研究成果，这些成果能在更广的学科期刊上发表，这有助于提高大学教师的知名度。①

　　跨学科研究以三种主要方式进入美国大学：通过设立特殊职位；通过将人员集中在一个代表特定学科的院系；通过设立特殊的有组织的研究机构（Klein，1996）。美国大学教师跨学科研究能力表现为三种类型。①与学位教育相关的跨学科研究，如麻省理工学院通过生物学、计算机科学和工学的相互交叉、渗透和融合，培养计算机系统生物学（Computational and Systems Biology）博士。② 跨学科教育通过如下几种方式完成：通过开设将不同学科整合起来的课程；通过跨学科研究团队协同教学；通过他们的研究引导学生进入跨学科研究领域。②与某一特定知识领域相关的跨学科项目。如犯罪这一课题需要借鉴不同学科的研究工具、方法、概念、理论和实践（Newell，1992）。③政府-企业-大学结成联盟后支持的跨学科研究项目，它包括五种主要类型的项目。第一种包括支持多种研究计划的项目，如孟山都公司支持华盛顿大学生物医学研究项目。第二种包括具有明确实际对象与理论目标的核心计划，如 IBM 资助卡内基梅隆大学开发计算机系统。第三种项目帮助把学术研究商业化，如麻省理工学院的生物技术研究中心（MIT Biotechnology Research Center）。第四种包括为工业或政府部门提供服务的项目与机构，如孵化器。第五种包括与部分大学有联系的独立研究所，比如北卡罗来纳微电子中心（North Carolina Microelectronics Center），它们自行运转，其职员大多是自己的雇员（Klein，1996）。

　　美国大学教师跨学科研究具有三个特征：过程-相互影响性、结果-独创性、深化-资本性。从过程-相互影响性看，美国大学跨学科研究跨越了科学类型（基础的与应用的）、研究方式（实验、统计、理论）和社会部门（政府、企业、大学）等多重边界，不同学科大学教师共同探究，从而相互影响，找到解决问题的办法。因此，研究过程是差异性与统一性的结合。差异性指不同学科有不同的文化背景和思维方式，统一性指这些差异整合进一个更重大问题和更大的学科框架中。正因如此，跨学科研究结果

---

① "Introduction to Interdisciplinary Research." http://www.nsf.gov/od/oia/additional_resources/interdisciplinary_research.

② "Welcome to the MIT Computational and Systems Biology PhD Program（CSB）." http://csbi.mit.edu/whatis/csbiannualreports.

具有独创性（Klein，1996）。为了深化跨学科研究，需要四种资本：①经济资本，没有一定的预算权，只有任命、提拔、批准聘用和控制薪水权力的大学教师无法开展跨学科研究；②社会资本，如大量的基础设施、足够数量与规模的项目、大学管理阶层的支持；③文化资本，如大学建筑以及城市管理文化等周围环境的影响；④符号资本，主要是个人特征，如较高的感召力、权威性、可信度和声誉（Huber，1990）。

在茱莉·克莱恩（Julie Klein）看来，美国大学跨学科研究受如下几个方面的影响（Klein，1996）：①机构的特性（大小、任务、经济基础）；②制度性文化（以往的改革经验、新项目、大学教师与管理人员的互动方式、学术共同体的特征、对学生学习方式的设想）；③期望的变革层次（贯穿整个体制的、项目的、课程的）；④期望的变革性质（普通教育、人才培养、混合的研究与教学团体、研究中心、大型计划、结构性障碍的总体减少）；⑤大学教师的能力与兴趣；⑥知识结构（学科的、专业的和跨学科的）。尽管如此，美国大学教师跨学科研究能力带动了美国乃至全世界知识的进步，同时，作为人才培养和社会服务的支撑，美国大学教师也为社会培养了大批学术视野开阔的人才，解决了很多社会问题。

3. 服务能力

（1）基本要求

克拉克·克尔（Clark Kerr）认为，"社会服务的概念始于美国的赠地学院运动"（Kerr，1978：91）。德里克·博克（Derek Bok）明确指出，美国大学承担服务职能有三大理由：第一，大学具有某种资源的垄断性，如学位授予权等；第二，大学的教育与科研能力是独特的，不能被其他机构所取代；第三，大学必须通过服务回馈社会，因为它接受了大量的政府资助（Bok，1982）。克尔认为，美国大学教师要提供如下服务：批判社会现状、促进社会公平、提高生活质量、加快政治改革、对青年的剩余责任、关于社会未来的有组织的思考（Kerr，1994）。为此，美国大学教师应有如下服务能力。①潜心地从事保存、传播、分析、发现知识和创新技能的能力。②促进学生的发展：必不可少的学术技能；从事职业的能力；履行公民责任的能力；创新能力。③促进社会发展的能力：把新的思想传播到各行各业；通过提供咨询等服务，提高人民的健康水平；适应社会变革，有效地协助社会各部门解决问题；提高广大公众的文化鉴赏力；发现人才并帮助有才能的人，把他们导向社会需要的领域（Kerr，1994）。可见，美国大学教师服务能力不同于赠地学院教师对农业领域的拓展，它更强调公共服务能力。"公共服务要求大学教师同时完成多种学术目标，从而提高他们学术工作的整体效能和有效性。"①

（2）扩展重点：学术资本化服务能力

在希拉·斯劳特和拉里·莱斯利看来，美国大学教师是真正的学术资本主义者（Slaughter & Leslie，1999），这有如下原因。首先，美国社会经济发展基于两大支柱：工业在基础研究中虽然投资不多，但能够利用大学教师的研究成果获得利润；大学教师的研究成果存在潜在的商业价值，但由于缺乏转化机制，尚未进入市场（Geiger，1986）。正因如此，政府和企业都介入美国大学教师知识生产中。其次，由于政府对大学办学拨款经费的减少，大学教师需要以掌握的学术换取未来学术发展的资金。最后，大学教师必须满足大学发展所需要的政府资本和企业资本。

从性质看，美国大学教师的学术资本化服务能力有广义和狭义之分。广义的学术资本化服务能力包括人才培养、科学研究和直接性社会服务等能力（Cherwitz，2012）。狭义的学术资本化服务能力仅指大学教师以掌握的学术为筹码，以满足社会直接的需要为目的，有偿地参与到美国社会经济发展中的能力。

从对象看，美国大学教师基于两种模式为政府、企业、社区提供服务：一种是单向线性模式，如提供短期课程、咨询等形式；另一种是双向参与互动模式，如建立合作实体（Weerts & Sandman，2008）。以企业为例，美国大学教师提供的学术资本化服务有三类（Jasanoff，1995）：①把研究成果特许权让渡给公司；②在大学建立某些机构向产业界推销知识财产；③一部分大学教师用学术成果来获取企业的相应回报。在第一类途径上，"专利和特许办公室在美国和其他地方的研究型大学里已经变得很普遍了，它们通常是政府政策的产物：政府鼓励那些得到公共资助的研究成果商业化"（Etzkowitz & Peters，1991）。在第二类途径上，大学科技园是一种典型的制度创新。通过大学科技园，美国大学教师不仅熟悉了创办公

---

① "Beyond Scholarship Reconsidered: Toward an Enlarged Vision of the Scholarly Work of Faculty Members." http://www.tru.ca/trufa/newsletter/205.-6/Rice.pdf.

司的过程，还亲自参与创办公司，并为想要创业的大学教师提供咨询。第三类途径不仅包括大学教师为企业提供咨询，还包括大学教师在企业兼职、技术入股等新的形式，"不仅教授而且大学都可能参与到公司之中，作为转让给公司的知识财产的所有者，这种转让不是在收取专利权使用费的情况下进行的，而是为了换取在公司中的股份"（Branscomb，1999：210）。

美国大学教师学术资本化服务能力有如下特点：①社会性，即服务是面向社会的，以满足社会需要为出发点和归宿；②现实性，即服务以满足社会的现实需要并最终解决社会现实问题为目的；③广泛性，即服务扩展到社会政治、经济、文化及教育等各个领域；④深远性，即服务关系到美国政治、经济和文化的发展；⑤学术性，学术资本化服务强调大学教师以高深知识为社会服务；⑥有偿性，美国大学教师不是免费地提供服务，而是通过服务赚取学术进一步发展的政治资本、经济资本和文化资本。

美国大学教师提供的学术资本化服务受到了如下几个方面的影响：①大学教师在攻读博士学位期间没有接受全面的学术资本化的熏陶和训练；②大学教师不善于应用高新技术提供学术资本化服务；③学术资本化将大学教师推向更多应用性的领域，他们更多为政府和企业负责，而不是为大学负责，学术自由和大学自治开始瓦解；④作为学术资本主义者的大学教师通常在职业、家庭以及精神上面临许多压力和挑战，各种形式的风险成为大学教师提供学术资本化服务的重要组成部分；⑤大学在管理上提供的支持很少（Kuratko，2005）。尽管如此，学术资本化服务给美国带来了深远的影响，美国大学教师从学术资本化服务中获得的资金可以用于吸纳研究助理、购买研究设备并可以从理论和实际相结合中获得更多的自我反思（Park，2011）。

美国大学教师专业能力是大学三类职能——人才培养、科学研究、社会服务——在大学教师身上的显现。教学能力是大学教师的基础能力，也是大学教师最应该具备的能力，因为大学教师的中心工作是人才培养，这是中世纪以来大学教师承担的独一无二的社会职能。教学能力"不但从短期来看，而且从长远的观点来看，……对大学教师个人的发展、地位和作为有生产能力的教授的身份是必不可少的"（克拉克，2001：289~290）。研究能力是大学教师的必备能力，因为大学是探究的场所和高深知识的集聚地，这决定了大学教师的所有工作都奠基于其研究能力，这是大学的生命力所在。自赠地学院以来，美国大学教师能力结构又增添了服务能力，这是美国独有的实用主义哲学对大学教师影响的使然。服务能力表征着美国大学教师走出象牙塔，面向社会需要开展人才培养、科学研究和服务社会的工作，由此美国大学从社会边缘走向社会中心。不过，美国大学教师服务具有学术性，非学术性服务应该不属于大学教师服务的范畴。尽管美国出现了教学−研究−服务漂移的现象，即大学教师轻教学重研究，轻基础研究重应用研究，轻公益性服务重营利性服务，但这三者的整合是美国大学教师专业化成长的应然，同时美国也出现了三者整合的"可能的条件"、"形成的条件"和"实施的条件"（克拉克，2001：243）。

诚如伯顿·克拉克（Burton Clark）所言，大学发展由内部逻辑和外部压力共同谱写（克拉克，2001）。美国大学教师专业能力结构也是如此，它是一个多向度、多层次的有机整体。从向度看，美国大学教师专业能力包括教学能力、研究能力和服务能力。从层次看，每一向度的能力又包括基本要求和扩展重点。基本要求是大学教师的"职业标准"，它既凸显了大学教师的"入职门槛"，也对大学教师提出了更高的职后发展的要求。以"职业标准"引领大学教师专业化成长是美国的基本趋势。可见，基本要求也包含了扩展重点，扩展重点是基本要求中的"高级"标准，但不是可望而不可即的标准，而是大学教师在具体社会情境中必须具备的能力。具体来说，面对美国高等教育从大众化走向普及化，大学教师不能再以精英化的教学方式开展教学，必须具备批判性反思式教学能力。随着美国社会和国际社会的问题越来越复杂，单一学科根本无法解决这些问题，为此不同学科的大学教师应开展合作，从事跨学科研究。随着美国高等教育发展黄金期过去，美国政府广泛推行"问责制"，大学教师日益卷入资金的竞争中，提供学术资本化服务也成为必然。也可以说，基本要求强化了职前和职后的应然状态，但扩展重点则强化了职中的实然状态。大学教师专业化成长以达到基本要求为起点，以理解扩展重点为要点，这两者的结合是美国大学教师从"工匠"走向"专家"的标记。

三　学术职业专业发展

大学教师学术职业发展的过程旨在促进大学教师的成长，使大学教师获得并增强他们的教学、科研和社会服务等专业活动的能力。罗兹玛丽·凯福瑞拉（Rosemary Caffarella）等学者认为，当前美国大学教师学术职业发展包括自我主动式发展、同行协作式发展、大学规划式发展和社会政策调节式发展（Bulik，2008）。本部分将从原因、内涵、特征、意义四个方面分别对美国大学教师学术职业发展的四种类型进行诠释与解读。

（一）自我主动式发展

大学教师学术职业发展的前提是大学教师的个体主动发展。自我主动式发展主要有两个原因：从主观方面讲，在一定的背景下，大学教师的个人特征，如态度、认知和能力才能决定大学教师的学术职业发展是否能真正发生；从客观方面讲，只有每个大学教师成为专家，大学教师作为整体才能谈得上学术职业发展。

自我主动式发展是大学教师作为个体明晓自我学术职业发展的目标和方向，并采取相应行动的过程。其包括绝对自我主动式发展和相对自我主动式发展两层内涵。

第一，绝对自我主动式发展表现为大学教师能独立判断学术职业发展需要、制定学术职业发展目标、明确有利于学术职业发展的人力和物质资源、选择恰当的学术职业发展策略并对学术职业发展成果进行评价。其中自我反思是绝对自我主动式发展的关键。

第二，相对自我主动式发展是大学教师在外界环境影响下的自我发展过程。研究表明，不管是基于"教历"的学术职业发展、基于研究的学术职业发展、基于教学合作的学术职业发展、基于自主的学术职业发展、基于教学反思的学术职业发展、基于同伴互助的学术职业发展、基于专业引领的学术职业发展、基于师生互动的学术职业发展、基于课程开发的学术职业发展、基于行动研究的学术职业发展还是基于实践的学术职业发展等，大学教师的学术职业发展都离不开外界环境的影响。通过外界环境的刺激和信息交换，大学教师明晓自身学术职业发展的缺陷，进而制定相应的发展目标和策略，有的放矢地提升自我的学术职业发展水平。

自我主动式发展具有如下特征。①从自我看，自我主动式发展具有差异性。每个大学教师的知识和能力影响了他们学术职业发展的侧重点。以学习为例，一些大学教师注重应用性的专业学习，一些大学教师偏爱理论性的专业学习；对于不同年龄的大学教师而言，年轻大学教师为了完成既定的目标，提高他们的学术声誉和地位而学习，资深大学教师认为学习过程本身即目的，他们建立了长远的学习目标并通过学术成就扩大他们的专业领域（Frost & Jean，2003）。②从主动性看，自我主动式发展是在模仿、实践、反思和探究的层层递进过程中进行的。大学教师首先要模仿他人学术职业发展的成功做法，接着在教学、科研和社会服务中不断地实践。面对实践出现的问题，大学教师通过自我反思，明确了教学、科研和社会服务的盲区，从而走上正确的学术职业发展道路（Bulik，2008）。最后，大学教师要有自我探究的精神，探究精神既是他们学术职业发展的目标，也是学术职业发展的手段。③从学术职业发展看，自我主动式发展分别经历了依赖他人、独立、影响他人和领导四个阶段。在依赖他人阶段，大学教师往往通过模仿或在他人的监督下促进自我的学术职业发展；在独立阶段，大学教师知道自我的学术职业发展的内容和方式；在影响他人阶段，大学教师以身示范，指导和管理他人的学术职业发展；在领导阶段，大学教师作为学术职业组织的代表，通过制定和明确组织的学习任务，系统性地促进群体的学术职业发展（Terry & Sandholtz，2011）。

正如拉尔夫·布罗凯特（Ralph Brockett）等人所指出的："自我主动式发展的关键是大学教师对学术职业发展的主动控制，是大学教师为自我发展承担责任的行为。"（Gugielmino，2008）自我主动式发展使大学教师认识到自己为什么要学、学什么、如何学，这表明他有明确的学术职业发展规划，有高度的自信和成熟的心理，敢于承担风险，应对挑战。

（二）同行协作式发展

威廉·沃勒（William Waller）的调查指出，当前美国高等教育危机的核心依然是大学教师工作的孤独感，大学教师普遍认为他们和同行之间缺乏有机的联系和密切的协作（Cox，2011）。为此，美国通过加强同行之间的协作促进大学教师学术职业发展。朱迪斯·利特（Judith Little）等学者也认为，参与同行协作式发展的大学教师将可能获得更大的成功（Wheelan & Tilin，1999）。当前美国大学教师同行协作式发展有两种：基于人员（cohort-based）的同行协作式发展和基于话题（topic-based）的同行协作式发展。

基于人员的同行协作是不同发展阶段的大学教师之间的协作。例如，哈佛大学的新大学教师协会（Harvard's New Faculty Institute）通过举办大学教师专题讨论等活动，使新大学教师有机会认识自己的同事，尽快地融入哈佛学者社团。[①] 马卡利斯特学院（Macalester College）和卡尔顿学院（Carleton College）通过项目合作方式，鼓励资深大学教师带领年轻大学教师参与科研，以此培养年轻大学教师的科研能力（Baldwin，2007）。

基于话题的同行协作旨在解决大学教师学术职业发展中遇到的问题。这些问题可以是新发现的或是早已存在的，范围涵盖了他们感兴趣的所有学术领域。当问题解决后，同行协作的关系不再存在。例如，大学教师职业增强拨款计划（Faculty Career Enhancement Grant Program）发起流动性的研讨会（Floating Seminars），促进跨校的同行协作（Baldwin，2007）。

同行协作式发展的特征表现在以下三个方面。①从同行看，同行协作式发展具有平等性。在同行协作中，大学教师之间没有等级之分，彼此相互尊重，拥有自由地表达观点的权利。②从协作看，同行协作式发展具有包容性。同行之间的协作既可以发生在正式的会议和研讨会中，也可以发生在虚拟时空中。同行之间的协作既可以是对话与交流，也可以是出版物和电子文献。同行之间的协作既可以分享彼此的经验，也可以学习外在的先进经验。正是因为同行协作的包容性，同行之间的影响已成为促进美国大学教师学术职业发展的重要因素。③从学术职业发展看，同行协作式发展具有开放性。在同行协作中，大学教师可以肯定和批评他人，同时也接受他人的肯定和批评。正是在开放性的环境中，大学教师既可以学习他人的先进经验，同时也能看到自己的不足。

罗伯特·布兰格（Robert Bringle）认为在同行协作中，大学教师不仅更加深刻地了解学科领域的专业知识，还能更加清楚地了解自我，更能拓展大学教师的人际交往、管理和组织技能。这些能力正是大学教师学术职业发展的重要目标（Bringle，2000）。

（三）大学规划式发展

当前，美国大学越来越意识到有必要为大学教师创造良好的学术职业

[①] "Supporting the Development of the Professoriat." http://findarticles.com/p/articles/mi_qa4115/is_201007/ai_n56229048/? tag=mantle_skin；content.

发展条件，因为大学教师是完成大学职能使命的关键。同时，随着问责制的推行，大学只有通过大学教师学术职业发展才能提升自身的竞争力和社会影响力。为此，詹姆斯·弗朗西斯（James Francis）认为，"学术职业发展是大学试图寻找改变大学教师的态度、技术和行为的过程，目的是使大学教师更有能力满足学生、教师自身和大学的需求"（Jeffrey，2000：46）。

在大学规划式发展中，大学教师学术职业发展被纳入大学的战略规划中，它们不但为大学教师学术职业发展创造良好的内部环境，而且创造各种条件鼓励大学教师到校外实习。

从内部看，大学通过开展职业规划和再培训行动促进本校大学教师的学术职业发展。①职业规划计划（Career Planning Projects）。大学教师学术职业发展能否取得成功在很大程度上依赖于他们对个人能力和目标的详细分析。大学鼓励大学教师制定详细的职业规划项目并参与相应的评价。例如，戈登学院开发了大学教师成长协议系统，鼓励大学教师基于他们的能力和兴趣拟定职业规划计划。这份长达 2~5 年的成长协议不但提升了大学教师的个体能力，而且提升了戈登学院的社会影响力。②再专业化计划。再专业化指大学为大学教师提供他们专业领域之外的培训，帮助大学教师拓宽专业活动范围，发展大学教师的新技能。再专业化减少了兼职大学教师的数量，提高了大学教师的整体质量。例如，加利福尼亚州立大学制定了大学教师再专业化计划后，用其他学院多余的全职教师取代另一些学院的兼职教师。尤金·赖丝（Eugene Rice）指出："再专业化计划比大学制定的某些单个的节省策略更加有效。它既满足了大学对高质量人才的需要，又为拓宽大学教师专业领域提供了机会。"（Baldwin，2011）

从外部看，大学为大学教师到校外实习和工作提供条件。①大学教师实习。大学教师实习指大学为大学教师提供到非学术场所工作的机会，这有利于大学教师获得新知识并将所学的技能带回课堂。例如，雷吉斯大学实施的大学教师职业中期变革方案，允许大学教师用三年时间到企业中带薪学习一些非学术领域的技能。如果他们所从事的非学术工作的薪水较低，大学将会给予一定补贴。②大学教师交换。大学教师交换项目使大学教师能够在不同机构或领域中开展教学和科研工作，在一定程度上增强了大学教师的职业选择能力。例如，威斯康星大学系统鼓励该系统内的大学之间开展大学教师交换计划，为大学教师创造在不同学科、不同院系、不同环境中学习和研究的经历，这有利于大学教师更清醒地认识自我学术职业发展的目标。

大学规划式发展的特征表现在以下三个方面。①从大学看，大学规划式发展具有组织性。组织性表明大学教师学术职业发展的内容由大学制定，同时大学还要解决大学教师学术职业发展遇到的各种问题，如场所的安排、必要的资助以及技术帮助。例如，伯米吉州立大学为了帮助大学教师应对远程教育带来的挑战，为大学教师开发网络课程安排合理的时间，每年举行网络课程开发研讨会，向参加远程教育学术会议的大学教师提供资助等。②从规划看，大学规划式发展具有目的性。尽管不同大学开展大学教师学术职业发展的具体目标不尽相同，但总体上都是为了增加大学教师在人才培养、科学研究和社会服务等方面的知识和技能。③从学术职业发展看，大学规划式发展具有综合性。大学在制定大学教师学术职业发展战略规划时，除了要考虑大学教师的参与性，还要注重其他方面的问题，如适合大学教师的发展理念、恰当的宣传、充分的资助、奖励的政策、管理部门的支持等。此外，许多大学也建立了大学教师学术职业发展评价系统，例如，夏威夷大学专业联合会（the University of Hawaii Professional Assembly）根据大学教师、系主任或院长共同递交的书面学术职业发展规划评价大学教师学术职业发展的质量。

总之，"大学教师学术职业发展的成效依赖于大学教师学术职业发展目标是否与大学的使命相关。那些自发的、无组织的、孤立的大学教师学术职业发展活动不可能带来大学内部真正的变革"（Murray，2011）。当大学把大学教师学术职业发展纳入组织规划中时，大学和大学教师的目标才能一致，大学教师学术职业发展也是大学自身的发展。

（四）社会政策调节式发展

从外部看，美国社会只有从政策上不断地指引作为科学技术和信息技能的创新者——大学教师的学术职业发展，才能保持其国际竞争的领先地位。从内部看，如果不从政策上调节大学教师的学术职业发展，政府-产业界-大学三螺旋结构就无法良性地运转。通过社会调节，美国大学提高了对大学教师学术职业发展的重视程度，降低了大学教师学术职业发展的盲目性。社会政策调节式发展不同于大学规划式发展，它是外在于大学的社会部门通过制定大学教师学术职业发展政策，从而促进大学教师学术职业发展。按照政策的来源不同，美国大学教师学术职业发展主要受到来自学术职业组织、州政府和联邦政府的政策调节。

学术职业组织是面向大学教师的学术组织。学术职业组织制定的政策卓有成效地保护了大学教师自由探究的专业权利，提升了大学教师的专业地位，扩大了大学教师的专业影响力，最大限度地谋取大学教师的专业福利。例如，美国大学教师联合会（American Association of University Professors，AAUP）深入大学调查侵犯大学教师权利的行为，制定了保护大学教师学术自由的政策。杜克大学一名教师因为在课堂上发表改善种族关系的言论而遭到杜克大学解聘。正是由于 AAUP 的协调工作，该教师才能继续自己的学术聘任。学术职业组织政策之所以具有重要的调节作用，是因为学术职业组织在制定政策时一方面不违背大学精神和大学理念的传统，另一方面密切地保持与联邦政府和州政府的联系，其政策具有深厚的历史积淀和广泛的社会支持。

尽管各州政府调节大学教师学术职业发展的政策不尽相同，但这些政策具有一些共性。[1] ①制定质量监督机制。州政府致力于建立指导大学教师学术职业发展的标准，提供大学教师学术职业发展的资源并建立大学教师学术职业发展的评价机制，以此监督大学教师学术职业发展的质量。②制定专业指导计划。例如，科罗拉多州、密苏里州和新泽西州制定了专业指导计划，要求大学教师根据该计划不断地加强学习。为了保证政策的实施，一方面，州政府建立质量监督机构；另一方面，州政府委派中介机构去评估政策的实施情况。作为"过滤器"，中介机构保证了州政府的政策切实可行。

联邦政府通过如下的政策调节大学教师学术职业发展。①收集有意义的数据并制定切实可行的发展策略。联邦政府每年都会收集各州大学教师学术职业发展的数据，并及时向学生家长和公众公布。通过问计于民，联邦政府再制定相应的大学教师学术职业发展策略。②开展海外学习计划。联邦政府鼓励大学教师去海外学习。例如，联邦政府开展富布赖特项目

---

① "Teacher Professional Learning in the United States. " http://www.learningforward.org/news/2010Phase3TechnicalReport.pdf.

（Fulbright Program），每年有大批大学教师到国外从事教学和开展研究。美国国际教育交流协会（Council on International Educational Exchange）开展大学教师国际研讨会，为大学教师提供短期集中的海外学习经历，促进大学课程更加国际化（Fung & Filippo，2011）。③实施拨款项目。联邦政府为各州促进大学教师学术职业发展的项目提供拨款。例如，中学后教育改进基金（the Fund for the Improvement of Postsecondary Education）为大学教师学术职业发展提供额外的支持和帮助。布什大学教师发展项目资金（the Bush Foundation Faculty Development Project in Minnesota）支持包括明尼苏达州在内的多个州的大学教师发展（Jeffrey，2000）。

　　社会政策调节式发展具有如下特征。①从社会政策看，社会政策调节式发展具有宏观性。宏观政策是社会各部门指引大学促进大学教师学术职业发展的政策，它通过营造舆论、拟定制度甚至颁布行政命令来干预或调节大学教师学术职业发展。②从调节看，社会政策调节式发展具有持续性。大学教师学术职业发展的政策通常不会在短期内更改，它具有一定的约束效力。例如，AAUP 制定的学术自由制度一直被奉为圭臬，具有深远的影响力。③从学术职业发展来看，社会政策调节式发展具有全局性。社会组织制定的政策包罗了大学教师学术职业发展的方方面面，包括职前培训政策、终身教职政策、进入和退出政策、薪水结构政策、教师联盟政策、教师退休政策等。例如，AAUP 每年举办的三天集中学习暑期班吸引了美国上百名大学教师代表，他们聚在一起讨论大学教师学术职业发展面临的问题，并提出相应的改进措施。

　　总之，大学之外的社会政策对大学教师学术职业发展的影响意义是深远的。通过社会政策的调节，一方面，大学教师学术职业发展得到了美国社会的重视；另一方面，大学教师学术职业发展能获得来自整个社会的各种资源的支持。

（五）小结

　　从大学教师学术职业发展类型看，大学教师学术职业发展大体上有两个维度。一是大学教师学术职业发展是大学教师个体的发展，即在关注大学教师社会、经济地位的提高和争取资源与权利的分配的同时，更强调大学教师个体的、内在的专业性的提高，关注大学教师如何形成自己的专业精神、知识、技能、心理品质等。二是大学教师学术职业发展是大学教师群体的学术职业发展，即大学教师学术职业发展是大学教师职业成为专门职业，并获得应有的专业地位的过程，强调大学教师群体的、外在的专业性的提升。这两个维度相互关联，彼此不可或缺。大学教师群体的学术职业发展建立在个体的学术职业发展基础上，没有个体的学术职业发展，谈不上群体的学术职业发展。实现大学教师自我主动式学术职业发展，是每一位大学教师在其职业生涯中的应有之义和应然之求。它对于提高大学教师个体的素质，建设高质量的大学教师队伍并促进高等教育质量提升具有重要的意义。正因如此，不管是同行协作式发展还是大学规划式发展和社会政策调节式发展，都以促进个体的学术职业发展为旨归。但是个体的学术职业发展需要群体的学术职业发展的支持，没有群体的学术职业发展支持，个体的学术职业发展是无源之水、无本之木，个体会失去学术职业发展的目标和方向。美国大学非常强调大学教师自我主动式发展在同行协作、大学规划和社会政策调节中进行。同行协作、大学规划和社会政策调节之间也是环环相扣的，不能割裂开来。同行协作离不开大学规划和社会政策调节，大学制定的规划需要促进同行协作，同时要与社会政策保持一致，社会政策调节是为了让同行更好地协作，让大学更科学地制定战略规划。从表面上看，美国大学教师学术职业发展类型是自我-同行-大学-社会这四个层级由小到大、由部分到整体的排列，实际上是一个你中有我我中有你的整体，它们之间相互依存相互联系，共同促进美国大学教师学术职业发展。可见，美国大学教师学术职业发展是一个持续个体化和群体化的过程。尤其值得警惕的是，在多种发展下，大学教师疲于奔波，政府也是疲于应对，将发展当作一种政绩。

四　学术职业组织发展

学术职业组织指由具有共同专业知识、专业能力、专业精神的专业人员组成的自我管理的组织（Ornstein & Levine，1984）。"专业化就是将权力从当选的行政官员手里转交给学术职业组织。"（Loveless，2000）诸如学会、协会、联盟、委员会等学术职业组织的成立，是专业形成的重要标志。大学教师学术职业组织的成立是美国 20 世纪十大教育事件之一，因为学术职业组织使美国大学教师改变了过去缺乏自信与被压制的现象，展现了勇敢的新形象（Stinnett，1968）。美国学术职业组织历来的使命是促进大学教师专业化成长（Gappa & Austin，2012）。当前，和美国大学教师有关的学术职业组织有三种类型：由美国联邦政府或州政府牵头创办或提议建立的半官方型组织；完全独立于政府与大学之外的民间型组织；由大学发起，由行政人员和学术人员组成的校际型组织。本部分以时间为纵轴，以问题解决之道为横轴，解读美国学术职业组织的使命。

（一）捍卫传统

学术自由一直是美国大学教师坚持的传统原则。学术自由指大学教师除非不称职或有道德缺陷，其职位必须得到保证；大学教师受处分前有申诉的权利；对于获得终身教职的大学教师，除非玩忽职守或体力、精力无法胜任职位，大学不得轻易解雇。[①] 学术自由是大学教师专业化成长的精神内核，"自由在美国大学里的重要性几乎是不言而喻的。对我们的学院和大学的智力领袖横加任何束缚都将会危害我们国家的未来。在怀疑和不信任的氛围中，学术不能繁荣。教师和学生必须永远自由地追问、自由地研究、自由地评价、自由地获得新的成熟和理解，否则我们的文明将会停滞乃至灭亡"。[②]

美国各类学术职业组织通过制定规则的抽象行为捍卫传统原则，这具体表现为声明、章程、规章、制度等具有法律效力的文本，它们一方面为传统原则提供合法性依据，另一方面为大学教师提供法律援助。美国大学教师联合会（AAUP）制定的关于学术自由的声明包括：大学教师有研究和出版的自由；大学教师在课堂中能够自由地探讨学科问题，不能把与学科无关的且有争议的问题带进课堂；当以公民身份发表口头和书面的言论时，大学教师应该免受大学或学科的监督；作为学者和教育管理人员，大学教师要认识到其言论可能会误导公众，因此要努力表明自身的言论不代表大学（Goldberg & Schrag，2012）。这一声明已经成为美国大学教师捍卫学术自由的基础。因此，AAUP 每年大约能收到 1000 份有关学术自由受到

---

① " State of the Profession：Academic Freedom Grade Report. " http：//www. aaup. org/aaup.

② "Sweezy v. New Hampshire，354 U. S. 234（1957）. " https：//supreme. justia. com/cases/federal/us/354/234/.

行政人员侵犯的投诉。AAUP 往往派专人与这些行政人员接洽，调查事情的来龙去脉，为大学教师寻求赔偿或调停行政人员与大学教师之间的纷争（Goldberg & Schrag，2012）。

美国各类学术职业组织还通过一些具体行为捍卫传统原则。

沟通。美国不同类型的学术职业组织之间保持着良好的沟通，共同捍卫学术自由的传统。例如，2005 年半官方型组织美国教育委员会（the American Council on Education，ACE）和其他半官方型组织、民间型组织与校际型组织等 29 个组织合作，发布了有关学术自由的声明，此声明的重点是：大学应该鼓励大学教师自由地交流学术观点，以此保证学术观点的多元化，从而创造开放性、包容性和民主性的学术环境；学术决策离不开大学教师的智慧，让更多的大学教师参与到大学治理中；同行评价应该脱离政治立场的差异；学术自由受到侵犯的大学教师都可以通过诉讼程序来解决问题；衡量学术观点和理论的正确性应该基于学科的专业标准；学术卓越的关键在于政府对大学的认可和尊重，要相信大学具有保护学术自由、保证学术决策和学术使命相一致的能力（Goldberg & Schrag，2012）。

监督。学术自由源于美国宪法第一修正案（First Amendment），各类学术职业组织根据第一修正案，通过监督行为捍卫传统原则：①学术职业组织会针对当前侵犯学术自由的政策提出修改意见；②学术职业组织协助政府起草维护学术自由的规范和政策；③对于合理的政策，学术职业组织会监督行政部门和学术管理部门去执行，并强化大学教师维护自身权益的意识；④如果相应的政策执行不力，学术职业组织就会提出异议，甚至充当代理人直接提起行政诉讼，避免法院对大学教师的不利裁决（Goldberg & Schrag，2012）。

研究和传播。各学术职业组织通过各种研究和传播行为捍卫学术传统。首先是以调查、讨论、研究论文、报告等形式，客观呈现学术自由的现状及存在的问题。例如，AAUP 通过出版刊物、建立网站、召开会议等方式，着力宣传一些机构捍卫传统原则的典型案例，供他校参考学习。侵犯学术自由的法律审判结果是 AAUP 每年发起的大学论坛的主题之一，届时会邀请两位著名的学者发表重要的演讲，并鼓励所有大学教师参与讨论。最后，AAUP 把调查的有关学术自由的结果公布在网站上，借舆论的影响捍卫传统。

施压。学术职业组织通过集体谈判、游说、参与选举或罢教等施压行为捍卫传统原则。其中，罢教等行为运用较少，集体谈判运用最多。当前，大约11000名私立高校教师和250000多名公立高校教师是集体谈判的代表。在AAUP看来，保护学术自由，强化大学教师在大学的管理权力，解决诉讼的有效手段就是集体谈判。厄斯特·本杰明认为，当美国次贷危机影响到高等教育的方方面面后，集体谈判成为维护学术优先权的最佳方式。[①]

（二）立足现实

当前美国大学教师专业化成长面临如下现实危机：①大学教师的权力因行政人员的增加正在受到削弱；②工作条件持续恶化；③薪水持续下降；④忠诚度降低，大学教师更多地效忠于校外机构和人士，效忠于为科研提供资金的机构，效忠于校外提供咨询机会的雇用者；⑤荣誉感降低，校内的荣誉和奖励对大学教师已不再具有强烈的吸引力；⑥专业精神状态日趋下降；⑦大学教师重科研轻教学；⑧专职教师正在被兼职的、非终身聘用的教师取代，全日制教职被缩减，导致教师对自己的工作更不负责（Kerr，1994）。总的来说，"最好的和最聪明的人"将更难被吸引到大学教师队伍中。

美国各类学术职业组织通过制定规则的抽象行为解决现实危机，这具体表现为在工资与福利、工作条件、聘用和解聘、学术职业发展（入职辅导、职后进修和培训）、考核和评价、参与学校管理、专业道德等方面制定规章制度。例如，面对许多兼职大学教师缺乏安全感、待遇和福利低下等情况，美国教师联盟（American Federation of Teachers，AFT）发起了"大学卓越"运动，该运动的目标是：为兼职教师争取公平的待遇和福利；对兼职教师实行新的任期职位；提高兼职教师的工作安全感；改善兼职教师的工作条件；让更多兼职教师成为谈判代表；确保兼职教师的管理权力受到法律保护；确保兼职教师具有维护权益的申诉权和仲裁权。[②]

美国各类学术职业组织还通过一些具体行为解决现实危机。

[①]　"American Association of University Professors University of Delaware Chapter." http://www.udel.edu/aaup.

[②]　"AFT Higher Education." http://www.aft.org/yourwork/highered.

  沟通。民间型组织、半官方型组织、校际型组织立足当前学术职业危机，鼎力合作找到解决危机之路。例如，临时学术劳动力联盟（the Coalition of Contingent Academic Labor）将助教、全职教师、研究生、本科生和分散在大学组织项目（University Organizing Project）中的成员集中起来，协商帮助兼职大学教师获得了更高的福利待遇。为此，萨尔兹曼·格雷戈里（Saltzman Gregory）指出，"大学教师学术职业组织未来可能为临时大学教师专门创建职业介绍所，并解决他们的健康和福利保障，而这些活动将依赖于学术职业组织来完成"（Metchick & Singh，2004）。

  监督。各类学术职业组织明晓学术职业面临的挑战，提出有关政策的修改意见，并协助政府起草有关促进学术职业发展的政策。一旦政策妨碍了学术职业健康成长，学术职业组织会提出异议，并作为大学教师法定的代理人，公开地提出行政诉讼（Maitland & Rhoades，2001）。例如，在AAUP、AFT与罗格斯大学教师联盟监督下，罗格斯大学允许非终身教职大学教师参与大学审议会的活动；大幅度提高了大学教师的福利，使该校教师的福利在公立大学首屈一指；初为父母的大学教师既有带薪休假的权利，又有生育或抚养孩子的假期，刚刚成为母亲的大学教师还有六周的带薪产假。[①]

  研究和传播。各类学术职业组织通过开展调查和讨论，出版论文、专著和报告，建立学习社团等方式，促进美国大学教师专业化成长。例如，AFT通过如下的研究和传播行为应对政府和公众的问责：①创建了一个全国网站，为关于问责的规则和理念的公开讨论提供信息和建议，网站也将提供社区、州、国家处理问责事务的有关信息；②提供关于AFT集体谈判过程的信息，并保护成员的学术行为免受侵犯；③建立大学教师学习社团，为大学教师搭建一个真实的交流经验、相互学习的平台。[②] 米尔顿·科斯（Milton Cox）认为，研究和传播行为促进了美国大学教师有意义地学习。[③] 戴维·约翰森（David Johnson）等人指出，研究和传播行为使大

---

① "United Academics." http://uauoregon.org/wp-content/blogs.dir/75/files/2011/11/101 - Booklet.pdf.

② "AFT Higher Education." http://www.aft.org/yourwork/highered.

③ "Higher Education for Development." http://www.acenet.edu/AM/Template.cfm? Section = Home.

学教师建立了互相依赖感，通过面对面的交流，大学教师发现了他们自身面临的共同经历，为此通过进一步提高个人和组织能力，充分履行个人责任。

施压。各类学术职业组织通过集体谈判、游说、参与选举或罢教等形式促进大学教师专业化成长。AAUP 的调查发现，一半以上的大学教师认为薪水是集体谈判最重要的原因，健康福利次之，退休福利处于第三位。[①]组织大学教师罢教也是学术职业组织施压的形式之一。例如，2000 年 3 月，华盛顿大学助教申请参与大学管理的代表权，但华盛顿大学的行政人员不但不认可助教工会，而且认为该工会是非法的。2000 年 12 月，助教开始罢教。最终，华盛顿大学承认了助教工会，并同意在薪水、工作时间和福利上与助教工会进行协商，开始和助教工会共同寻求从法律上保护助教集体谈判的权利（Saltzman，2001）。

（三）　放眼未来

克拉克·克尔（Clark Kerr）认为，高等教育内部进行过三次争辩：第一次是关于真理来自科学还是来自《圣经》的争辩；第二次是关于社会主义模式和资本主义模式孰优孰劣的争辩；第三次是关于学术职业（Academic Profession）的争辩，且第三次争辩还没有结束（Kerr，1994）。之所以如此，是因为美国大学教师是一个"准专业"，还没有完全达到"成熟专业"的水准。这有内外两重原因。从外在原因看，联邦政府、州政府和私人投资者对大学教师的影响越来越大，大学教师"是雇员，他们的工作时间和工资都由董事和理事规定。如果提高社会地位的谈判失败，大学教师只好通过罢教进行抗议。但作为公共事务雇员，州立大学教师的罢教是违法的"（Brubacher，1982：124）。罢教有其客观必然性，但使大学教师陷入道德困境，这表明大学教师只是一个"准专业"。从内在原因看，由于学科分化越来越严重，美国大学教师内部不是一个团结统一的学术共同体。由此大学教师很难获得"成熟专业"的称号（陈伟，2008）。从准专业到成熟专业的转变，是美国大学教师专业化成长的未来目标，也是美国

[①]　"American Association of University Professors University of Delaware Chapter."http：//www.udel.edu/aaup.

大学教师学术职业组织工作的重点。

美国各类学术职业组织首先通过制定规则的抽象行为，描绘未来大学教师专业化成长的图景。例如，美国商学院联合会（the Association to Advance Collegiate Schools of Business）征求广泛意见后，拟定大学教师从事专业活动的资格。① ①学术资格（Academically Qualified，AQ）。获得 AQ 的大学教师必须具有该专业或相关领域的博士学位，且有相应的学术贡献，最低标准是在期刊上发表三篇论文。具有行政管理职责（院长以上职位水平）的大学教师被认为已获得 AQ，不需要满足发表论文的要求。②专业资格（Professionally Qualified，PQ）。获得 PQ 的大学教师应该具有该专业的博士学位和五年的专业经验。此外，获得 PQ 的大学教师还应参加以下活动：召开研究或参与教育会议和研讨会；参与教学领域的咨询活动或指导委员会的服务；编撰教材或参与学术出版部门的活动。具有工作经验的大学教师如果履行了足够的责任，即使没有获得博士学位也可能会被认为已获得 PQ。那些在工业、商业或者政府部门中具有较多经验但没有获得博士学位的大学教师很多被认为已获得 PQ。大学教师是否能获得 PQ 通常要咨询系主任和院长。获得 AQ 或 PQ 不能确保大学教师将被授予终身教职或晋升。如果大学教师不能充分证明他们在最近五年内的研究或专业活动的能力，他们可能会失去 AQ 或 PQ。失去 AQ 或 PQ 的大学教师需要重新获得认可。为了实现这一目标，大学提供如下帮助：重新分配和安排学术休假机会、研究时间、学术拓展性服务的时间、研究拨款数目、学术职业发展项目等。

美国各类学术职业组织还采取具体行动，让学术职业从准专业走向成熟专业。

沟通。各类学术职业组织积极沟通，群策群力地描绘未来发展蓝图。例如，夏威夷大学专业联合会与夏威夷大学沟通，制定了大学教师专业化成长的蓝图（Bledsoe，1993）。大学教师专业化成长状况每五年评价一次。如果评价不合格，各学院院长和系主任必须和大学教师合作，共同制定另一份发展规划。该计划还必须得到大学教师委员会的审批。一旦审批通

---

① "Faculty Development Plan." http://www.uca.edu/business/documents/handbooks/faculty_development_plan_handbook.pdf.

过，大学必须提供大学教师专业化成长需要的经费，如学术旅行、研讨会、计算机设备、教学技能培训等方面的经费。同时，还制定了与大学教师生活相关的系统计划：①专业成长，意味着卓越的教学、科研和服务等能力；②个人成长，大学教师个人除了扩大学术影响力，还增加知识和兴趣；③大学成长，大学教师专业化成长的过程是大学成长的过程，这两者的发展息息相关。

监督。各学术职业组织通过提出异议、参与制定决策、督促实施政策等方法，监督联邦政府和州政府改善美国大学教师专业化成长的环境。通过学术职业组织不懈努力，巴拉克·奥巴马（Barack Obama）政府在 2013 年的财政预算支出中决定拿出 500 万美元，给帮助学生取得成功的大学教师加薪，提高教师的最低工资标准，对一些优秀教师给予经济奖励。①

研究和传播。学术职业组织通过各种研究和传播行为，加深公众对大学教师专业化成长的理解和认识。例如，ACE 通过每年举行研讨会，与各学术职业组织交流拓展大学教师参与国际化交流的经验，包括：①大学教师参与海外教育发展计划的经验；②大学教师制定海外学习交流的经验；③为大学教师提供经济资助的经验；④大学教师完善国际化课程的经验；⑤促进大学教师国际化成长的经验。②

施压。各类学术职业组织通过集体谈判和游说等行为促进大学教师专业化成长。例如，通过南加州大学和西北大学的教师联盟的游说，这两所大学制定了如下促进大学教师专业化成长战略：①促进教师创造性的研究和有效的教学相统一；②重视具有一定学术声誉并在某领域做出贡献的大学教师，帮助他们争取更多的科研资金；③支持教师利用个人的专业技能满足社区需求，推动社会进步；④引导教师把学术发展与青少年发展结合起来，鼓励教师吸引不同文化背景和经济条件的优秀学生开展学术研究；⑤增加代表名额不足的大学教师的数量，创造多元化学术交流环境；⑥提供充足的财力和物力，并配备相应的制度和政策，改善大学教师的工作条件。

---

① "Teacher Certification Degrees." http://www.teachercertificationdegrees.com/articles/obama-teacher-incentive-program-0219121.

② "The University's Role in the Dissemination of Research and Scholarship." http://net.educause.edu/ir/library/pdf/ERM0928.pdf.

（四）章程效力

大学章程（University Statutes）常被称为大学的"宪法"或者"宪章"，它是根据国家法律、政府法规，按照一定的程序，以条文形式对大学设立、运行的重大事项以及行为准则做出基本规定，进而形成的规范性文件（张国有，2011）。大学章程具有如下意义：①对大学内部而言，大学章程是大学的基本法，是规范大学内部各种行为的基本依据，具有组织维系、行为导向、权力配置、关系协调、利益整合、意愿表达和历史记载的功能；②对大学外部而言，大学章程是国家法制的组成部分，是大学成立的要件，也是社会理解、支持和监督大学的基本框架（张国有，2011）。美国大学章程是美国高等教育依法治教的必然产物。美国大学章程的条款大多涉及了教师的权利和责任，并得到贯彻执行。本部分以美国 22 所大学（埃默里大学、宾夕法尼亚大学、波士顿大学、波士顿学院、福特汉姆大学、哥伦比亚大学、加州大学、加州大学伯克利分校、康奈尔大学、康涅狄格大学、罗切斯特大学、密西根大学、密西根州立大学、南加州大学、普林斯顿大学、斯坦福大学、特拉华大学、耶鲁大学、伊利诺伊大学、芝加哥大学、佐治亚大学和佐治亚州立大学）公布的大学章程为例，对这些条款进行解读。通过对这些条款的解读，一方面能知晓美国大学教师能做什么和不能做什么，另一方面能明白美国大学教师应做什么和不应做什么。

1. 权利的规定

权利是指"公民在宪法和法律规定的范围内，以作为或不作为的方式取得利益的一种行为"（董和平，2000：305）。大学教师权利是大学章程赋予大学教师作为或不作为的许可、认定及保障的权利。在这 22 份大学章程中，有 21 份章程提及参与权，有 19 份章程提及学术自由权（Academic Freedom Rights），有 18 份章程提及聘任权，有 17 份章程提及投票权，有 15 份章程提及建议权，有 14 份章程提及言论自由权，有 10 份章程提及休假权。当然，还有其他权利也被提及，如专业自主权、进修权等，但上述 7 类权利是最集中被提及的，具体内容如下。

（1）学术自由权

第一，研究自由。大学教师有进行自由研究的权利，不受政府、机构和学校的审查。如福特汉姆大学章程规定："教师有权享有完全的研究自由，但是以金钱为目的的研究应取得学校同意。"①

第二，教学自由。大学教师享有在教学过程中进行自主教学的自由，但要尽量避免在教学中涉及与专业无关的争议性问题。如哥伦比亚大学章程规定："所有的教学人员在课堂上可以自由地讨论他们的课程，自由地选择研究课题，自由地展示其研究成果。"②

第三，出版自由。大学教师享有通过出版物来表达和传播意见、思想和知识的自由。如哥伦比亚大学章程规定："教师有发表其研究成果的自由，且不受学校和外界的影响和制约。"③

（2）言论自由权

第一，作为公民的言论自由。言论自由是宪法赋予每个公民的权利，大学教师作为公民可以自由地表达各种思想和见解。美国宪法修正案第一条规定："国会不得制定关于剥夺公民言论或出版自由的法律。"（熊华军、刘兴华，2013）

第二，作为教师的言论自由。教师发表言论或者阐述观点时，可免受学校的审查或惩罚。如佐治亚大学章程规定："除了在职业道德和尊重他人权利方面受限制以外，大学教师在科研、教学和出版方面享有充分的言论自由而不受任何机构的审查。"④

（3）投票权

第一，立法投票权。美国大学章程将大学教师主导立法这一原则落实在大学章程中，使教代会和学术委员会对学校立法能更好地发挥主导和组织协调作用。如佐治亚大学章程规定："只有通过大多数在场教师的投票，大学理事会的立法才能被通过。"⑤

第二，聘任投票权。若教师的职位高于或平于候选人所聘任职位，则享有该候选人聘任的投票权。如耶鲁大学章程规定："在终身教师的提名会议上，终身教授可被邀请参加会议并被赋予投票权，评选出有可能当选的人。"⑥

第三，荣誉投票权。大学教师有权评选出在教学、学术及行政工作上

---

① "Fordham University Statutes." http://www.fordham.edu/info/20981/university_statutes.

② "Charters and Statutes of Columbia University." http://secretary.columbia.edu.

③ "Charters and Statutes of Columbia University." http://secretary.columbia.edu.

④ "The Statutes of Georgia University." http://provost.uga.edu/index.php/policies/statutes.

⑤ "The Statutes of Georgia University." http://provost.uga.edu/index.php/policies/statutes.

⑥ "The Yale Corporation Bylaws." http://www.yale.edu/about/bylaws.html.

表现突出的人。如特拉华大学章程规定："大学教师可投票选举出对大学有功的人。"①

（4）建议权

第一，教师对行政人员的建议权。大学教师可对学校的教学、行政和后勤等工作提出建议。如特拉华大学章程规定："教师有权提出关于课程修改和学位授予的建议；有权提出建立、变更或废除大学主要部门或机构的建议。"②

第二，教师对校长的建议权。大学教师可针对大学的硬件设施运行、商业活动管理、战略规划制定以及教师聘任向校长提出建议。如南加州大学章程规定："教师可依据大学颁布的政策，就图书馆、美术馆、商业事务问题和研究者权益保护事项以及针对教职员工的降职、免职等事件的处理向校长提出建议。"③

第三，教师对董事会的建议权。大学教师可对学校的学位管理、年度预算、运作项目等向董事会提出建议。如康奈尔大学章程规定："教师可以向董事会提出关于学位的设立、调整和废止等方面的建议。"④

（5）休假权

第一，非学术休假。大学教师在生理、心理方面欠佳的情况下享有休假的权利。如斯坦福大学章程规定："豁免教师按每月 8 小时病假的比率累计，非豁免教师按每小时约 0.05 小时的比率累计。病假包括致使教师无法正常工作的各种疾病及为医疗预约安排的换班。"⑤

第二，学术休假。学校为大学教师提供没有任何教学和科研任务的带薪假期。如斯坦福大学章程规定："豁免教师按每月 10 小时的学术休假比率累计，非豁免教师按每小时约 0.04 小时的比率累计，两者均随服务年限而递增。不可预支休假，但每年会为教师提供休假的机会。"⑥

（6）参与权

第一，参与学术管理。教师有权参与学术工作审查和学术政策制定等

---

① "University of Delaware Charter." http://facultyhandbook.udel.edu/udcharter.

② "University of Delaware Charter." http://facultyhandbook.udel.edu/udcharter.

③ "University of Southern California Bylaws." http://policy.usc.edu/university-bylaws-2.

④ "Charter of Cornell University." http://www.cornell.edu.

⑤ "Statutes of Stanford University." http://www.stanford.edu/about/administration/policy.html.

⑥ "Statutes of Stanford University." http://www.stanford.edu/about/administration/policy.html.

工作。如波士顿大学章程规定："教师有权参与学校或学院学术政策的制定，这样可以发挥教师在改进教学方法和评估学术水平上的作用。"①

第二，参与同行管理。大学教师有权参与同行学术水平和教学水平的评价。如斯坦福大学章程规定："教师有权参与其他教师的人事选拔、任命和晋升等重大事件。"②

第三，参与学生管理。大学教师有权管理学生学习和生活上的各种行为，如考试不得作弊、不得辱骂同学和老师等。如南加州大学章程规定："教师要调查学生违反大学规章的不当行为，并且根据具体情况与管理人员共同商议惩罚措施。"③

第四，参与学校管理。大学教师有权参与学校管理的工作，如制定学生管理规则和大学教育工作方面的规则。如南加州大学章程规定："教师有权规定大学生的录取要求、毕业条件以及所学课程的学位授予条件；制定大学教育工作实施的规则。"④

（7）聘任权

第一，继续聘任。大学教师在试用期过后，如其表现得到学校认可，可被长期聘任。如波士顿大学章程规定："教师续聘的条件取决于职称排名、研究和出版物以及教师对大学的贡献，综合考虑全方面条件合格的教师可以续聘。在任期内，教师的服务不能被随意终止，除非到了退休的年龄或受到金融危机的影响。"⑤

第二，终止聘任。如教师被终止聘任，大学需出示充分理由，且要至少提前一年通知教师，同时大学教师可申请审议和听证。如福特汉姆大学章程规定："对于教师的解聘，学校要给出理由（如财政危机），教师可经过大学教师委员会和大学董事会提出审议。教师可申请举行听证会为自己辩护。解聘的原因如不涉及道德层面的问题，教师还能在大学继续工作一年。在这一年内，薪金照领且享有学术自由。"⑥

---

①　"Charter of Boston University." http://www. bu. edu/trustees/boardoftrustees/charter.

②　"Statutes of Stanford University." http://www. stanford. edu/about/administration/policy. html.

③　"University of Southern California Bylaws." http://policy. usc. edu/university-bylaws-2.

④　"University of Southern California Bylaws." http://policy. usc. edu/university-bylaws-2.

⑤　"Charter of Boston University." http://www. bu. edu/trustees/boardoftrustees/charter.

⑥　"Fordham University Statutes." http://www. fordham. edu/info/20981/university_ statutes.

美国大学章程规定的教师权利让大学教师的"心在天地，手在乾坤"。学术自由权和言论自由权就是大学教师的治学之心。在约翰·布鲁贝克（John Brubacher）看来，没有这两种自由权，大学教师要么"理智上不诚实"，要么"完全不适合在自由的学术探究中领导别人"，因此无法发展（布鲁贝克，2001）。聘任权和休假权是大学教师私人生活的"手"，投票权、建议权和参与权是大学教师公共生活的"手"。没有"手"来获取多元性的资源，大学教师将无法长足性生存。按照布鲁贝克的观点，前者是"实用"，后者是"高尚"，两者的结合，让大学教师"不仅在智力上自主而且在经济上自主"（布鲁贝克，2001：131~132）。如果说心牵制手，那么自由权也牵制大学教师其他的权利，没有自由权，其他权利也就失去了意义。如果说手显示了心，那么聘任权、休假权、投票权、建议权和参与权是自由权在现实生活中的脚本。可见，上述生存类权利（如聘任权、休假权、投票权、建议权和参与权）和发展类权利（如学术自由权和言论自由权）唇齿相依，不可分离。

2. 责任的规定

责任指"由一个人的资格（作为人的资格或作为角色的资格）和能力所赋予，并与此相适应的完成某些任务以及承担相应后果的法律和道德要求"（谢军，2007：29）。大学教师责任是指教师依大学章程必须做出一定行为或不得做出一定行为的约束。在这 22 份大学章程中，有 22 份章程提及研究责任，有 21 份章程提及教学责任，有 20 份章程提及对大学的责任，有 17 份章程提及社会服务责任，有 16 份章程提及对学生的责任，有 14 份章程提及对同事的责任。当然，还有其他的责任也被提及，如提高自我修养、恪守职业道德等，但上述 6 类责任是最集中被提及的，具体内容如下。

（1）研究责任

第一，矢志科研。亨利·罗索夫斯基（Henry Rosovsky）指出："科研和教学是相互补充的，大学等级的教学如果没有科研提供新的思想和启示，其教学水平是难以提高的。"（罗索夫斯基，1996：70）如福特汉姆大学章程规定："大学教师要参加有重大意义的学术研究并发表学术成果，还要积极参加学术团体和学术职业组织，尤其是带研究生的教师要花费大量时间引导研究生做研究。"①

第二，诚信科研。"治学也有它非同一般的伦理道德。"（布鲁贝克，2001：120）大学教师不能做出学术不端（伪造数据等）和学术剽窃（抄袭别人的思想和语言等）的行为。如普林斯顿大学章程规定："大学教师的学术工作要有质量且诚信。"②

（2）教学责任

第一，遵守教学规定。大学教师要充分保证学生的学习时间，维护学生学习的权利，要按时上课、注重形象、遵守教学工作纪律和严格执行学校考勤制度。如波士顿学院章程规定："大学教师在教学过程中要遵守规定的办公时间、熟悉并遵守学术法规。"③

第二，完成教学任务。大学教师要严格按教学大纲和授课计划的要求和进度进行教学，严禁任意增减课时。如哥伦比亚大学章程规定："教师要承担正常的教学工作，完成学校分配课程的教学任务。"④

第三，开展教学评价。大学教师要将学生的学习情况及时反馈给学生，也要对自己的教学开展自评并接受同事的他评。如哥伦比亚大学章程规定："教师要与学生进行学术探讨，评估学生的论文及报告；教师要尽一切努力确保每一个学生的评价真实有效。"⑤

（3）社会服务责任

第一，非资本化服务。大学教师免费提供如讲座、咨询等服务，被称为非资本化服务。如波士顿学院章程规定："如有需要，教师应该用自己的专业知识服务更多的公民、社会和文化社区。"⑥

第二，资本化服务。教师开展一系列以学术为筹码获取资本的活动，如产学合作、获得专利及随后而来的专利权使用费和许可协议，创办衍生公司、独立公司以及开办各种各样的证书培训班等。这些"类似市场活动

---

① "Fordham University Statutes." http://www.fordham.edu/info/20981/university_statutes.

② "Charter of Princeton University." http://www.princeton.edu/main/tools/search/index.xml? q = Charter+.

③ "The Bylaws of the Trustees of Boston College." http://www.bc.edu/offices/bylaws/bylaws.html.

④ "Charters and Statutes of Columbia University." http://secretary.columbia.edu.

⑤ "Charters and Statutes of Columbia University." http://secretary.columbia.edu.

⑥ "The Bylaws of the Trustees of Boston College." http://www.bc.edu/offices/bylaws/bylaws.html.

或具有市场特点的活动" 被称为资本化服务 (斯劳特、莱斯利, 2008)。如斯坦福大学章程规定："在大学和企业结合方面, 教师要去企业当企业顾问, 指导企业的技术开发。"①

（4）对学生的责任

第一, 学习上指导学生。大学教师要面向学生的差异因材施教。如哥伦比亚大学章程规定："上课期间, 教师应创造相互包容和尊重的教学氛围, 应尊重学生之间的差异, 允许学生在课堂上自由地表达意见; 要有充足的办公时间来指导学生, 特别是论文的指导。"②

第二, 生活上引导学生。大学教师要关心学生的生活, 并引导学生的道德观和价值观。如哥伦比亚大学章程规定："教师在学生面前要保持最好的道德风范, 对学生给予道德引导; 教师要尽一切努力促进学生诚信行为, 对学生给予价值引导。"③

（5）对同事的责任

第一, 尊重。大学教师要尊重同事的人格和思想。如康涅狄格大学章程规定："教师要尊重同事和其他专业人员的言论自由, 在思想的交流过程中, 不得忽视同事的意见。"④

第二, 公正评价。对同事的专业评价应客观公正, 在合作完成的项目中承认同行做出的贡献。如斯坦福大学章程规定："在参加学校召开的教师晋升、荣誉授予的会议时, 教师要给予同事客观的评价。"⑤

第三, 相互交流。"为了确保学术之火不断燃烧, 学术就必须持续不断地交流, 要在学者的同辈之间进行交流。"（博耶, 2002：88）如密西根州立大学章程规定："教师在履行责任方面不是孤立的主体, 同事间要在教学、科研及其他事务上相互交流。"⑥

（6）对大学的责任

第一, 作为大学人的活动。在伯顿·克拉克（Burton Clark）看来, 大

---

① "Statutes of Stanford University." http://www.stanford.edu/about/administration/policy.html.
② "Charters and Statutes of Columbia University." http://secretary.columbia.edu.
③ "Charters and Statutes of Columbia University." http://secretary.columbia.edu.
④ "Bylaws of the University of Connecticut." http://policy.uconn.edu/2011/05/17/by-laws-of-the-university-of-connecticut.
⑤ "Statutes of Stanford University." http://www.stanford.edu/about/administration/policy.html.
⑥ "Bylaws of Michigan State University." https://trustees.msu.edu/bylaws.

学教师作为大学人的体现，是凭借"学术信念"积极主动地参加与自身相关的各项活动（克拉克，1994）。如波士顿学院章程规定："教师要积极参加教师所在部门、学院和委员会举行的会议、毕业典礼和教职工大会。"①

　　第二，作为私人的活动。美国大学鼓励教师参加校外活动，但前提是大学教师要把主要精力放到教学和研究上。如加州大学章程规定："教师在任职期间要认真工作，不得让私事影响工作，任何私人工作安排需服从学校的规章制度。"②

　　"大学对社会承担学术责任的核心途径是教师的工作。……大学教师通过承担他们的学术责任来履行他们所在的机构对社会的责任。"（肯尼迪，2002：19）美国大学章程规定的教师责任很多，究其实质有两类：自涉的和他涉的。自涉的责任是大学教师本有的责任，如科研、教学和社会服务；他涉的责任是大学教师与其生活相关联的责任，如对学生、同事和学校的责任。自涉的责任和他涉的责任并不是"我"和"他"的关系，而是"我"和"你"的关系。既然是"我"和"你"的关系，大学教师应明晓"对自己各种各样的行为的终极意义所应负的责任"（韦伯，2006b：155）。自涉的责任让大学教师拥有"力"，他涉的责任让大学教师拥有"理"，力与理的结合，让大学教师"对求知和教学新方法有更加热忱的责任感，对学校和学生的需要更加审慎满足"（肯尼迪，2002：345）。

3. 维权与问责

　　大学教师既享有一定的权利，也必须履行相应的责任。没有无权利的责任，也没有无责任的权利。"没有权利就不可能谈及责任，而权力一旦失去制约机制也势必会背离权利的最终目的。"（樊钉、吕小明，2005：62~63）权利与责任在大学章程上是一对伴生物。"徒法不足以自行"，权利需要维护，责任需要问责，"有权必有责，用权受监督"在美国大学章程里也得到充分体现。

---

①　"The Bylaws of the Trustees of Boston College."　http://www.bc.edu/offices/bylaws/bylaws.html.

②　"Bylaws of California University."　http://regents.universityofcalifornia.edu/governance/bylaws/index.html.

（1）维权

弗雷德里克·博德斯顿（Frederick Balderston）认为，大学系统能否健康运行，在于大学教师的权利是否得到维护（博德斯顿，2006）。以斯坦福大学处理教师连任、晋升等事务为案例，能看出美国大学章程对大学教师权利的维护。根据斯坦福大学章程，大学教师一旦认为自己的权利受到侵犯，可通过协商、调解、仲裁和诉讼等形式维权。①

协商指教师和相关人员直接进行对话，在自愿互谅的基础上，按照大学章程的规定，通过摆事实、讲道理，以达成和解。如果协商失败，大学教师可向员工与管理服务中心（Staff and Management Service Center）提交正式申诉（纠纷产生后 30 天内）。这就过渡到调解阶段。

调解指教师和相关人员自愿在员工与管理服务中心的主持下，在查明事实、分清是非的基础上，由该中心负责人对当事人双方进行劝导，促使他们互谅互让，达成和解。针对不同类型的教师，该中心有不同的调解方法。①试用期教师的申诉要经该中心的成员审查。审查结果经过该中心负责人确认后再进行调解。调解失败后，试用期教师不具有申请仲裁的资格，可通过诉讼维权。②终身制教师和试用期教师的调解基本相同，其区别在于，当调解失败后，终身制教师的申诉应在 15 天内被复审。在复审阶段，教师可提供更多有争端的信息资料，审查委员会（Review Committee）也能向行政管理人员或负责人咨询。复审完毕后再次进行调解，该调解是最终调解。如果调解失败，教师可申请仲裁。

仲裁指大学教师在调解失败后 20 天内，以书面形式向员工与管理服务中心的负责人提交仲裁申请。如果教师与该负责人达成书面协议，有关教师连任、晋升的上诉问题可提交仲裁，但大学保留撤回仲裁的权利。如教师在 30 天内未能执行仲裁协议，或在执行仲裁协议的 10 天内未能选出仲裁人（教师可以自己认定，或由学院指定），将被视为放弃上诉。仲裁人的裁决对教师和大学均有约束力。大学不能将教师的申诉行为记入其人事档案。任何人不可因教师为维护自身权益所做出的合法努力而对其实施恶意报复。

如果教师对仲裁裁决不服，可在收到仲裁裁决之日起 15 天内向法院提

---

① "Statutes of Stanford University." http://www.stanford.edu/about/administration/policy.html.

起诉讼。法院将有权公开并评论仲裁的结果，撤销、修改或证实仲裁的决定。如果学校在法定期间不起诉又不履行仲裁裁决，教师可向法院申请强制执行。诉讼是大学教师维护自己权利的最终形式。

综上所述，大学教师根据"上接天光，中立人本，下接地气"的大学章程维护权利。"天光"指大学章程关涉到国家法律，"地气"指大学章程关涉到大学自身，"人本"指大学章程关涉到教师。于是，大学教师的维权既可内部解决，也可外部解决。不管是哪种方式，其目的都是让大学教师更好地生存和发展。

（2）问责

教师的权利需要制度来维护，相应地，教师的责任也需要某种制度来确保履行。

以密西根大学的教师解职、降职或终止聘任为案例，能看出美国大学对于大学教师的问责。问责需符合如下条件：①须提前向董事会提交对教师的免职、降职或终止聘任的报告；②解职、降职或终止聘任要通过院长和学术副校长或学校行政机关启动；③教师免职、降职或终止聘任的理由不能打破学校的惯例（如学校规模和管理资源的变化）。①

免职、降级或终止聘任的事务可分为涉及学院事务（与教师任职的学院有关）和涉及大学事务（与教师任职的大学有关）。涉及学院事务和涉及大学事务的处理方式一致，只不过处理主体不同。以涉及学院事务为例，该事务处理经过如下步骤：①校长委托学院启动调查并以书面形式通知教师本人，建议教师申请举行听证会；②教师接到书面通知 10 天内，提交参加听证会（the Hearing）的书面申请；③举行听证会的过程中要有完整的会议记录，听证会结束后，听证委员会（主要由学院学术委员会成员以及教师代表构成）应提交一份书面报告及会议记录，书面报告应包括听证委员会的结论、建议及其理由，如果提议免职、降级或终止聘任，应把事由和书面报告的副本递交给教师本人；④如果学院负责人不同意听证委员会的建议，学院负责人可建议教师提出审查申请，审查委员会（主要由学校学术委员会成员和教师代表组成，只有少数行政官员）在接到申请至少 10 天以后，及时通知教师本人和学院负责人，再次召开听证会，审查委

---

① "Bylaws of Michigan University." http://www.regents.umich.edu/bylaws/bylaws05a.html#9.

员会首先审议听证委员会提交的会议记录、书面报告，并继续接收新证据，听证会结束 30 天内，审查委员会应该向教师、学院负责人和校长呈送书面报告，书面报告应阐述审查委员会的结论、建议及其理由，还要包括审查委员会举行的听证会的会议记录；⑤收到审查委员会书面报告之后的 10 天内，教师要向校长和学院负责人提交审查结果的书面反馈意见；⑥收到审查委员会报告后的 20 天内，学院负责人应向校长提交最终建议；⑦校长审查完记录后，应提出自己的建议及其理由，并以书面报告的形式反馈给教师和学院负责人；⑧校长向董事会提交所有报告记录，包括校长的建议和教师的意见，董事会做出最终决定。①

综上所述，对大学教师问责基于"三权分立"来开展：以学术委员会为代表的学术机构基于学术共同体利益开展调查；以校长为代表的行政部门配合学术机构对大学教师进行调查；以董事长为代表的董事会做最终的裁决和公示。

美国大学教师的权利是大学教师应该得到的价值回报，具有生存性和发展性的特征：生存性的权利让教师有做人的尊严，发展性的权利让教师有做事的担当。美国大学章程规定大学教师的权利具有重要的意义：首先，有利于大学教师获得安身立命的物质基础；其次，使大学教师获得自在自为的发展空间（熊华军、刘兴华，2013）。美国大学章程既规定了大学教师的权利，也规定了大学教师维权的依据。由于大学章程下启内部各项规章制度，上承国家法律法规，因此大学教师维权一方面是内在的，另一方面是外在的。从内在看，维权是教师作为大学的一分子与大学之间的博弈，因此大学教师可通过协商和调解维权；从外在看，维权是大学教师作为社会的一分子与作为社会的另一分子的大学之间的博弈，因此大学教师可通过仲裁和诉讼维权。这样大学教师维权既做到内部矛盾可外部合法地化解，也做到外部矛盾可内部合理地化解。

美国大学教师的责任是大学教师应该进行的价值付出，具有自涉性和他涉性的特征：自涉性的责任与大学教师作为专业者相关，大学教师必须完成；他涉性的责任与大学教师作为大学人相关，需要大学教师用心去体会。美国大学章程规定大学教师的责任具有重要的意义：一方面让大学教

---

① "Bylaws of Michigan University." http://www.regents.umich.edu/bylaws/bylaws05a.html#9.

师的行为有法可依，另一方面让大学教师的行为有理可据。法规与情理的结合，彰显了大学章程"扳道工"的特征，让大学教师既敬业又爱业。美国大学章程有关大学教师责任追究的规定，既发挥了行政部门的监督权和管理权，也发挥了学术机构的调查权和执行权，更发挥了大学教师的知情权和参与权。质言之，让决策权归董事会，让监督权归行政部门，让执行权归学术机构。这不仅可以减少"权力私货"成为"硬通货"的可能，而且可以由"推诿扯皮"转变为"在其位谋其职"，实现"立章为民"。这样对大学教师责任的追究做到了公平、公正和公开地处理，体现了程序正义和实质正义。

大学章程作为大学的"宪法"，其本质是对校内外利益相关方权利与责任的调整和规范。美国大学教师的权利与责任，借助大学章程的法律力量得以彰显，是美国大学依法治校的体现。大学教师的权利与责任就好比"人"字的"一撇一捺"，互相支撑，缺一不可。要使"写在纸上的权利和责任"变为"落到实处的权利和责任"，需要有完善的制度，否则权利和责任的说明只是华丽辞藻，"因为没有具体的制度与技术的保障，任何伟大的理想都不仅不可能实现"（苏力，2000：1~2）。正是因为有权可用，有责可问，美国大学教师才能获得比较好的学术职业发展环境。

（五）小结

学术职业组织的使命是促进美国大学教师专业化成长。其中，捍卫传统是学术职业组织的最基本任务，因为学术自由既保障了大学教师专业化成长，同时也是大学教师专业化成长的标识，这是被美国高等教育史所证实的。因此，捍卫学术自由不仅是学术职业组织解决美国大学教师专业化成长面临的瓶颈之一，还是制定宏伟蓝图的最重要的一部分。立足现实是学术职业组织的最核心任务。学术职业组织不仅看到了美国大学教师专业化成长当前面临的危机和挑战，还能预见到未来面临的危机和挑战。为防患于未然，学术职业组织制定了大学教师专业化成长的美好蓝图，以此引领大学教师专业化成长。当然，学术职业组织更多地基于理论的探究，从学理方面展现美国大学教师专业化成长的蓝图。理论与实践的结合，使这些规划更具有合理性和科学性。所以，历史、现在和将来不是割裂的，而是有机地融合在一起的，这保证了学术职业组织有的放矢地开展工作。但同时，学术职业组织基本上丧失了维护教师尊严的尺度，主要原因如下。首先，在捍卫传统上，学术职业组织的初衷是维护教师的权益和尊严，推动学术发展。然而，在现代社会中，传统的价值观和理念受到了挑战。一些学术职业组织过于坚守传统，未能及时调整和适应新的社会环境，导致其在维护教师尊严方面的能力受到限制。其次，在立足现实上，学术职业组织在面对现实压力时，往往需要做出妥协。例如，为了获得资金支持，一些组织可能会迎合政府或企业的需求，牺牲教师的权益。此外，学术职业组织在处理与教师相关的争议时，可能会受到外部势力的干扰，影响其公正性和独立性。这些问题都削弱了学术职业组织在维护教师尊严方面的作用。再次，在放眼未来上，随着科技的快速发展和社会的变革，学术职业组织需要不断更新自身的理念和方法，以适应未来的挑战。然而，一些组织过于保守，缺乏创新精神，难以为教师提供有效的支持和保障。这使学术职业组织在未来的发展中面临困境，也影响了其在维护教师尊严方面的能力。最后，在章程效力上，学术职业组织的章程是指导其运作和发展的重要依据。然而，一些组织的章程过于模糊或过时，难以适应现代社会的需求。此外，一些组织在实际运作中未能严格执行章程规定，导致其功能受到削弱。这些问题都影响了学术职业组织在维护教师尊严方面的效力。综上所述，西方学术职业组织在捍卫传统、立足现实、放眼未来和章程效力方面面临多重危机。这些危机导致学术职业组织在维护教师尊严方面的尺度逐渐丧失。为了应对这些挑战，学术职业组织需要审视自身的问题，进行改革和创新，以更好地维护教师的权益和尊严。同时，社会各界也应该给予学术职业组织更多的支持和理解，共同推动学术事业的发展。

学术职业组织的工作之所以能将历史、现在和将来有机地融合起来，是因为学术职业组织采取了两类工作形式：抽象行为和具体行为。抽象行为从规则层面描述了工作的目的，详细地阐述了大学教师专业化成长的法理依据，这保证了大学教师在专业化成长过程中有章可循、有理可依、有据可查。具体行为从实践层面展现了工作的手段，通过沟通、监督、研究、传播、施压等行为，消解大学教师专业化成长过程中面临的各种问题。目的与手段的深层次结合，保障了学术职业组织卓有成效地开展工作。

总的来看，学术职业组织有如下特征。①独立经营性。这些学术职业组织尽管属性各异，但基本上是独立的，不依附于联邦政府或州政府抑或财阀等利益集团，它们是非营利性机构，这能保障其客观、公正、公开地开展工作。②自主创新性。这些学术职业组织类型繁多，有各自的工作重点和工作理念，因此每一个组织的工作都各具特色，真正做到以创新的方式促进美国大学教师专业化成长。③合作互补性。尽管每一个学术职业组织彼此各不相同，但涉及一些共同问题时，往往采取合作的方式，依靠彼此的力量、发挥各自的优势，纵横捭阖地以联盟方式对大学、政府和社会其他部门产生影响，为大学教师专业化成长创造了良好的舆论环境和更广阔的发展空间。

第三章　价值的摇摆：西方大学学术职业的理性审视

　　纵观西方大学学术职业的发展历史，其作为社会文化组织的理性价值早已不拘囿于精英主义式的象牙塔，既在上层建筑层面支撑美国社会开展一系列政治、经济、文化改革，也在下层基础层面协助所在社区建立畅通、紧密、复杂的价值联系。在集知识、思想与文化于一体的理性结构中，美国大学反复探寻并不断生成特有的历史逻辑与价值底蕴。特别是在知识共享、文化共存、科学共有、艺术共赏、医疗共惠以及社区共在等方面，无论是研究型大学、文理学院还是社区学院等公立、私立学校都对美国社会进步产生了不可替代的重要影响。美国大学的理性结构与欧陆哲学有着深刻的历史渊源。它从笛卡尔的怀疑论以降便不再稳定，历经康德的认识论划分后，逐渐在对象世界中意向化并承受非物化的影响。基于此所产生的非物化理性结构既承载了古希腊人文传统的价值附着，也在现代技术理性的异化下再次颠覆了人之为人的价值理念，随后在后现代的非理性趋势中被有所指摘，从而在大学中引致了激烈的价值冲突。在面对人文价值疏离于大学本真意义的危险境遇时，美国大学教师依然保有他们作为生命有机体所具有的感性价值与人类历史长此以往形成的理性诫命之间的无限张力。

一　遵循学院科学时代学术职业的传统

　　约翰·齐曼（John Ziman）认为，大学知识生产模式正由学院科学（Academic Science）向后学院科学（Post-academic Science）转变。17 世纪至 20 世纪 60 年代是学院科学时代，20 世纪 60 年代以来是后学院科学时代。学院科学指大学教师秉承古希腊"为知识而知识"的传统，根据好奇心而不是世俗利益生产知识，"研究目的只是增加知识，而不考虑知识的潜在用途"（戴维，1988：310）。后学院科学指大学教师在政府和产业界的支持下，根据市场原则生产能直接带来商业价值的知识。由于这两个时代的知识生产模式不尽相同，这两个时代的学术职业图景也不尽相同。既然后学院科学产生于学院科学，那么要明晓后学院科学时代的学术职业图景，首先要明晓学院科学时代的学术职业图景。一般来说，罗伯特·默顿（Robert Merton）塑造了学院科学时代的知识生产模式，齐曼塑造了后学院科学时代的知识生产模式（洪茹燕、汪俊昌，2008）。本章结合默顿的理论，从学术职业角色、学术职业素养、学术职业发展、学术职业组织四个维度描绘学院科学时代的学术职业图景。

（一）学术职业角色

随着知识越来越深化，越来越远离普通民众，它俨然成了大学教师的代名词。由此大学教师不再被称为哲学家、教士、高级公务员，而成为带有彰显自我社会属性的知识阶层——纯科学家。正如齐曼所言，"纯研究是大学里进行的那类科学研究。纯科学家的原型，是既探索新知识，又传输新知识的大学教授"（齐曼，2008：31~32）。纯科学家有两层含义。首先，科研成为大学教师的核心工作，教学和服务的工作依赖于科研。"研究角色是为促进科学知识的增长做准备，它是核心，其他角色在功能上附属于它。"（默顿，2003：712）其次，科研的目标只是促进知识进步，促进政治、经济、文化、军事等方面的发展不是科研的目标，但知识一旦进步，也能带动社会的进步。作为"纯科学家"的大学教师之所以能登上历史舞台，离不开相应的激励。

外在激励。①经济激励。随着采矿业、航运业、林业、农业的发展，经济发展面临许多技术问题。科学在解决这些技术问题中发挥了重要作用，同时也促进了自身发展。例如，针对"矿井排水"问题，一些大学教师对此进行过研究，这促进了流体静力学和空气静力学的研究。②军事激励。相对于经济激励，军事激励对科研的作用更为明显。例如，西方赠地学院教师要进行军事研究，这包括步兵、对抗、田野炮兵、化学战争等十二个不同的研究课题（李素敏，2004）。③文化激励。国家希望大学教师不仅能培养社会精英，还能教化农民和工人。更重要的是，学生希望大学教师为他们提供跻身社会上层的知识（维赛，2011）。④清教激励。清教徒认为科研本身就是对上帝的赞美，因为科研"与基督教的目的是一致的……'世界和平，人类幸福'"（马斯登，2009：171）。所以，大学教师的科研不是对宗教的挑战，而是增添上帝的荣光。⑤资产阶级激励。"资产阶级发现除商业以外，科学活动也是社会地位升迁的一种十分令人满意的工具"（默顿，2000：59~60），因而他们矢志拥护大学教师开展科研。

内在激励。①大学为科研提供了最有利的制度背景。刘易斯·科塞（Lewis Coser）将此归纳为如下几点：第一，大学为教师提供了相互交流的环境；第二，大学定期支付报酬，保证大学教师享受中产阶级的生活；第三，大学提供教师任教期间的权利保证，即大学教师免受捉摸不定的市场的影响，从而可以在不受经济压力干扰的情况下全身心地投入工作；第四，大学把时间分配制度化，使大学教师能够把大部分工作时间用于独立思考和自主研究；第五，也是最重要的一点，大学承认大学教师的学术自由（科塞，2001）。②"优先权"承认制度激励科研。默顿认为，科学进步源于科研成果获得学术共同体的承认，即"对独创性的承认成了得到社会确认的证明，它证明了一个人已经成功地实现了对一个科学家严格的角色要求。科学家的个人形象在相当程度上取决于他那个领域的科学界同仁对他的评价"（默顿，2003：395）。③同行评议制度激励科研。获取同行的承认是进入学术共同体的前提，而要获得同行的承认，大学教师就要生产出更多的标志性成果。

可见，"纯科学家"角色是外在激励和内在激励共同塑造的结果。在大学教师的科研未获得自主性之前，外在激励引导大学教师的科研方向。大学教师的科研要自为，不能仅靠外在激励，还必须依靠内在激励。只有内在激励生效，外在激励才能发挥作用。同时，只有内在激励生效，大学教师才能根据好奇心从事知识生产，进而推动社会进步。

（二）学术职业素养

1. 专业知识

古希腊专业知识是哲学和艺术，中世纪专业知识是宗教和神学，学院科学知识是科学与技术（默顿，2000）。科学解决的是"知"的问题，技术解决的是"行"的问题，不过，"技术"隶属于"科学"，是"科学"的副产品和衍生品，不是科学的主要目的。为此，默顿将专业知识界定为"经验上被证实的和逻辑上一致的对规律的陈述"（默顿，2003：365）。

对规律的陈述。规律既可以是经验的总结，也可以是逻辑的推演。不管是总结的规律还是推演的规律，都是"不变的真理的积累，它的发展只能通过产生更多的真理来增加积累"（巴思斯，2001：6~7）。既然规律是真理，那么它并不关注社会效益，由此知识不应沦为宗教、政治、市场的婢女。任何个人因素或群体因素左右大学教师的科研，只能造成科学的失真。不过，任何规律只有借助语言的陈述，才能转化为知识。大学教师需要有书面交流和口头交流的技巧，才能让新科学面世。

经验上被证实。在奥古斯特·孔德（Auguste Comte）看来，人类依次经历了神学阶段、形而上学阶段和实证主义阶段。神学阶段由宗教权威决定，形而上学阶段由哲学决定，实证主义阶段由科学方法决定。只有经过科学方法获得的知识才是科学。在实证主义思想的影响下，大学教师普遍以科学方法探究世界。首先，大学教师必须自己在实验室动手做实验，检验自己和他人的学说；其次，大学教师的知识要走出大学，接受社会各行各业的检验。

逻辑上一致。作为人类理性的表征，知识表征为逻辑上一致。逻辑上一致首先要求建立价值观，其次要求知识对象的明确，最后要求适于此对象的陈述规范。从价值观看，大学教师要以客观性和独创性为目标开展科研。客观性知识能接受检验，独创性知识能增添新知识。从知识对象看，随着自然科学、人文科学和社会科学的各门类学科相继成熟起来，出现了有专门研究对象的体系化学科。"学院科学的一个主要特点是，学院科学是高度分化的体系学科。"（齐曼，2008：33）也就是说，大学教师不再是大百科全书家，而是专门研究"问题域"（problem areas）的专家，他们分布在不可通约的不同学科之中。"既定的学科，为其每个成员提供了事业基础、社会身份和作为研究者或教师的公共舞台。"（齐曼，2008：58）陈述规范指大学教师基于学科理论和研究方法，以本学科语言言简意赅地阐述研究结论。

可见，在学院科学时代，大学教师只是间接地推动社会发展，而不是直接融入社会潮流中。正如默顿所言，"由于科学的主要目的是促进知识的发展，它并不关注与直接利益相关的结果"（默顿，2003：355）。

2. 专业能力

一门专业只有得到认知认同与职业认同，才能实现制度化。默顿的理论成为判断专业形成的重要标志（Thackray & Merton，1972）。根据默顿的理论，大学教师的专业能力包括提升认知认同能力和塑造职业认同能力。

认知认同指大学教师认同自己工作的独特性。大学教师工作是以科研为核心的，科研能力是大学教师从事人才培养和社会服务等工作的基础。"如果没有科学研究，也不会有新的知识要通过教学角色传播，也没有必要分配研究资源，没有需要管理的研究组织，没有需要把关者调节的新知识的流动。科学家明显地认为研究角色比任何其他角色都重要。"（默顿，2003：712~713）在所有的科研能力中，实验能力又是最突出的。在学院科学时代，大学教师使用了六种非常重要的科学仪器，即显微镜、望远镜、温度计、气压机、抽气机和摆钟。这些仪器虽然不是很精密，但已能使大学教师觉得自己的研究是客观可靠的。教学能力是大学教师必须具备的能力，因为大学教师的身份首先是人才培养者。不过，大学教师将教学与研究紧密结合在一起。随着大学走出"象牙塔"，大学教师具备服务社会能力是与时俱进的表现。尤其是西方赠地学院的大学教师，在"大学的边界是州的边界"理念影响下，积极参与到社会改革中。

职业认同指社会认同某门专业作为一类独立的职业。为了塑造职业认同，大学教师扮演了把关者角色。大学教师在以下方面把关：准入制度、学术职业发展制度、学术聘用和晋升制度、资源分配制度、奖励制度、学术规范制度、专业刊物、实验结果、学术机构、学术共同体成员资格等。为了塑造职业认同，大学教师还需掌握管理能力，没有一定的管理能力，大学教师之间不能融洽地开展工作。

可见，认知认同更多地偏重于内在因素，职业认同更多地偏重于外在因素。内在因素让大学教师个体赢得身份合法性，外在因素让大学教师群体赢得身份合法性。为此，大学教师需具备的专业能力越来越多，就像默顿所说的，一个科学家至少要具备四方面的能力：教学、研究、把关、管理（默顿，2003）。

3. 专业精神

"科学不能仅被看作一组技术性的和理性的操作，而同时还必须被看作一种献身于既定精神价值的活动。"（巴伯，1992：100）学院科学时代的大学教师具有公有性、普遍性、祛私利性、独创性以及有组织的怀疑性等专业精神。

公有性指大学教师公开发表自己的研究成果，但研究成果一旦发表，其他大学教师只需尊重同行的知识产权就能无偿地使用这些成果。大学教师要具备公有性精神，这是因为：①知识是合作的产物，应作为公有财产而共享；②知识是积累的产物，知识的创新离不开前人的知识，大学教师也应把自己的科研成果作为遗产留给后人。公有性表明了大学教师的权利和责任，大学教师既要"善假于物"，也要"大公无私"地与同行分享知识，只有这样才能促进科学进步。

普遍性有三层含义：①非个人性，即科研不受阶级、党派、民族、种族、宗教信仰等个人和社会属性的影响；②客观性，即研究结论放之四海而皆准，可以重复接受检验；③开放性，即大学鼓励唯才是用，凡有才能者，都能从事科研工作。普遍性有利于防止个人和社会因素干扰科研，也使科研评价有章可循、有理可依，还能让大学教师在心理上产生平等感。

祛私利性不是指大学教师遵守"为科学而科学"的理念就不追求利益，也不是指科研只能利他不应利己，甚至不是指知识与价值无涉，而是指大学教师追逐利益的前提是保证研究的客观性和真实性。祛私利性"并不要求科学家抱有无私的动机，而是对各种可能的动机进行引导，以免导致那些与科学的制度目标相冲突的自私行为"（曹南燕，2003）。祛私利性从制度层面保障了科研的公有性和普遍性。

独创性指大学教师的科研成果"对于文献来说必须有某种新的贡献，它必须提出新的科学问题，建议新类型研究，提交新数据，论证新理论或提出新学说"（齐曼，2008：50）。大学教师只有产出独创性的成果，才能取得科学发现的优先权和得到同行的承认。独创性反对大学教师弄虚作假、剽窃等学术不端行为，倡导大学教师做出前人和同行没有做出的贡献。

有组织的怀疑性有两层含义：①大学教师在科研过程中不盲从、不守旧，对研究理论、研究方法、研究过程、研究结论持批判态度，避免伪科学成为真科学；②大学教师的怀疑是制度上的安排，是学术共同体倡导的和同行认可的制度，这有利于大学教师之间相互监督，共同维护学术声誉。

专业精神的五个要素是互补关系。独创性是大学教师科研的目标，公有性是大学教师科研的原则，普遍性是大学教师科研的前提，祛私利性是大学教师科研的制度保障，有组织的怀疑性是大学教师科研的手段。

（三）学术职业发展

"科学最有形的方面，在于它是一种社会建制。它涉及不计其数的具体的个人正在按部就班地实施着具体行为。"（齐曼，2008：5）既然科学是一项重要的社会建制，那么，作为科学家的大学教师的学术职业发展势必要建制化，即大学教师学术职业发展要纳入政府、社会和大学的战略规划中。

制定博士生培养机制。在学院科学时代，拥有博士学位的人才有资格成为大学教师。为了培养高质量的后备人才，发达资本主义国家逐渐完善了博士生培养机制。博士生培养机制贯穿于导师遴选、课程与教学、科研环境、资助、质量监控等环节中。①从导师遴选看，导师是一个岗位而不是资格，凡是科研能力突出者都能担当导师。如果导师的科研水平止步不前，或者导师出现责任心不强等行为，一经核实，导师的资格会被取消。②从课程与教学看，博士生课程非常重视基础理论，强调跨学科课程；博士生课堂以讨论为主，讨论的内容与讲授内容有关。③从科研环境看，大学创造了良好的科研环境，例如，资助博士生访学、参加学术会议，举办学术沙龙等。④从资助看，大学都设立了博士生奖学金制度，这样，博士生不必为生计担忧，能把更多的时间和精力用于科研中。⑤从质量监控看，博士生的出勤、课堂讨论、课后论文、中期考核、年终考核、论文发表、毕业论文撰写与答辩等方面都有严格的规定。一旦没有通过某个环节的考核，博士生资格将会被取消。在高淘汰率的压力下，博士生必须全身心地从事科研。

制定在职进修机制。为了提高大学教师的学术能力，政府和大学都鼓励大学教师参加各种在职进修和培训。这主要包括以下四个方面。①带薪休假制。自哈佛大学1810年首创该制度以来，带薪休假制已为大学教师提供了交流、访问、静心思考、潜心研究的时间和机会。②大学教师实习制。大学为教师提供到非学术场所工作的机会。③大学教师交换制。交换项目使大学教师能在不同机构或领域中开展科研工作，丰富了大学教师的学术经历，扩大了其服务范围。④技术服务俱乐部。大学通过建立类似的机构，强化大学教师教学、科研和服务的能力，或者为在教学、科研和服务中遇到问题的大学教师解疑释难。

制定学术评聘和晋升机制。为了促进科研，大学制定了学术评聘和晋升机制。这主要包括以下三个方面。①试用期的评聘和晋升制度。从讲师到副教授的最长年限不得超过 8 年，如果讲师聘期已满，但其科研成果达不到评聘助理教授的要求，该讲师将无法成为助理教授，大学也将不再续聘该讲师。如果助理教授期满，其科研成果达不到评聘副教授的要求，该助理教授也只得另谋出路。②终身教职评聘和晋升制度。经过最多 7 年的试用期以后，如果教授的科研成果获得了同行认可，他将成为终身教职的候选人。当大学出现终身教授职位空缺时，大学教授会对候选人的学术能力进行评价，优胜者方可成为终身教授。③大学也制定了一系列大学教师考核制度，如教学工作量、科研工作量、服务工作量、校外兼职、学术品行等，如果大学教师违反了相关的规定，其也会自动解聘。

（四）学术职业组织

"学院科学没有书面法规，没有法定身份，没有首席执行官，没有共同计划。……尽管如此，它仍旧保持团结，作为一个'执行结构'运转着，并朝向其成员的共同目标。"（齐曼，2008：37）学院科学之所以能运转，是因为学术职业组织有一套自己的制度，这包括以下几个方面。

有一套互通有无的交流制度。"如果这些观察不交流给其他研究者，那么它们对科学发展就没有意义。"（默顿，2000：271）在默顿看来，交流系统越有效，越能促进科研。交流包括正式交流和非正式交流。正式交流包括在期刊社发表论文、在出版社出版著作、在学术会议上发言、短期或长期的访问等。非正式交流以口头或通信方式为主，没有固定的场合，是大学教师自发地组织起来的。默顿也充分肯定了非正式交流的重要性，认为非正式交流比正式交流"更为重要"（默顿，2000）。

有一套行之有效的承认制度。得到学术共同体的承认是大学教师从事科研的动力。承认包括工具性承认和荣誉性承认。工具性承认指大学教师的科研成果得到承认，如论文的发表、成果的引证、会议的发言等，这是承认的最基本形式。荣誉性承认指大学和社会机构对一些科研能力突出的大学教师的奖励，如晋升高级职称、颁发荣誉证书、授予荣誉称号等。与承认制度配套的是奖励方式。奖励有两种方式：一是荣誉性的，如以科学家的名字命名其科学发现，授予院士等荣誉称号、奖章、证书等；二是物质性的，如奖励金钱、提供住房等。在默顿看来，大学应该多以荣誉性奖励激励大学教师。

有一套井然有序的评议制度。随着知识分化越来越严重，科学评价采用同行评议。评议人的工作包括评论某科研成果是否有意义、决断论文是否发表、审核某研究项目是否得到资助等。评议制度保障了科研工作的质量。例如，同行评议制度是西方科学基金制度的核心，每年有数万名大学教师作为项目评审专家。这些专家公开、公平、公正地评审项目，较好地保证了资源的合理配置。

有一套实与有力的规范制度。默顿认为科学中存在一个制度化的警戒系统，它能抑制越轨行为的发生。首先，学术共同体是自治、自为、自足的共同体，它的每个成员都是潜在的督察员。默顿（2003：423）说："科研，即使并不总是但却很典型地是处在专家同伴的严格监督之下的。"其次，一旦出现越轨行为，大学教师最终要付出名声扫地或被扫地出门的代价，其越轨代价远远高于不越轨代价。

有一套处置有方的保障制度。为了保障学术自由，大学教师组建了各种保障组织，最有名的是美国大学教师联合会（American Association of University Professors，AAUP）。AAUP 于 1915 年成立后发表了《1915 年宣言》。《1915 年宣言》明确阐述了学术自由的三项基本要求：教授作为教师和学者有权自由发表言论；除非不称职或有道德缺陷，教师的职位必须得到保证；教授受处分前有申诉的权利。此外，宣言还特别指出，教授、副教授和所有讲师以上职位的专业人员任职十年以上者均应被终身聘用，没有正当理由不得随意解聘。最后，《1915 年宣言》对如何解聘和处罚大学教师做了详细的程序性说明（李子江，2008）。AAUP 为维护大学教师的权利做出了巨大的贡献。

（五）小结

对学院科学时代的学术职业图景进行描绘后，可以得出如下几个结论。

第一，以科研安身，即学术职业的独立基于大学教师的科研。大学教师在不同时代有不同的称呼，古希腊是哲学家，中世纪是教士，近代是国家高级公务员。这些称谓表明大学教师还没有成为一个独立的职业，只是城邦、宗教和民族政体的依附物。只有以"扩展被证实了的知识"（默顿，2003：365）作为自己的使命，大学教师才找到完全属于自己的学术职业角色——纯科学家，并与其他学术职业角色相区分。"科学家的行为通常并不像间谍——要保持自己的行为隐秘；也不像宗教教派成员——要接受教主的权威；也不像店主——要推销他们的货物以赚得生活费；也不像古董商——其最好的商品都是旧的二手货；也不像军人——其职责是服从。"（齐曼，2008：42）作为一名"纯科学家"，大学教师要发现经验上被证实的和逻辑上一致的规律，而不是迎合社会的需要去生产知识。这也意味着，"大学教师通常把他们的职位归功于已被证明的研究能力，并通过研究成果得到更多的提升"（齐曼，2008：61）。

第二，以文化立命，即学术职业的昌盛基于学术共同体文化的传承和强化。在学院科学时代，大学教师秉承了古希腊以来的知识本身就是目的的传统，矢志不渝地追求客观性和独创性的知识，以此获得学术共同体的承认。相应地，学术共同体独有的文化-精神、制度、组织机制像一个泡菜坛子一样，每时每刻地浸染着每一个学院人。文化像一个巨大的磁场，将不同学科的大学教师聚合起来，形成一个"和而不同"的学术共同体。"不同"指不同学科的大学教师形成了不同的"学术部落"，每一个学科的大学教师都有自己的"学科领地"。"和"指不同学科的大学教师"都受到同样的理性形态，同样的社会规范和认识论原则的激励。……存在着不同的'科学'，然而，它们全都是同一个文化物种的变种"（齐曼，2008：33～34）。

第三，以精神求真，即学术职业的特质基于专业精神的操守。学术的内核是真理，追求真理当然需要"文明其精神"，这包括以下五个方面。①公有性是科研的前提。没有公有性，大学教师无法分享前人和他人的成果，无法捕捉科研的前沿问题。如果大学教师刻意隐瞒自己的成果，那么成果得不到同行的检验，最终不能成为知识。②普遍性是科研的检验标准。没有普遍性，个人和社会属性将左右知识的真伪，如谁有钱和权，谁就能判断知识的真假，这势必导致伪科学横行，真科学不被认可的困境。没有普遍性，科研将由某些利益集团控制，而一些有志于献身科学的人则不能进入学术界。③祛私利性是科研的制度保障。没有祛私利性，大学教师为了一己私利，挂着科研的招牌，做着造假、篡改、剽窃等活动，这无疑会摧毁学术大厦。④独创性是科研的目标。大学教师只有发现了前人和同行没有发现的知识，其成果才能够得到学术共同体的承认。如果科研只是重复、诠释，没有一点新颖性，它是没有任何价值的。⑤有组织的怀疑性是科研的手段。没有怀疑精神，大学教师只会匍匐在权威的脚下，不能发现新问题。不过，怀疑是有组织的，不是无中生有的，也不是个人的臆想，需要接受学术共同体的检验和认可。

随着大学从社会的边缘走向社会的中心，以及知识经济时代的到来，大学教师不能仅仅生产"纯知识"，面向政府和产业界的需求生产知识是大势所趋，由此，大学教师的学术职业角色、学术职业素养、学术职业发展和学术职业组织会发生相应的转化。不过，以科研安身，以文化立命，以精神求真等学术操守是后学院科学时代的大学教师不能丢弃的。

二　礼赞后学院科学时代学术职业的新风

从约翰·亨利·纽曼（John Henry Newman）的"大学理想"到克拉克·克尔（Clark Kerr）的"大学之用"，预示了大学正从远离社会发展的"象牙塔"变为促进社会发展的"加油站"，表明了大学知识生产活动越来越受到政府和产业界的驱动和支配。英国物理学家约翰·齐曼（John Ziman）捕捉到这个变化，他认为 20 世纪 60 年代以来是后学院科学时代（Post-academic Science Times），它区别于 17 世纪以来的学院科学时代（Academic Science Times）。学院科学指大学教师秉承古希腊"为知识而知识"的纯科学传统，根据自己的兴趣爱好而不是受社会因素的影响，按照学术自治（Academic Autonomy）、学术自由（Academic Freedom）、学术中立（Academic Neutrality）的原则从事知识生产。后学院科学指大学教师在政府和产业界的支持下，以实际应用为导向，根据市场原则从事能直接带来商业价值的知识生产。在齐曼看来，学院科学向后学院科学的转变是"一场悄然的革命"，转变的动因在于"政治、经济和工业等压力……越来越强有力地从'外部'影响科学共同体"（齐曼，2008：82）。本部分遵循齐曼的后学院科学理论，从学术职业角色、学术职业素养、学术职业发展、学术职业组织四个维度描绘后学院科学时代的学术职业图景。

（一）学术职业角色

后学院科学时代的大学教师以学术为筹码与政府和产业界博弈，争取来自政府和产业界的资助。在希拉·斯劳特（Sheila Slaughter）和拉里·莱斯利（Larry Leslie）看来，大学教师是学术资本家（斯劳特、莱斯利，2008）。学术资本家首先表现为大学教师与政府、产业界形成了合同关系，大学教师如同雇员一样按照资助者的要求从事知识生产，而不是在求真的驱动下开展工作；其次表现为大学教师为了获得合同，彼此之间开展竞争，"极力接纳外界的投资者，加强他们在学术市场上的资金支持力度"（比彻、特罗勒尔，2008：173）。

学术资本家只是大学教师学术职业角色的浓缩，实际上是一个多重角色的集合体，这主要表现在以下几个方面。从与政府的关系看，大学教师服务于政府的重大项目，"被强制征用为国家 R&D 系统的驱动力，被强制征用为整个经济创造财富的技术科学发动机"（齐曼，2008：88）。很多大学教师把政府看作自己的母校，把大量的时间和精力花在与政府的谈判上，花在完成政府的重大项目中。从与产业界的关系看，大学教师成为"研究型企业家"（克尔，2008：35）。大学教师致力于为工厂培养管理和技术精英，为企业提高利润和技术革新建言献策。从与大学的关系看，大学教师成为大学的"过客"。过去的大学教师完全效忠于所供职的大学，现在的大学教师更多地"效忠于校外机构和人士，效忠于为科研提供资金的机构，效忠于校外提供咨询机会的雇佣者，效忠于全国通过计算机和传真机进行直接接触的朋友"（克尔，2008：157）。

（二）学术职业素养

1. 专业知识

学问已进入一个空前专业化的时代，并且这种情形将永远持续下去。

个人唯有接受严格的专业化训练，才能进入学术圈。后学院科学时代的大学教师专业知识包括高深知识、跨学科知识、实践性知识和条件性知识。

高深知识。高深知识是每一个想进入学术圈的人必须掌握的。伯顿·克拉克（Burton Clark）从外在和内在两个方面勾画出高深知识的特征（熊华军、马大力，2011）。从外在特征看，高深知识是知识中比较深奥的一部分；高深知识是专门化和系统化的知识；高深知识通常有专门的传播、发表和认可制度，这种制度规定了高深知识的范围、结构、生产和传播方式；高深知识一般在大学里保存、整理、传播和创新。从内在特征看，高深知识具有复杂性。高深知识要研究世界上未明白的一切事物，因此，高深知识的对象是复杂的。正因为对象是复杂的，所以高深知识的获取和表达方式也是复杂的。高深知识具有有序性。高深知识虽然是复杂的，却不是杂乱的，它以学科和学院为依托，有自身的活动方式。高深知识具有变动性。随着历史发展，高深知识的范畴也在不断地变化。简而言之，高深知识是深奥的、专门化的系统知识，它处于知识结构的顶端，且处于无穷的变动中，因而是相对的和含混不清的，故常人的智慧难以把握，需要接受系统的学习和培训。

跨学科知识。随着社会面临的问题越来越复杂，单一学科知识已经无法解答，需要从不同的研究视角、用不同的研究方法来攻关，因此需要跨学科知识。当前，有"鱼鳞模式"跨学科知识、"链条模式"跨学科知识、"蜂窝模式"跨学科知识，不管是何种跨学科知识，"让人想起从不连贯回归连贯，从碎片化回归到整体化的景象：合众为一"（比彻、特罗勒尔，2008：70）。

实践性知识。实践性知识指大学教师能贴近市场从事知识生产。"后学院科学处于为金钱增值的压力之下。这种知识生产新模式的很多特征出现于'应用语境中'，即在技术、环境、医学或社会等问题的研究过程中。"（齐曼，2008：88）后学院科学时代的大学教师很注重知识生产的市场价值或商业价值，不管是新知识的发现还是新技能的发明，都要看能否实现经济、政治、文化和军事方面的效益或价值，以至于大学教师认为："我的志向是，在我的能力之内，尽可能广泛持久地影响这个国家的市场经济。"（维赛，2011：377）

条件性知识。条件性知识是指大学教师在什么时候、为什么以及在何种条件下更好地从事知识生产的一种知识。从国家层面讲，大学教师要理解政府政策的内涵和走向。由于知识生产需要巨额资金做支持，知识生产已经不能游离于国家之外，必须依赖国家。齐曼认为国家促进知识生产政策的措施有两个维度：国家制定长期稳定的资助知识生产的政策，如科研经费和科学家的薪金；国家以政策的形式，要求知识生产以实际问题为目标，引导大学教师的工作更加具有实际应用价值。理解政府政策的内涵和走向成为大学教师专业知识的一部分。从组织层面讲，大学教师要有官僚组织的知识。以课题组或项目组形式组成的组织具有典型的官僚化特征，"从个体到集体的研究模式的趋势明显伴随着更正式的组织安排。需要更适当的管理体系，来协调一个大研究设施的建设，并服务于来自不同研究机构的科学家队伍"（齐曼，2008：95）。从个体层面讲，大学教师要有与不同学科教师和校外专家合作的知识。大科学的出现使知识生产成为不同学科教师和校外专家（如企业研发人员）合作的结晶，必要的合作知识有助于高效地生产知识。

从专业知识类型来讲，高深知识是大学教师专业化成长的核心；跨学科知识是大学教师专业化成长的基础；实践性知识是大学教师专业化成长的首要条件；条件性知识是促进大学教师专业化成长的催化剂和活化剂。

2. 专业能力

在后学院科学时代，大学教师要有"认识其学科的商业价值的能力、保护这一学科的能力、找到商业伙伴的能力、为了知识产权权利和研究合同而与各方进行谈判的能力"（斯劳特、莱斯利，2008：189）。

认识学科的商业价值的能力。大学教师不仅关注新知识的发现，还关注学科知识的商业价值，要将学科知识和市场对接。唐纳德·司托克斯（Donald Stokes）不仅批评了基础科学与应用科学相互对立的观点，而且指出寻求商业价值的应用研究能生产更高水平的技术，并且能促进基础研究水平的提升。这就是著名的"应用引起的基础研究的非线性的交互作用模式"（司托克斯，1999：189）（见图3-1）。

保护学科的能力。在博耶看来，保护一个学科就要综合、传播、探究和应用这个学科的知识。综合的能力即建立学科之间的联系，用启发的方式解释数据（Boyer，1990：18）；传播的能力即大学教师用喜闻乐见的方式，将本学科的基础知识和前沿知识又快又好地传递给学生；探究的能力

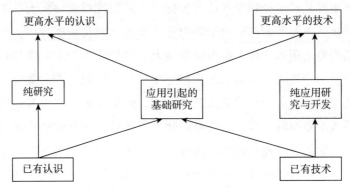

图 3-1　应用引起的基础研究的非线性的交互作用模式

"是学术生命的心脏"（博耶，2002：74），大学教师既要探究未知领域，又要探究新的研究方法和开发新的研究仪器，还要探究在难以预料的情况下去解决问题的能力；应用的能力指大学教师不仅生产新知识，而且与市场无缝对接，开发新知识的商业价值。

寻找商业伙伴的能力。随着基础研究和应用研究的界限越来越模糊，基础研究成果的应用和转化的周期越来越短，大学教师知识生产活动具有明显的经济价值，他们不断将自己的研究成果转化为可销售的产品，以此增加经济收益。为此，市场成为后学院科学时代大学教师获得社会地位的重要场域（维赛，2011）。在这一场域中，大学教师不仅要寻找知识探究的伙伴，还要寻找知识转化的伙伴；不仅要在学科内寻找伙伴，还要在学科外寻找伙伴；不仅要在大学内寻找伙伴，还要在大学外寻找伙伴。

谈判的能力。在学术寡头集团-政府权力-市场的"三角形"模型中，大学教师知识生产活动越来越倾向于政府和产业界（比彻、特罗勒尔，2008）。原因在于知识生产需要的经费越来越多，大学教师必须获取来自政府和产业界的资助。随着资助政策开始推行"问责制"，为了获取资助者的资助，大学教师需要与政府和产业界的人士进行谈判，说服他们并与他们签订相应的合同。

3. **专业精神**

刘大椿认为专业精神包括两方面：科学的社会规范与科学的职业伦理规范。"科学的社会规范强调，科学的目标确定了科学的精神气质和科学工作的规范结构，科学的职业伦理规范则从分工和职责的行使这一角度引出科学的职业规范；前者对认知目标负责，后者对社会、雇主和公众负责。"（刘大椿，2001）后学院科学首先尊重的是科学的职业伦理规范。在后学院科学时代，大学教师"是受引导的，被一只看不见的手所操纵，奔向理性的目标"（齐曼，2008：283）。这只"看不见的手"就是资助者的利益目标。可见，大学教师的工作要与资助者的目标一致，而不是与知识的内在逻辑一致。既然大学教师的知识生产是对政府或产业界负责，相应地，大学教师要遵守职业伦理规范，即大学教师在知识生产中要对社会、雇主和公众负责。在齐曼看来，遵守职业伦理规范的专业精神具有专属性（Proprietary）、局部性（Local）、权威性（Authoritarian）、定向性（Commissioned）和专门性（Experts）等特征（齐曼，2008）。

专属性指大学教师根据合同的规定生产知识，但知识的所有权归资助者所有。根据合同规定，资助者有权优先使用学术成果直至收回投资并获利，甚至尽可能长时期地对学术成果严格保密，形成技术和市场上的垄断地位。相应地，大学教师没有学术成果的转让以及使用的权利，这些权利掌握在学术研究资助者手中。大学教师必须在学术成果上保密，否则将受到严厉的处罚。例如，大学教师因泄露了一些关乎商业利益的信息，违反了保密合同而受到控诉（德兰迪，2010）。

局部性指大学教师围绕解决特定的应用性问题而展开知识生产，而不是从整体上推进知识的发展，知识是"局部智识舞台"（齐曼，2008：230）。这主要表现在：①研究目标的局部性，大学教师按照社会的实际需求，研究实际问题；②研究方法的局部性，在研究特定问题过程中，大学教师通常采取一种更松散、更实验化的方法生产知识。

权威性指大学教师不是自由地按照自己的兴趣和爱好从事知识生产，而是在管理权威下从事知识生产。这主要表现在：①大学教师像政府和企业的雇员一样，严格地遵守管理制度和行政规则，不能越雷池半步，其学术成果由其资助者使用并接受经济效用的评价；②大学教师生产知识不是根据个人的兴趣和爱好，而是根据管理、合同、规章、责任等行事。

定向性指大学教师的"研究被定向要求达到实际目标，而不是为了追求知识。他们作为专门解决问题的人员被聘用，而不是因为他个人的创造力"（齐曼，2008）。这主要表现在以下两个方面。①大学教师的学术活动指向社会实际问题。大学教师的学术研究立足于实用性，就社会中出现的具体问题生产知识。②合同指定研究问题及研究方向。大学教师按照合同规定的研究项目来确定研究问题和研究方向，"研究团体变成了小商业企业，科学观点的隐喻论坛变成了研究服务的实际市场"（齐曼，2008：91）。

专门性指大学教师是为了解决专门问题而被雇用的，而不是因为其学术独创性。这表现在以下两个方面。①大学教师是专门人员。"训练有素的'科学家'，通过完善他们的实践技能以卸去智识独创性的负担，他们因此变成了专业技术人员。"（齐曼，2008：228）②大学教师是为解决专门问题临时组建的专家团体。知识生产已经发展到一个无法以个体独立工作来解决突出问题的阶段，大学教师需要与其他专业人员合作来解决实际问题。

（三）学术职业发展

大学教师学术职业发展旨在促进大学教师的成长，使大学教师获得并提升在教学、科研和社会服务等专业活动上的知识和能力水平。后学院科学时代大学教师学术职业发展具有体制化特征。约瑟夫·本-戴维（Joseph Ben-David）对"体制化"的含义做了如下的界定：①社会把一种特定的活动接受下来作为一种重要的社会功能，它是因其本身的价值才受到尊重的；②存在一些调整特定活动领域中的行为规范，其管理方式适合该领域的活动实现自己的目标和有别于其他活动的自主性；③其他活动领域中的规范要在某种程度上适应特定活动的社会规范（戴维，1988）。也就是说，大学教师学术职业发展体制化具有以下几个方面的特征：①大学教师学术职业发展有其社会价值；②大学教师学术职业发展有其制度安排；③大学教师学术职业发展有其支撑体系。

社会价值。国家要提升政治、经济、文化、军事等方面的核心竞争力，要求大学教师"在组织学术工作中寻求更有创造性、更有应用价值、更有效的方法"（比彻、特罗勒尔，2008：10）。正因如此，当前各国都非常重视大学教师学术职业发展。

制度安排。当前各国为大学教师职前培养和职后培养制定了详细的制度，促进大学教师与政府和产业界接轨。从职前培养来看，没有博士学位的人基本上不能进入学术圈，但后学院科学时代的博士生是在课题或项目研究中培养的，通过课题和项目研究，让博士生掌握广泛的科学文化知识、深厚的学科专业知识，教学能力、表达能力、面向社会的实际需求开展研究的能力。从职后培养来看，大学教师是在同行协作式、大学规划式、社会政策调节式和自我主动式的制度中获得学术职业发展的。同行协作式指通过加强同行之间的协作促进大学教师学术职业发展；大学规划式指大学教师学术职业发展被纳入大学的战略规划中，大学不但为大学教师学术职业发展创造良好的内部环境，而且创造各种条件鼓励大学教师到校外实习；社会政策调节式不同于大学规划式，它是指外在于大学的社会部门通过制定大学教师学术职业发展政策，从而促进大学教师学术职业发展；自我主动式是指大学教师作为个体明晓自我学术职业发展的目标和方向，并采取相应行动。这些类型的职后培养制度都是为了引导大学教师积极与政府和产业界合作。

支撑体系。随着政府–产业界–大学三重螺旋模型的建立，大学教师学术职业发展的支撑体系逐渐与此模型结合。从价值观念支撑体系看，"首先是评估其商业价值，而不是评估其科学性"（齐曼，2008：89）。"商业价值"取向的价值观念引导大学教师更加注重知识的经济、效率和效益因素。从物质和精神支撑体系看，大学教师的知识生产有了完备的奖励体系（谭文华，2006）：奖励来源多，有来自政府、企业、个人、其他组织的奖励；奖励范围广，奖励贯穿从基础研究、应用研究、实验开发到市场化的整个知识生产链的每一个环节；奖励形式多，有荣誉形式的奖励、实物形式的奖励、货币形式的奖励、股权形式的奖励、职位形式的奖励等。总之，大学教师要促进社会发展，社会相应地要在物质和精神上为大学教师提供更有效的支撑。

（四）学术职业组织

后学院科学时代要求大学教师开展以实际应用为导向的专业活动。随着大学知识生产模式的变化，作为知识生产主体的大学教师构成的学术职业组织也发生了变化，这表现在组织人员、组织边界、组织结构等若干个方面。

学术职业组织人员更加多样化。随着研究课题越来越庞大，研究所需要的设备越来越复杂，知识生产需要不同学科的教师开展合作，以此从跨学科角度发现问题、分析问题和解决问题。后学院科学时代"将需要一种大的集体努力，包括更周密的社会安排：安排多学科研究队伍、协调他们的努力、综合他们的发现"（齐曼，2008）。随着知识生产越来越强调在"应用语境"下开展，研究、发现、应用结合越来越密切，知识生产不仅需要校内和校外的专业人员通力协作，还需要非专业人员的协作，如技术支持人员、设备设计人员、软件工程师和大量其他领域的专家。

学术职业组织边界更加有形化。在学院科学时代，学术共同体的组织边界是无形的，大学教师自发地组织起非正式组织，没有固定的活动场所，也没有形成正式的交流机制。戴安娜·克兰（Diana Crane）肯定了非正式组织在知识生产中的巨大作用，尤其认同通过信息网络建立联系的非正式交流的重要性。在后学院科学时代，学术共同体是有形的，因为大学教师"行动的真实经济基础是政府实体，大公共机构和私人企业的联合体。后学院科学决然不能回避科学政策的中心问题：谁出资，就听谁的"（齐曼，2008：97）。因此，"在组织性质上，后学院科学共同体一般是'官方'的，有着正式的组织结构和人际关系；这样，顺理成章，在地域特征上，后学院科学共同体都有着相对固定的活动场所；在科学共同体内部的科学交流方式上，一般以直接交流为主"（缪成长，2010）。

学术职业组织结构更加官僚化。在齐曼看来，"产业研究被普遍认为特别官僚化"（齐曼，2008：95）。知识的产业化导致大学教师知识呈现官僚化的特征。①组织体制的官僚化：后学院科学时代知识生产是通过正式的组织安排开展的，大学教师只是组织中的一员，隶属于某些更高一级的非学术的组织（如行政机构、生产部门等）。②程序的官僚化：管理、合同、规章、责任、训练、雇用等机制成为大学教师知识生产的规则。③事务的官僚化：大学教师的知识生产要严格遵循政府、产业界等所建立的规章制度，不得不做项目申请、寻找商业伙伴、中期汇报、终期投资回收等工作。

总之，后学院科学时代学术职业组织是由不同人员组成的有形组织，它的运行依靠一套严格的官僚管理制度来保证。

（五）小结

后学院科学时代的学术职业是大学教师趋向于集体协作，以追求商业价值为目标，按照官僚体制化方式生产知识。正像任何事物都有两面性——

样，后学院科学对学术职业的影响也利弊参半。

从利的一面看。在后学院科学时代，大学教师生产知识"更深地植根于应用的生活世界语境中产生的问题，在这里，纯粹实用的可靠性是主要的有效性标准"（齐曼，2008：388），不断将知识转化为技术，由此专业知识成为推动社会前进的主要动力。在面向政府和产业界生产知识的过程中，大学教师体现了政府、产业界的能力，而且保留和加强了大学自身的能力，还有利于自身的发展。①体现出政府的能力。首先，帮助政府出谋划策。一个民主政府往往依靠作为专家的大学教师制定社会政策。例如，苏格兰政府将欧盟区域开发政策研究的重任，交给了斯特拉斯克莱德大学的教师（克拉克，2007）。其次，帮助政府解决实际社会问题。一个成功的政府往往依靠专业化水平很高的大学教师去解决各种社会问题。例如，瑞典政府将净化废气的难题交给了恰尔默斯大学的教师（克拉克，2007）。②体现出产业界的能力。首先，孕育新企业。大学教师利用学术资本，自行开办企业。其次，推动产业界变革。产业界会选择与大学教师合作，委托他们研发新技术和新产品。最后，直接与产业界合作。例如，斯坦福综合系统中心的 40 名教授和 200 名学生与来自产业界的研究人员共同合作完成项目研究（卡斯帕尔，1999）。③体现出大学自身的能力。首先，推出新知识。大学教师面向市场开展研究，开发出拥有独立产权的新知识。如斯特拉斯克莱德大学发明的肌肉松弛激素，为颈椎病、肌肉疼痛患者带来福音。其次，转移新技术。"过去，大学主要被看作知识和人力资源的源泉，而现在，大学也被看作技术的源泉。许多大学已经形成了内部的组织能力而不是仅仅依赖非正式的联系，进行正式的技术转移。"（埃茨科威兹，2009）例如，恰尔默斯大学建立的工业接触集团，为许多大公司提供技术支持。最后，培养出高素质的应用型人才。这些学生一毕业，就能解决一些重大的社会问题。④从大学教师自身看。首先，提高了大学教师的收入水平。例如，参与项目的大学教师与没参与项目的大学教师收入比为 1.98：1（斯劳特、莱斯利，2008）。其次，提升了大学教师的声誉。最后，提高了大学教师的科研热情。

从弊的一面看。大学教师过度地追求商业价值，势必对大学、学术生态和自身的发展产生不良影响。①从大学看。知识生产一味以市场为目标，将会使大学越发重科研轻教学，同时消耗了大量的学术资源，如增加了实验设备的磨损、占用了大部分实验室等。②从学术生态看。首先，许多大学过分追求能为其带来经济效益的应用性知识生产，忽视了人文科学和社会科学方面的研究，造成了大学学科的过热和过冷现象，不利于学术的均衡发展。其次，导致行政权力高于学术权力的现象。在问责制推行下，大学教师成为大学的"雇用人员"，而不是大学自身。再次，造成大学教师轻视教学的现象。为了获取更多的资金，大学教师更重视科研而轻视教学。最后，导致研究成果不能及时公布甚至被埋没。政府和产业界出于自身的利益考虑，要求大学教师对研究成果保密或推迟发表。③托尼·比彻认为受经济、效率、效益的影响，学术职业出现了如下变化：学术职业地位下降、工作强度增加、精神压力大、工作环境恶化、权力向管理者和行政人员转移、缺乏足够的资金支持、不能及时公布学术成果、兼职教师日益增多、大学教师纷纷向政府和企业流失。总之，大学教师"正在经历专业边缘化的考验"（比彻、特罗勒尔，2008）。面对后学院科学给学术职业带来的利弊，大学、政府、产业界应携手，一方面鼓励大学教师面向市场去竞争资源，另一方面还要制定配套的政策、创造宽松的环境、提供充足的经费，为大学教师学术职业发展创造良好的环境。

三 在传统与新风之间：学术职业日益"破碎化"

亨利·埃兹科维茨和劳埃特·雷德斯多夫（Loet Leydesdorff）指出，政府、企业和大学三者是一种相互联系、协同进化的关系（埃兹科维茨、雷德斯多夫，1999）。在三者的共同作用下，西方大学教师这个职业不再像中世纪那样神圣，而是日益走向破碎（克尔，2001）。具体来讲，当前西方大学教师的学术职业发展所面临的困境受到了五种因素的影响。这些因素包括问责制的限制、市场化的牵制、私营化和网络化的挑战、大众化的压力以及应用性的推动。这些变化对大学教师的学术职业造成了深刻影响，要求大学教师不断适应新的环境，同时也引发了对传统学术价值和大学使命的深刻反思。其一，问责制限制了大学教师的学术自由，随着政府和社会对高等教育质量的关注日益增加，大学教师面临越来越多的问责要求。这些要求往往以各种评估、考核和排名的形式出现，使教师在研究选题、教学方法等方面受到限制，不得不迎合外部评价标准，从而削弱了学术研究的自由和创造性。其二，市场化牵制了大学教师的学术取向，在市场经济的大潮中，大学的研究方向和教育产品也不可避免地受到市场力量的影响。教师可能会更倾向于那些能够带来资金支持、具有商业潜力的研究项目，而非纯粹追求知识和真理的基础研究。这种趋势可能导致学术研究的短视和功利化。其三，私营化和网络化动摇了大学教师的专业地位，随着在线教育的兴起，传统的大学教育模式受到了挑战。这些新兴的教育形式往往由非传统的教育机构或私营企业提供，它们在成本、灵活性等方面的优势，对大学教师的传统教学模式和专业地位构成了威胁。其四，大众化迫使大学教师满足学生的需求，高等教育的普及意味着学生群体的多样化和数量的增加。为了满足不同背景和需求的学生，大学教师不得不调整教学内容和方法，这可能导致教学资源的分散和教学质量的波动。其五，应用性正在改变大学教师的专业活动，在知识经济时代，社会对实用技能和即时解决方案的需求不断增长。这促使大学教师将更多的精力投入应用研究和技术开发中，而不是纯粹的基础研究。虽然这种转变有助于加强学术界与社会的联系，但它也可能使教师忽视了长远的学术探索和理论建构。

（一）问责制限制了大学教师的学术自由

当前西方国家对高等教育的投入虽然有所减少，但仍然希望大学在有限的资源下获得最大的成果。在此背景下，政府对大学逐渐开始施行问责制。首先，由于财政上的紧缩，州政府出台了一系列政策把问责制与拨款紧密联系起来，其中包括业绩拨款、业绩预算和业绩报告（阿特巴赫，2007）。大学只有达到一定的标准或完成规定的指标，才能获得一定数量的拨款。其次，大学内部的开支正在受到政府的仔细核查。科罗拉多大学的一位教师带薪无限期休假的事实引起了社会的广泛批评，政府也质疑大学内部开支的明晰性，可大学一直无法给出令人满意的答案（Sullivan，1997）。政府对大学教师的不满主要表现在以下几个方面。①大学教师没有培养出符合社会需要的优秀人才。当前西方大学生的整体质量和过去相比明显下降，他们甚至无法走上岗位。即使走上了岗位，也得接受进一步培训。②虽然大学教师花费大量时间从事研究，但只有少数人取得了成就（Levine，1997）。政府对大学教师过分强调研究，忽视本科生教学的现象普遍不满。它们调查了教师的整体工作量，并且正在考虑按课时计算教师的薪水。③一些享有终身教职的大学教师不愿意在教学中使用现代化设备，甚至抵制根据学生的时间在周末或者晚上讲课。④大学教师没有帮助政府有效解决棘手的社会问题，使政府认为他们没有认真履行社会服务的职责（Sullivan，1997）。问责制给大学教师带来两方面的不利影响。

大学教师的专业活动受到限制。在问责制的推行下，西方大学教师的教学和科研质量及其效果是通过量化措施加以衡量的。这使教师成了教学和科研的机器，他们为了完成量化的学术指标，在文章发表和科研成就方面承受的压力越来越大。在管理上，由于问责制对绩效考核的不断强化，西方大学要求教师花费大量的精力获取学术成果，有关学术规划和学术管理的权力却逐渐移交给大学的行政部门。根据阿特巴赫的一项调查，大学教师对当前政府的管理普遍不满，将近90%的教师认为高等教育办学效率受到官僚作风的威胁。只有10%的西方大学教师认为政府对高等教育应该制定总体的目标和政策，34%的教师感到政府对大学的重大政策干预过多（阿特巴赫，2001）。总之，大学教师不但在管理决策上的发言权越来越少，而且他们从事学术活动的自由也受到了约束。

教师的工作积极性降低。和过去相比，西方大学教师不但工资没有增加，科研经费也相对减少了（Levine，1997）。根据阿特巴赫的统计，超过半数的学者认为薪水一般或较差，只有9%的人觉得薪水情况好。超过80%的学者尤其是女性对今后五年内提高薪水表示悲观，对现在和未来的薪水情况都表示不满意。在科研方面，42%的教师感到必须发表作品的压力降低了其所在学校的教学质量，71%的教师表示现在越来越难以获得科研经费。在教学方面，一半或更多的教师为自己的教学工作批评图书馆、计算机和教学设备。问责制对教师要求的增加和教师工作待遇的下降之间产生了冲突，使教师的工作积极性明显降低。

（二）市场化牵制了大学教师的学术取向

校企合作有三个方面的原因：首先，随着西方政府对高等教育的投入逐渐减少，大学教师为了谋取科研经费，获取学术名望，通常愿意与企业开展合作；其次，经济全球化使各国之间的竞争日趋激烈，许多企业尤其是跨国公司通过资助大学教师的科研活动，获取研究成果，从而赢得更多的商业利润；最后，校企之间的合作获得了西方政府的大力支持。例如，政府在 1981 年出台的经济复苏税法，支持校企合作（诺尔，1999）。据统计，1980~2000 年校企合作中心数量增加了 2.5 倍。企业用于大学科学与工程领域的研发经费从 4% 增加到 8%。西方在 20 世纪 90 年代中期进行的一项调查发现，在工程学领域，79% 的大学教师接受过企业的一些资助。大学教师与企业研究员共同署名发表文章的数量和比例正在增加（阿特巴赫，2007）。联邦政府和州政府通过把研究拨款与企业参与联系起来的方式进一步鼓励了校企合作的开展。校企合作对大学教师的影响主要表现在以下方面。

大学教师的研究活动市场化。大学教师一般更倾向于从事基础性研究，因为基础性研究容易获得学术界的认可，能够帮助大学教师获得学术名望。但是企业更偏爱应用性研究领域，希望在短时间内获得实际的经济效益（诺尔，1999）。如此，大学教师为了获取科研经费，不得不迎合企业的兴趣，从而转向应用领域的研究，并把研究成果作为商品出售给企业。因此，大学教师的活动越来越具有市场化的特征，知识很难像过去那样可以与人分享。同时，校企合作使大学教师广泛地从事商业化的活动，很少或者不屑于承担基础性研究，从而扭曲了传统的学术使命。

大学教师的学术自由受到挑战。大学教师希望将研究成果公之于众，因为只有引起学术界的普遍关注，听取来自不同学术领域的声音，他们才能进一步提高研究质量。但是企业出于利益考虑，倾向于独自占有知识，不愿意公开研究成果。它们更想要将其尽快转化为商品，从而在市场上占有一席之地。《华尔街日报》曾报道过一家医药公司严令禁止加州大学旧金山分校公开由该公司支持的一项研究新发现（诺尔，1999）。面对这种观念的分歧，大学教师最终遵从企业的规定，对其研究成果严格保密。这不仅破坏了他们公开研究成果的学术规范，而且威胁着他们传播研究成果的学术自由（阿特巴赫，2007）。

（三）私营化和网络化动摇了大学教师的专业地位

当前，西方大学私营化的性质越来越明显。正如哈斯克尔所说："没有什么力量能够阻止资本家将大学改造成营利性企业。"（Harris，2001）这些大学的"新供应商"按照"顾客至上"的企业理念办学，取代了传统的管理模式。同时，私营化大学利用先进的 IT 技术开办了虚拟的网络教育，与传统的大学展开竞争。据统计，提供远程教育的私营化大学在 2001 年增加到 72%（Morrison，2003）。西方最大的私营化大学——凤凰城大学，目前已经拥有五万名注册学生，他们可以获取从学士到博士的学位，同时凤凰大学也开展了数量庞大、内容丰富的网络课程。私营化和网络化对西方大学教师的影响如下。

终身教职越来越少，大学教师面临随时被解雇的风险，他们的工作和生活质量很难保障。随着新技术和互联网络的发展，政府官员和大学的行政人员发现利用 IT 技术开展教学不但可以节约成本，还能缩小教师规模。西方著名评论家彼得·德鲁克发表"未来的教学将不在教室""远程教育正在快速到来""传统大学将要毁灭"等言论（Harris，2001）。为了控制这一态势的继续蔓延，1998 年华盛顿大学的教师联名谴责用"电子计算机"取代教师的做法，抗议将大学视为"数字化知识产业"的一部分，并拒绝将他们的学术成果当作"营利性商品"（Harris，2001）。大学教师只是吃苦耐劳的熟练工。首先，他们既不参与招生工作，也无权决定教学大纲的制定，更无法改变课程内容。其次，兼职教师为了解决自身的生活问题，通常需要在几所不同的大学往返授课，这使他们与学生之间的交往越来越少（鲁克，2006）。最后，私营化大学的教师工作量大，教学任务繁重，基本无暇去追求学术研究。对此，阿特巴赫指出这些教师将形成一种"大学流浪无产阶级"，他们从一项工作到另一项工作，不怎么指望获得定期任命（阿特巴赫，2001：117）。大学教师学术自由受到威胁。为了增强竞争力，一些大学要求教师必须在教学活动中经常使用 IT 技术并且设计网络课程。大学教师不得不开设网络课程，设计教学网页，还要不时地处理学生发来的电子邮件。"当今社会正从工业时代走向信息化时代，这是一种必然趋势……如果无法顺应这一趋势，那么他们终将被更加敏捷的竞争者所取代。"（Skolnik，1998：12-17）当前大学教师正在被迫做出这样的抉择。另外，虽然新技术在知识交流方面的作用日益重要，但是虚拟空间的学术文化毕竟难以保障大学教师的隐私权。由于每台计算机的服务器上都带有人工和电子监视器，从一端传递到另一端的电子信息通过技术解码很容易被随意调用。因此，教师们担心其学术成果一旦在互联网上公开发表，将会引发知识产权的争议等问题。

（四）大众化迫使大学教师满足学生的需求

首先，随着西方高等教育从精英化走向大众化，大学生的整体质量一直呈现下降的趋势。一些学生似乎还没有做好充分的准备就进入大学，这使他们一开始就迫切需要接受补习。1997 年亚瑟·莱文对全国学生事务管理部门的调查表明，在过去 10 年里大约 3/4 的大学认为学生对补习的要求有所增加，将近 1/3 的大学生参加了基本技能的培训。1995 年超过 3/4 的学院和大学提供读、写或数学补习课（Levine，1997）。其次，当前大学生的入学动机并不是获得知识，而是将来能找到一份更好的工作。"找份好工作"和"取得事业上的成功"是当前大学生中大部分人的目标（罗德斯，2007）。因此，他们更想要从学校里获得技能型的知识和市场导向的就业信息，而不是对高深知识的理解。最后，当前大学生的学习方式发生了变化，他们对计算机、通信技术和多媒体设备的使用更加灵活。根据家用电脑的使用状况，Z 一代（1996 年以后出生的人）的年轻人在读小学之前就已经学会操作电脑。50% 以上的西方学院依赖一批学生助教维护学校的网络安全，并帮助大学教师使用 IT 工具。在文章《在地平线上》中，作者普伦斯基创造了"数字本土化"一词来描述当前大学生的特点。这些年轻人习惯使用超文本、微型手机和笔记本电脑传递信息，他们对于班级讲座或授课方式不感兴趣，而且讨厌书面考试（Morrison，2003）。

以上这些变化使大学教师的教学活动承受着很大压力。①由于大部分学生基础较差，大学教师开始更多地侧重于对基础知识的讲解。他们不断降低课堂目标，降低课程难度，以便使教学内容更容易被学生理解和接受。②针对学生兴趣的变化，大学教师被迫改变教学内容。他们用职业性的课堂训练逐渐取代了理论性的逻辑知识，从而满足学生的实际需要，为他们将来的就业做准备。③大学教师需要调整教学方式，在课堂上灵活使用 IT 工具或多媒体设备。一个判断大学教师是否合格的标准，就是看他们对多媒体设备的操作是否娴熟。④大学教师的角色从知识的传播者转变成了引导者。他们指导学生如何充分利用教学软件获取信息资源，培养学生自主学习的能力。⑤大学教师需要重新设计课程内容，注重培养学生对知识的整合能力以及解决实际问题的能力，将网络教育和传统的课堂教育巧妙地结合起来。

因此，"教师的工作比以前更加复杂。他们必须适应学生群体的变化以及结构的多样性，采用先进的教学技术不断满足社会各界对于教师专业的完美要求"（Lewandoeski，2005：38）。

（五）应用性正在改变大学教师的专业活动

随着政府、企业和大学在研究领域广泛开展合作，大学教师开始把商业应用看作对他们的探询不可避免的，有时甚至是内在的需求（斯劳特、莱斯利，2008），"参与商业化科学的教学科研人员和专业人员发展了与研究工作关系重大的创业知识。这种专门知识包括认识其科学的商业价值的能力、保护这一科学的能力、找到商业伙伴的能力、为了知识产权权利和研究合同而与各方进行谈判的能力"（斯劳特、莱斯利，2008：189）。吉本斯（M. Gibbons）也鲜明地指出，随着政府和产业界日益介入大学中，大学教师的专业活动正处于演变中，从模式 1 活动转向模式 2 活动（Gibbons，1994）。模式 1 是传统的知识生产方式，主要指单个学科内以认知为目的（探索基本原理）的知识生产。在这种知识生产模式中，基础与应用之间的界限非常清晰。与模式 1 不同，模式 2 有助于完成以社会应用为背景的课题，它是以解决问题为中心的知识，其特点是：知识是在应用的环境中被生产的；以跨学科为原则；以学科交叉和组织多样性为特点；更加强调社会问责制；基于较广泛基础的质量控制体系。模式 2 正在改变大学教师的专业活动：它要求大学教师不仅在一个复杂多变的以应用为取向的环境中去解决问题，同时还必须遵循受限于实际应用，并随着实际要求的变化而变化。以实际应用为导向的专业活动，给大学教师的学术职业发展带来了如下挑战。

教师专业知识的分化。知识的不断增长使大学教师只知道自己研究领域的知识，而对其他领域的知识知之甚少。博耶指出：知识本身被分解了，大学教师丧失了全面的知识观，零碎的知识似乎变得越来越重要了（博耶，2002）。但是当前大学教师要想解决社会问题，仅靠单个学科领域的知识显然是不够的。对于研究工作来说，真正重要的是知识之间的本质联系，正如当前学术界最有影响的研究主要发生在像心理语言学、生物工程学这样的交叉学科领域一样。因此，博耶提出大学教师要进行"整合的学术"，大学应该鼓励教师跨越学科的边界去了解其他领域的知识，培养和加强各学科各专业之间的联系。

教师学术活动的分裂。当前各领域的大学教师在严格的科层制管理下联系越来越少，他们常常忙于自己的特殊事务、钻研自己的专门知识。虽然每个专业都取得一些成果但只局限在自身领域，而丧失了专业本身应该包含的完整性和丰富性。大学教师在一个分裂的学术世界里，每天考虑如何将自己的研究成果推向市场。对此刘易斯·芒福德（Lewis Mumford）指出："我们的生活受控于一些专家，而这些专家对于他们领域之外的事情知之甚少，以至于不能充分了解生活中所发生的种种情况。"（罗德斯，2007：41）因此，博耶等人认为高质量的大学应该是学者的共同体。

教师学术职业组织边界的模糊。大学教师联合会（AAUP）建立的初衷是通过学术职业组织和同行评审来保障大学教师学术自由的权利。1915年该组织在一项宣言中指出：联合会必须保证大学教师从事学术活动的自由。因为如果没有这种自由，就无法体现教师专业为社会服务的独特性和不可替代性。但是当前的大学教师盲目地迎合社会的需要，越来越丧失了专业的自治。社会要求他们怎么做，他们就立刻采取行动，其专业自身的判断力已荡然无存。当大学教师学术职业组织失去了自身边界的时候，大学教师不再根据专业规范要求自己，导致大量学术不端行为的发生。

（六）小结

当前西方大学教师在政府-企业-大学三重螺旋中，不断地接受着它们的挑战。面对这些挑战，大学教师的反应如何，他们又将采取什么措施呢？人们热切期盼着西方大学教师能够直面当前的困境，在政府、企业和大学之间寻求一个恰当的平衡。大学教师作为大学的形象，他们关切着大学的发展。阿特巴赫说："教师已经成为一个庞大而复杂的专业，是学术事业的核心。如果没有致力于教育事业的教师，不仅没有一所大学能够成功，而且不可能开展任何有效的教学和学习活动。"（阿特巴赫，2001：1）

第四章　回返理性之源：西方大学
学术职业的未来走向

理性概念肇始于古希腊语中的逻各斯，意指世间万物存灭变换的依据和规律。人作为万物之灵，虽然具备超越感性经验的理性认知，但超越并不能让人摆脱直观感受的经验掣肘，换言之，人在理性思考的同时也在为非理性保留余地。阿尔弗雷德·诺斯·怀特海（Alfred North Whitehead）曾说："真正的大学是富有理性的，否则就不称其为大学，至少没什么价值。"（Barrow，2010）作为西方理性文化的重要组成部分，大学理性不会局限于精英主义的象牙塔，它可以向上指导社会改革，也可以向下与社区建立紧密联系。由上而下发挥联结作用的就是大学教师，他们从社会潜在的多种理性中发掘并传承着让大学具备合法结构以及厚重底蕴的价值基础。西方大学一方面继承了西方两千多年的理性传统，另一方面也被现代社会的技术理性所规训，并在后现代社会非理性的方兴未艾中不断摸索向前。无论是传统理性、技术理性还是非理性，三者都没有退出历史舞台，而是共存、共生、共戏于西方大学当中。理性的摇摆不定既为西方大学带来了价值危机，也深刻影响着学术职业的未来走向。

一　传统理性的坚持固守

西方大学学术职业的发展历史可以追溯到中世纪，当时的大学主要是为了培养教会人员和行政官员。随着时间的推移，大学逐渐发展成为一个独立的知识体系，吸引了越来越多的学者。在这个过程中，传统理性作为一种重要的思想基础，对西方大学学术职业的发展产生了深远的影响，展现出对传统理性的坚持固守。传统理性强调对知识的尊重和追求。在西方大学的发展历程中，这种尊重和追求知识的价值观一直是推动学术研究的核心动力。从中世纪的神学研究，到文艺复兴时期的人文主义，再到启蒙运动中的科学革命，西方大学的学术研究始终以追求真理为目标，不断拓展知识的边界。这种对知识的尊重和追求，使西方大学成为世界知识创新的重要源泉。同时，这种严谨的学术态度也使西方大学的学术研究具有很强的自我纠错能力，有助于学术领域的健康发展。传统理性强调逻辑推理，严谨的学术态度使西方大学的学术研究具有很高的可信度和权威性，为世界学术界树立了良好的榜样。传统理性强调个体的独立思考和判断，使西方大学的学术研究具有很强的创造力和活力，为世界学术界贡献了大量的新理论和新方法。同时，这种独立思考的精神也使西方大学的学术研究具有很强的批判性，有助于揭示社会现象背后的深层次原因。然而，传统理性在推动西方大学学术职业发展的过程中，也存在一些局限性和突出的问题亟待破解。但是总体上，传统理性对西方大学学术职业发展产生了深远的影响。在未来的发展过程中，西方大学需要在继承传统理性的基础上，不断创新和发展，以适应时代的变化和社会的需求。

（一）教学发展追求学术自由

传统理性固守下的西方大学教师教学发展的内涵表征是将教学规律视作基准，把师生置于客观标准的框架下，以此追求教学发展中的学术自由。这种学术自由的表征形式有以下几种。

西方大学教师有理解教学目标并进行选择和组织教材的自由。比如圣路易斯社区学院的最佳教师暑期学院（Best Teachers Summer Institute）项目。[①] 这是以肯·贝恩（Ken Bain）2004 年在哈佛大学出版社出版的获奖畅销书《如何成为卓越的大学教师》与 2016 年詹姆斯·朗（James Lang）备受赞誉的即时经典《小教学》为根据，设计改编完成的为期三天的暑期学院课程。课程安排遵循出版自由的原则，既简化了教师的教学安排，又

---

① Saint Louis Community College，"Best Teachers Summer Institute." http://www.bestteachersinstitute.org/summer-institute.

肯定了他们的教学意愿。

西方大学教师有选择合适的教学方式、方法和手段的自由。例如，威廉姆斯教育技术（Williams Instructional Technology，WIT）是由威廉姆斯学院信息技术办公室（the Office for Information Technology，OIT）主办的暑期技术实习项目，该项目旨在开发用于教学的高质量网络、视频、多媒体以及其他课程相关项目，并为师生提供互动交流机会。这在一定程度上为教师采取合适的教学方式、方法和手段提供了技术便利，同时技术自由也加快了教师对方式、方法和手段的更新以及对教学空间的拓展。

西方大学教师有参加教学科研的自由。比如西方社区学院会定期举行教学研究商谈会议。该商谈会议主要围绕《教学研究国际期刊》展开，这是一份开放式同行双盲审电子期刊，由佐治亚南方大学教师中心于每年 5 月与 11 月出版发行。该杂志相对具有权威性，主要基于高等教育中的教学研究、应用研究以及国际论坛的信息分享，所有教师均有发表论文、参与科研的自由。

西方大学教师有组织和管理课堂教学的自由。首先是教学全纳的自由：譬如密西根大学的教学全纳，主要包括批判性参与差异政策（Critically Engaging Difference）。所谓批判性参与差异政策是指教师无论在教师发展组织当中扮演的角色是学习者还是管理者，也无论年龄大小、肤色如何，所有来自不同背景身份的教师都有资格、责任和义务参与教学创新[①]，由此形成以学科为基础的个性化服务项目。其次是全员参与的自由：全员参与接纳多元信仰，多元信仰推动理念包容，理念包容激发观念创新，观念创新催生课程改革，课程改革促进技术融合，技术融合反哺教学全纳，由此推动教师教学发展。

（二）学术职业发展构建学术共同体

传统理性固守下的西方大学教师学术职业发展的内涵表征是将学术职业发展一体性作为教师职前与职后教育的培养目标，从而彰显学术职业发展的学术共同体要求。这种学术共同体的表征形式如下。

---

① University of Michigan CRLT，"Inclusive Teaching Principles，Strategies，and Resources." https：//crlt. umich. edu/inclusive-teaching/inclusive-teaching-principles-strategies-resources.

一是教师生存阶段的入职培训教育。一般刚入职的新进教师还未完全适应职业角色，缺乏教学经验，多处于紧张和焦虑的不稳定状态，此时正处于教师生存阶段（Edwards et al.，2015）。为帮助教师缓解压力情绪、转换身份认知，尽快适应职业角色，西方国家教师发展与多样性中心（the National Center for Faculty Development and Diversity，NCFDD）为教师提供专业生活指导，主要服务对象为入职教师、博士后和研究生。NCFDD会进行每周一次的电话回访以确保专业服务的连贯性与反馈性；提供每月定期举办的核心课程网络研讨会以及客座专家讲座，为师生构建共同体提供专业支持；设置便于同行指导且能解决问题的私人论坛，既能保护教师个人隐私，又能及时处理现实问题；建立每月匹配的问责伙伴关系以及为教师提供指导津贴的教师成功计划，为生活与社区服务活动提供专业人脉及资金援助。

二是教师调整阶段的在职提升教育。该阶段教师通常已经适应自身职业角色，具备一定教学实践经验，能够进行教学创新，且希望与学生保持良好的交往关系（吴显嵘、郭庚麒，2019）。为更好地激发教师教学创新能力，提升其科研开发能力，巩固师生良好关系，西方大学为教师提供激励项目和职业生涯再发展项目，以此增强教师的自我提升能力。例如，普林斯顿大学麦克劳教学和学习中心发起的职业生涯团队激励项目，布里瓦德社区学院开展的"重返企业"教师培训再发展项目，为处于职业提升阶段的教师提供职业生涯提升平台。教师激励项目主要从精神与物质两个层面分别为教师提供荣誉奖励、资金支持等；而教师职业生涯再发展项目则为教师解决职业困惑，提升学术职业发展水平，解决晋升难题出谋划策。

三是教师成熟发展阶段的职后优化教育。处于该阶段的教师业已拥有丰富的教学实践经验，但容易产生职业倦怠，对教学与科研新方法和新动态多采取冷漠和抵触心理（Edwards et al.，2015）。因此为了帮助成熟发展阶段的教师克服职业倦怠问题，培养新的教学理念和思维，西方大学推出"为了中期教师"（for Mid-Career Faculty）计划。该计划为处于不同生涯阶段的教师制定不同待遇级别的学术职业发展规则。其中包括但不限于终身教师的学术休假、助教休假、带薪休假以及无薪休假，旨在鼓励成熟发展阶段的教师向着更高的专业优化目标努力，保持高昂的教学创新与科研探索精神。

（三）组织发展强调个人自治

传统理性固守下的西方大学教师组织发展的内涵表征是将个人自治寓于大学自治之中。马丁·特罗（Martin Trow）曾指出：大学自治就是大学能够自主管理内部事务，并采取措施抵制外部政治势力及党派政治力量向大学渗透（Trow，1998）。教师个人自治是大学自治得以实现的重要途径，也是保障其个人利益的重要手段。这种组织发展的表征形式如下。

一为教师委员会。西方多数大学设有教师委员会（Faculty Committee）主管教师发展的各项事宜，其中下辖教师指导委员会（Faculty Steering Committee）负责学科指导，教师评审陪审团（Faculty Review Panel）负责学科审议，教师面试小组（Faculty Interview Panel）负责学科分流，教师薪酬委员会（Faculty Compensation Committee）负责学科筹建。教师委员会由全体教授、副教授、助教、高级讲师以及全职任命的讲师与教师组成，任何教师都可以监督教师委员会的日常运转。由此可见，教师委员会功能齐全、职责分明、决策简明、运行高效，教师成员权力均衡、分工专业、充分自治。

二为学术评议会。西方研究型大学高度重视教师的学术研究表现，而组织是系统运行的先决条件，于是衍生出学术评议会等组织形式，不断推进研究型大学系统的卓越发展。例如，西方加州大学的学术评议会要求赋予教师直接权力，组织和选举学术评议会主席，参与学术评议会对学校政策的制定，甚至大学校长及院系主任的选举也要经过学术评议会同意。而学术评议会作为加州大学自治的重要组织形式，由全体教师共同参与管理，学术决策则由全体教师投票决定（Stadtman，1970）。

（四）个人发展鼓励理念超越

传统理性固守下的西方大学教师个人发展的内涵表征是教师个人对最终幸福、绝对真理、美好愿景等的不懈努力，而大学则对教师个人辅以具备理念超越性的个人福利和发展计划。西方大学非常重视教师的个人发展，并为其专门设置了人力资源办公室，以包容和专业的方式与个人进行接触，提供相关咨询、指导和各种资源，从而培养和支持多元化和高标准的教师。

　　最终幸福是指教师不断实现对过去的超越，打破常规体现多元化的背景融合，并最终走向个人完满（Williams College，2021）。一是现实福利超越过去。该福利可以解决教师学术职业发展所需资金，例如，员工援助计划（Financial Aid）针对教师教学发展、科研需要及时给予资金以及智力援助，帮助教师解决现实困难。二是固定福利超越常规。该福利可以帮助教师解除后顾之忧，如福利返还政策，教师无须担心科研投入与产出不成正比的问题，学校会定期给予福利返还以确保科研的持续性。三是长期福利超越背景。该福利可以增强教师职业安全感，如退休教师返聘计划，退休教师可根据自身实际情况自由决定去留，大学需无条件为教师提供相关合同办理以增强教师职业安全感。四是学校福利超越制度。该福利可以协助教师应对教学挑战，如退休员工和提前退休员工的福利，一方面给予优惠退休福利政策，激发退休教师积极性；另一方面为确保新老教师交替补位顺利过渡，学校会特别安排离退休以及提前退休人员对新进教师与骨干教师进行相关培训传授经验。

　　绝对真理是指教师跳出当下限制，追求个人宁静，并最终达至心中的林中空地。① 比如西方詹姆斯麦迪逊大学的科研静修（Scholarship Residency）项目为教师提供潜心学术的自然工作环境，该项目为期三天且与自然环境深度交融，故而静谧幽雅，令人向往。如此有益的创新尝试使教师能够在良好的人文关怀与自由氛围中进行运思，在真理的林中空地探寻新的大学价值。这是教师个人发展的理念超越，也是对绝对真理的执着追求。

　　美好愿景是指教师与大学建立联系，转换身份认知，并通过反思最终实现与所在大学的同频共振（赵炬明、高筱卉，2020）。哈佛大学高等教育学术职业合作（Colaborative on Academic Careers in Higher Education）调查表明：个人发展项目让教师对大学拥有更强烈的归属感。具体表现如下。首先是导师帮扶：新进教师入职培训中的导师指导可以让新进教师尽快适应新角色、了解新环境、发现新问题、掌握新趋势。其次是职业分析：让教师从局外人变成局内人，进一步唤起个人激情，激发创新能力。最后是反思共享：教师通过学术论坛、个人档案袋以及职业生涯规划团队

――――――――――

　　① "James Madison University Strategic Plan." https://www.jmu.edu/jmuplans/jmu-strategic-plan/index.shtml.

项目不断反思个人职业发展，与他人进行信息及理念分享，获取并抵近所在大学的发展愿景。

二 技术理性的强势规训

进入 20 世纪，最初聚拢在修道院学校周围的知识分子与专业人士自称大学学者，并主动承担大学教学与科研任务，试图将大学打造成自给自足的社会文化机构以此迎接工业时代的来临，然而科学技术在人类理性结构规约中并未消除战争、压迫、贫困等社会问题对人类的威胁；相反，"科学使人的权力增加了，德性却未增加，它既增加了人行善的能力，也增加了人作恶的能力"（布鲁姆，1994：5）。技术理性尤其在填补宗教信仰为美国大学松绑所留下的精神空缺中，俨然成为一种新的信仰。社会通过工业革命带动经济与文化进步，促进知识和技术发展，而处于悠远僻静处的传统大学则开始主动适应这种理性变化。大学教师通过与技术治下的工商业、企事业、职专业结盟，改变了传统大学的惰性、僵化以及复杂本质，也使教师被迫卷入用途性预设、生产性导向以及实证性实践的物化浪潮中，从而不自觉地追求可预测、可控制、可计算的简易高效再生产。如此在技术理性的强势规训下，西方大学教师发展面临诸多问题，亟待破解。

（一）教学发展模式化

技术理性规训下的西方大学教师教学发展将教师视为技术人员，将他们从事的教学比作技术模式，并认为教学与教师发展是可观察与可分析的客观模式。

首先是混合教学模式（鲍恩，2014）。ITHAKA 对卡内基梅隆大学的原版统计学课程为基础的实证研究发现：在传统教学法中第一次教学实施与第 N 次成本差异极大。因此在教学转型后，混合教学法在多部门协作中形成初始模型，课程基本概念会配备认知型助教，并提供反馈机制促进学生反思，这会在较大程度上简化课程安排，提高学生接受度，并增加高等教育课程内部流动性。

其次是工具订制模式（鲍恩，2014）。大学教师常认为不同教师具有不同备课习惯，无论是课程内容还是实践案例都需根据特定学生群体进行必要调整，因此教学发展具备工具订制的必要性。搭建技术平台，配备反馈机制，引入互动系统，进行大规模推广使用、维护升级以及维持发展的工具包是麻省理工学院开放式课件的重要特征。尽管成本低下，但是只能为师资固定、生源不多的高校进行本地化订制，而且牵涉到更为复杂的知识产权问题，也是这一教学模式的潜在问题。然而工具包一旦得到推广，其服务面、受众群体以及接受度也将大幅度提升。

最后是垂直整合模式（鲍恩，2014）。在数字化技术与信息存储及传播的支持下，MOOC 在线教学法开始发生更大范围和更深层次的结构变化，具体体现为师生教学活动被备份拆解以创造新知，进一步将教学任务分散在更多学科领域的协作服务中。东北大学校长约瑟夫·奥恩（Joseph Aoun）将之称为垂直整合模式，鉴于互联网时代引发的技术海啸，教学发展的课程结构、共享框架以及整合模式正在垂直产生。在此线性过程中，教学再生产的效率得以进一步提高。

（二）学术职业发展科学化

技术理性规训下的西方大学教师学术职业发展在信息技术推动下，其职后培训出现科学化倾向，即追求效率、缩短时间以及评价科学等。

首先是学术资本主义（王志强，2014）。一是市场化。大学教师通过市场手段追逐利润，以专利发明以及技术转让等授权活动，在学术职业发展中与企业制度结合。二是结构化。教师专业网络的发展导致大学与产业部门之间的合作网络更加密集且畅通。资本的力量正通过专业知识的分类领域逐步嵌入大学结构之中。三是效益化。大学教师的专业投入与产出之间开始保持高度一致，这种倾向也在影响着大学财政投资的回报结构，其结果就是研究投入与研究成果之间的商业化正与所产生的经济效益画上等号，这会将大学变为追求效益的学术生意场。

其次是技能强化[①]。一为行政技能。在密西根大学，作为管理者，教师能够积极参与学习与教学研究中心（the Center for Research on Learning and Teaching，CRLT）组织运行，与校内外进行良好的沟通协作；作为协

---

①　University of Michigan CRLT, "Annual Report 2019-2020." http://www.crlt.umich.edu/about-crlt/annualreport.

调者，教师能够协调 CRLT 的顶层设计，与下属各学院建立紧密联系；作为沟通者，教师要有能力向院系主任提交项目计划书，与学校教务长建立有机联动，巩固与协调自身专业与 CRLT 共生关系，从而营造有利学术氛围。二为职业技能。职前培训——大学教师入职培训包括研究生助教入职培训以及英语非母语的研究生英语教学课程等，主要活动形式有工作坊、习明纳与同伴互评；职中培训——教学准备，主要包括课程设计与教案、大纲设计、"课堂第一天"、高效教案策略、教案特例、技能选择、学术政策与大学资源以及课堂互动指南；职后培训——博士后短期课程、校际教学指导项目、雷克汉姆研讨课、未来大学教师培养研讨会以及教师资格认证。三为规范技能。首先是职业领域的技能规范训练，帮助教师拥有一种合规的职业身份；其次是科研领域的学术技能规范训练，让教师明晰入职研究型大学的使命和担当；最后是教学领域的实践技能规范训练，使教师明白教师须以教学为先。

最后是职称评价（李函颖，2018）。以西方佐治亚大学为例，教师晋升评价程序主要包括晋升辅导、启动晋升程序、学系提交推荐晋升的教师名单、审核学系晋升决定、申诉。除此之外，又新增加学系年度评估、增设学院晋升评价委员会以及重新设计申诉环节并明确各个层级晋升评价委员会的投票原则。以上职称评价程序主要建立在正式制度环境以及非正式制度环境的混合影响之上，前者强调大学行政管控，后者则重视市场调节的作用。然而随着技术评价的引入，教师职称评价引进了递进性原则，强调对教师的层级监控；以学术评价结果为主，注重对教师学术职业发展的检查；对教师在第三年的评估进行规范化裁决，以此修正、规制并再生产其学术职业发展模式。

（三）组织发展官僚化

技术理性规训下的西方大学教师组织发展追求权力实施的高效运转，通过强化问责加强科层制的集中决策，并以扁平化管理为主要表征形式。

一是强化问责（刘易斯，2012）。劳伦斯·萨默斯（Lawrence Summers）是哈佛大学问责体系下第一位通过不信任案投票而黯然辞职的校长。萨默斯在描述大学规划时竟然说："恐惧可以替代理性成为我们工作的指南。"换言之，他就是用这种方式为其专制和不理智行为背书的。针对包括但不限于这种荒谬言行的处理，哈佛大学文理学院在 2005 年 3 月 15 日通过了对萨默斯领导能力不信任的提案，尽管在其任内财政赤字下降 3/5，而财政收入增加 80 亿美元。尽管财政业绩斐然，但也不能改变教师组织的最终决策，这种官僚化的行政体系可以机械地投票否决掉一位为大学做出贡献的校长。同时也可以以另外一种权力方式增加校内的消费主义倾向。例如，哈佛大学的调查问卷就是以问责形式强化学生的消费者形象，一旦教师无法满足学生需要，无论其学术成果多么丰富、道德品行多么高尚，都会被予以警告。由于问责制对绩效考核的不断强化，教师成为教学和科研机器，相应的学术权力也转移到行政管理部门，这引发西方近 90% 的高校教师对官僚作风的不满（熊华军、丁艳，2011）。

二是集中决策（维赛，2011）。对于西方大学教师发展组织而言，官僚模式是一种共同标准，它可以整治学院完全无序的混乱状态，也可以整合复杂交错的分化状态，从而将个人、派系和小集团联合起来，尽管这些群体拥有不同的观念。对于中层而言，只要有利于组织发展，行政管理人员必须做到对基层教师意见的"声声入耳"，将融合各方民主讨论的意见雏形递交教学促进委员会；同时教师发展组织设有专门咨询机构与教师同呼吸共命运，不仅要"声声入耳"，而且要"声入人心"，然后层层递进向主管教务长或者相关学院委员会提交意见蓝图。相互平行的分权体系融入多部门协作机制，基层意见需要经过多方相互平行的部门协作形成提案。最后校董会将提案审议通过后方可上升为立案，再交还中层管理人员实施执行，由此决策会自下而上地集中汇总到高层。换言之，官僚体制作为决策汇集的缓冲物，将教职员工与管理人员区分开来，以此实现术业有专攻的组织发展模式。

三是扁平管理（Meiners，2004）。所谓扁平化的组织管理就是指管理层级与管理幅度呈反向关系。在官僚化的组织发展过程中，自上而下的管理链条逐步减少，各职能部门之间的横向联系逐渐增多，这样就使组织领导、中层管理人员以及基层教师之间的联系更加紧密，以便及时了解教师发展动态，并做出相应决策。由于技术理性的不断推动，组织结构趋于明细化、程序化以及分类化。内部分工有序、权责分明，各部门协调一致通过扁平化的技术手段去实现组织目标。对组织而言，当教师个人利益与机构发展方向高度一致时，组织运行就会相对顺利。对国家而言，一方面，联邦及州政府援助大学，可以将国家意志融入校董会决策中；另一方面，政府公权力在一定程度上可以反向赋予校董会政策合法性，即国家与地方政府需要为教师发展组织行为提供形式权威。例如，塔夫茨大学学习与教学促进中心（Center for the Enhancement of Learning and Teaching，CELT）就采取减少管理层级的办法，将决策层到职能层的主任人员压缩至四人。通过扁平化管理，CELT 进一步深入基层教学改革中并加快落实教学发展工作。

（四）个人发展工具化

技术理性规训下的西方大学教师个人发展追求可交换计算的工具逻辑，个人发展形式出现目的手段化以及手段目的化。

首先是目的手段化。西方大学对教师个人发展保障全面涵盖职前、职中乃至退休，生涯基本覆盖教师青年、中年再到老年，空间跨越校内、校外再到家庭。[①] 但教师只有具备一定年限资本才能享受相应福利，从而将个人发展目的异化成为福利兑换的手段。①初级教师只能参加职前培训和职后培养，并有资格体验工作与生活平衡中心（Work/Life Balance）所提供的身心护理服务。②如果教师家庭成员较多，还可借助大学专门研发的家庭助手（Family Helpers）合理规划与处理家庭琐事，从而使教师拥有更多时间和精力，能够全身心投入科研与教学工作当中，但只有中级教师可以享受。③高级退休教师无须忧虑生活保障问题，西方大学确立了退休金与贡献相匹配的退休保障制度，可以保障教师毫无后顾之忧地把精力投入学校，而不必依靠其他营生；同时教师依托多种医疗保险制度可以享受医疗检查以及健康护理，能够继续为学校发挥余热。然而各阶段教师均有相应年限要求作为进阶门槛，同时教学与科研成果则成为门槛内相互竞争的手段，于是针对教师个人的发展目的被异化分解为不断争夺的层级手段。

其次是手段目的化。对教师而言，教师个人发展第一步总是发端于教师职业生涯成长意识的觉醒，而成长意识的提升与演进则依赖于个人教育哲学的形成，因为这是教师人格和知识素质中相对稳定的基础部分（Schönwetter

---

① University of Michigan，"Handbook，Faculty." http://www.provost.umich.edu/faculty/hand-book/1/index.html.

et al.，2006）。故西方大学关注教师个人成长的哲学养成，强制要求教师申请人提供职位陈述、教学理念以及生涯愿景的撰写。促进教师形成个人教育哲学的一系列培训逐渐落实到教师个人发展过程中，一是有专门的教师策略网站供新进教师学习相关教育陈述的写作；二是每年举办关于编写教育哲学的研讨会，想要获得更深哲学体验的中级教师可以申请参加"马卡姆未来教师研讨会"；三是鼓励渴望晋升的高级教师参加有关教育陈述的一对一培训。个人教育哲学撰写虽被强化为一种技术性手段，其实质却暗含教师个人发展的培养目的。具言之，在个人教育哲学理念或声明的建构过程当中，教师必须明确科研与教学对象的隐含观点，并逐渐适应如何将个人观点与具体实践相结合的融合过程。由此观之，针对教师个人发展的手段被抬高隆升为不断养成的终极目的。

三　非理性的方兴未艾

21 世纪，西方社会物质生活水平的大幅提升使人们有更多时间与精力去充盈精神生活。此时的理性主义已成为阻碍个人情感跳跃、精神张扬意志强化以及欲望膨胀的思想枷锁，于是非理性逐渐演变为西方大学思想涌动的主题支撑。特别是当西方大学教师逐渐接受非理性作为人的社会化属性之后，理性与非理性之间的思想张力开始成为推动教师发展之价值转向的重要因素。加州大学教授西奥多·罗萨克（Theodore Roszak）认为，美国社会此时正在经历一场反文化运动，即一次反抗工业技术社会的价值转向（冯玉珍，2013）。在此运动中，各种思想冲突作为后现代非理性主义的表现形式交替呈现，深刻影响着西方大学教师发展的价值取向。当然，非理性的方兴未艾还未颠覆一切现代化理性精神，但它作为人的情感、精神、意志与欲望表达，既内蕴出西方大学教师人之为人的潜在可能性，也深刻昭示出后现代社会人之成人的矛盾撕裂性。

（一）教学发展的相遇与开放

根据西方不同高校对回应社会需求的定义（陈志忠，2021），文理学院强调社会公共生活，研究型大学重视解决社会问题，职业院校旨在履行社会责任，社区学院着重解决社会就业。非理性规定下的西方大学教师教学发展让教师与学生相遇，让教师对世界开放，以此回应社会需求。

首先，与学生相遇，为融入社会公共生活做准备。例如，西方文理学院与社区学院逐渐流行的茶话会，为教师提供免费的学生餐，为学生提供与教师沟通交流的时机。相遇不是遭遇，没有师生之间的猝不及防，不需要师生之外的提前准备，因为相遇充满非理性期待，这是师生之间的感性喜悦，甚至连带身体前倾以示情感的敞开、对话的随意；遭遇则布满理性设计的恐惧，这是师生之间的配合演出，甚至通过双手交叉附加身体的沉默、交往的敌意。根据尤尔根·哈贝马斯（Jürgen Habermas）"理想的言说情境"，教师在交往式对话中走下讲坛，畅所欲言体现话题的可理解性；在叙事型对话中走出评价，发表意见凸显教学的真理性；在戏剧式对话中走向学生，袒露真情彰显师生的真诚性；在调谐式对话中走入人心，自我敞开达至教化的正当性。

其次，对世界开放是指让研究型大学以及社区学院教师与世界接轨，具有国际化和全球化视野，保持开放活跃的联通关系。例如，普林斯顿大学为教师提供个人或团体性质的国际课外活动项目（Extracurricular Projects Abroad），让教师在"桥梁课程"中与国外教师连线，交流与学习教学经验，拓展和丰富教学体验，加快实施教学试验（蔡军、汪霞，2015）。此外，大学与遍布世界各地的专业协会展开合作，以此增加教师对世界开放的适配性与可能性。在此条件下，学生不断夯实知识基础，学习实践技能，获取受教育机会，为更好解决社会问题、履行就业职责提前做好准备。再如卡内基教学促进基金会鼓励高等教育机构参与社区合作，在伙伴关系互惠背景下，促进知识互惠与资源互换，将教学、科研整合到社区学院服务中，建立双向互惠机制为社会培育符合总体价值观的合格公民（Fitzgerald et al.，2016）。

（二）学术职业发展的解放与创新

非理性规定下的西方大学教师学术职业发展是在教师解放精神与创新精神的融合基础上共同构建大学-社会-政府三螺旋交互模式，以实现共同参与、相互配合以及真诚合作的密切、稳定且真实的学术职业发展关系。

第一，解放精神是指教师解放专业思想，获取专业意识，提升专业能力。解放专业思想要求大学教师不能局限于单一的专业领域发表狭隘的科研成果，因此西方大学教师可以申请跨学科研究项目（Interdisciplinary Research Program）（Thompson & Kleine，2015），即便是不同学科教师也可以组成科研团队与政府合作展开项目攻关。获取专业意识是大学教师在解放专业思想的前提下，从不同学科领域的科研项目中获取学术职业发展意识，例如，斯坦福大学人文中心的审稿工作研讨会旨在为教师进行科研写作提供指导性反馈，以便加快投入产业应用。提升专业能力是指大学教师可以在不同学术职业发展意识的引领下回归自身领域，从而提升进行交叉学科的批判性研究能力。例如，谈判技巧工作坊致力于以理论讨论、科学示范以及交叉研究等方式进行沟通协调以达成大学-社会-政府三者之间的最后共识（速成、李晓波，2015）。政府一方面成为大学的"紧压性激励诱因"，更加注重与大学思想解放的融合；另一方面超越公共管理、社会治理以及经济调理的"护航员""守夜人"角色，为实现突破性与渐进式创新做准备。

第二，创新精神是指教师打破专业思想，提升专业意识，转换专业能力。打破专业思想是指教师在突破专业限制的前提下，能够多途径、多渠道、多学科地进行交叉混合研究，并有效形成教学科研活动报告；提升专业意识是指在获取专业意识的基础上提升自身运用专业意识、体现专业意识甚至改造专业意识的再生意识；转换专业能力是指教师在已有专业能力的基础上自由切换相关领域、交叉领域、混合领域的识别能力、互补能力以及通用能力。这正如"创新集群"的概念引入。所谓创新集群是指在特定区域内，通过通用技术及技能连接起来的、在地理空间上非常接近的一组企业及其他关联性组织，并积极进行网络信息、物流资源、科学技术、专业人员之间的共享与交换，将创新集群付诸实践最为成功的是麻省理工学院（MIT）（王志强，2014）。波士顿银行报告称，如果将 MIT 历届师生组成独立国家，其产值将位列世界第 24 位；与 MIT 关联的 4000 家企业雇用了超过 110 万名员工，创造了 2320 亿美元的经济收入。在创新精神引领下，西方大学教师的学术职业发展形式更加多样，学科特性更加多元，教学解放和科研创新的能力也更加突出。

（三）组织发展的交互与整合

非理性规定下的西方大学教师组织发展是指通过对机构权力的交互重

构，以沟通协商、对话交流的整合形式帮助教师重塑未来发展之路。

首先是沟通协商的交互重构。比如圣路易斯社区学院对于新入职教师专门安排第一个四周（李汉学、倪奥华，2019），让新进教师与组织内新老成员、院系领导、资深教授共同进餐，共同交流和探讨学校历史文化，共同建立团队文化和历史使命感，以此突破技术理性规训下的官僚铁笼，让组织运作不仅合理而且合情。对组织而言，除了为教师制定正确的战略目标，还需进一步加强教师队伍组织能力建设。例如，詹姆斯麦迪逊大学的教师创新中心（Center for Faculty Innovation）为教师提供学术资源的匹配机制，以此构建互动合作的学术咨询和学术论坛等交互培养项目（宋洁绚，2021）。通过组织化的制度重构，建立交互学习的匹配机制，实现教师之间资源深挖、整合、共享、反思的合作关系。在教师平等协商的民主氛围中，一方面提供教师多元身份的确证与承认从而增强组织柔性；另一方面强化教师批判重构的诉求意识以此洞察组织内教师未来发展的新趋势。

其次是对话交流的整合重塑。教师意志对权力机构的整合是指构建合理的专兼职薪酬体系以及分类"进出"的评价制度。譬如威廉姆斯学院的教师专兼职委员会在薪酬界定时秉持校董会成员、院系领导、专兼职教师共同参与、共同在场、共同投票的原则来保障教师话语权，以及分类评价制度从多维度、多方面对教师入职、在职、晋职、离职等问题进行积极有益的审核评估，用以打消教师组织发展的职业顾虑。为了实现与组织发展的同频共振，组织中的教育专家、技术专家、咨询专家以及评价专家等具有特定学科背景的组织发展工作者保持密切互动，以对话交流的形式重塑教师话语体系，打破官僚铁笼控制。

（四）个人发展的自由与多元

非理性规定下的西方大学教师个人发展是教师个人欲望的自由释放与多元体现。教师个人欲望的自由释放不是毫无节制的动物欲望，而是建立在尊重差异、鼓励多元、关爱世界、平等对话的基础之上。在此基础上产生的强调多元文化、注重异质文化共存及异质文化相互之间的理解则是教师个人欲望的多元体现。

首先是个人发展的自由（穆宏佳、杨静，2020）。一为身心自由。例如，密西根大学教务长办公室与校内医疗机构联合成立的教职员工健康服务中心，旨在为全体教职员工提供专属健康计划，呵护个人身心健康。在自由全面的身心保障中，教师可以全身心投入教学和研究中。二为女性自由。哥伦比亚大学、堪萨斯大学、南加州大学、俄勒冈州立大学等高校推出孕产教师晋职终身轨道延迟申请以及时钟暂停政策，有效遏制学术圈女性代表学者因家庭原因而不断流失，在性别身份认同上逐步矫正女性的弱势地位以实现女性自由。三为交流自由。例如，伊利诺伊大学为教师个人提供的校园文化交流战略项目，试图通过教师与行政人员的沟通交流等日常生活接触，帮助教师个人建立认同感和归属感，以此提高教师对学校建言献策的积极性。

其次是个人发展的多元（穆宏佳、杨静，2020）。主要源于全纳教育（Inclusive Education），起初是针对特殊群体提出的，意指教育要满足包括残疾人、弱势族群等在内的所有人的基本学习需要。随着后现代社会的发展，全纳教育被引入大学教师个人发展，即大学不仅要关注教师个人发展中的教学与科研问题，而且要关注教师的个人情感、家庭伦理、职业发展、职业倦怠、应对在线网络环境、人际交往等个体需求，教师个人发展的多元内涵日益丰富，外延特征也在不断扩展。恰如凯利·约翰逊（Kelly Johnson）与辛迪·史蒂文斯（Cindy Stevens）所指出的，教师个人发展日益成为一个"伞状术语"（Umbrella Term），越来越多与大学教师科研、教学、生活相关的服务项目和活动被纳入其中（Johnson & Stevens，2008）。西方学者杰纳勒·盖伊（Genera Gay）认为："多元文化教育哲学将民族文化多样性和文化多元主义看作西方教育的一个重要组成部分和不间断的特征。"（Grand，1997）

四　学术职业：一个理性的游戏之地

在西方大学的精神世界中一直存在理性与非理性、理智与意志以及本能关系间的冲突，尽管理性思维统治了西方文化两千多年，但是现代主义假借科学技术之手将理性逻辑推向了末路，而摆脱这一困境的方式则是走出现代主义而转向后现代主义（冯玉珍，2013）。当今社会所处的后现代主义首先是对现代性即理性、权威、科学和技术的拒斥；其次，是对古典传统的重现，因为现代化建立在摧毁传统的基础上，故而它的终结为理性传统的复活打开了一扇天窗；最后，是一种全新且多元的价值观和回归欲望的生活方式，强调对多元行为方式的包容和理解以及尊重有机生命在生活方式上的个人选择。事实上，西方大学教师身处一个传统理性、技术理性与非理性共在、共存与共生的激荡世界中。而对西方大学教师发展危机的审视并非拒斥传统理性与技术理性，因为非理性本质上不存在对传统理性与技术理性的全然否定，它只是理性存在的一种异质状态。换言之，西方大学教师发展进程不能完全抛弃宏观层面理性嬗变的规约，而是在理性与非理性的张力中间寻找第三种选择，即将他们个人的微观叙事推到极致。如此说来，在理性嬗变的价值冲突中，大学教师发展不仅要遵循理性发展逻辑中的历史共性，还要彰显价值冲突中一直被忽视的现实个性。

（一）三者共戏下的价值摇摆

1. 积极价值

首先，理论理性强调客观性，唯有学术自由可以满足教师对事物本身最直接的亲近；其次，实践理性重视普遍性，即教师在事物感性认识的基础上，不断行动以践行善的学术共同体理念；再次，创造理性鼓励永恒性，即教师拒斥实践逻辑的不可知论，以批判反思的理念创造人的主体超越性；最后，在传统理性的指引下，教师组织建立在个人自治的基础上以寻求全面发展的人（维赛，2011）。

西方现代社会的思想主题是技术理性。马克斯·韦伯（Max Weber）在《新教伦理与资本主义精神》中曾言："形式独特的现代资本主义，显然受到了技术能力发展的强烈影响。今天，这种资本主义的合理性，基本上取决于最重要的技术因素的可计算性。"（韦伯，2002：23）因此，技术理性具有以下特征：一是信息化与模式化；二是科学化与分类化；三是官僚化与专业化；四是资格化与社会化。赫伯特·马尔库塞（Herbert Marcuse）认为："技术理性是统治着一个特定社会的社会理性。"（马尔库塞，1989：107）这个特定社会就是以西方为代表的现代资本主义社会，而技术理性张扬也将意味着特定社会主体的思想延伸。技术理性规训下的大学教师作为西方社会思想主体，也在承受与并入技术理性规训下的策略组合。

西方后现代社会的思想主题是非理性。非理性不是对理性的否定，而是对理性的褫夺，这是一个复杂且令人困扰的命题。人立于世，难免陷入困顿，所谓理性与非理性之争便是困顿之一。当今西方社会所处的后现代主义是什么？首先，后现代主义是对现代性的拒斥，即它拒绝理性、权威、科学和技术；其次，后现代主义是古典传统的重现，因为现代化建立在摧毁传统的基础之上，故而它的终结为传统的复活打开了一扇天窗；再次，后现代主义是一种全新且多元的价值观和回归欲望的生活方式；最后，后现代主义一再强调对不同种族、不同文化和多元行为方式的包容和理解以及绝对尊重有机生命在生活方式上的个人选择（吴鲁平，2002）。

2. 消极价值

传统理性坚守下的西方大学教师发展首先将教学规律的效能人为地推至极限，把师生同视为听命于客观理性的惰性人，从而抹杀二者的主观能动意识。其次将专业普遍性或者专业范型作为教师所要效法的典范、所需遵循的规则、所必服从的权威，从而抑制教师专业主体、专业人格、专业生命等一系列个体实存性。再次将组织既得利益置于首位，造成发展过程安于现状、故步自封、不思进取的守旧心理，从而减弱、压制组织成员的可能性声音。最后强化教师个人最终幸福、绝对真理、美好愿景等的自我牺牲与不懈努力，从而忽视主体生命的有限性以及有限个体的现实幸福、短暂美好及相对付出。

技术理性规训下的西方大学教师发展首先将教师视为技术人员，将他们从事的教学比作技术型事业，将技术型事业付诸程序主义与科学主义的合理化过程，从而限制了教学发展创新性。其次在信息技术推动下，面临诸如网络专业技能不佳、教学专业知识宽泛、学术职业发展态度疲软等问题，究其原因在于学术职业发展信念缺失的普遍共识，即教师认为学术职业发展经验与能力不相匹配，学术职业发展内容与需求不相符合（Bolliger et al.，2014）。再次对政府公权力的妥协及市场化的让步一方面在削弱院系的传统权威，另一方面使教师组织运转陷入技术理性的官僚铁笼，从而丧失民主（Weber，1974）。最后盲目追求可计算以及可交换的实用主义形式逻辑，虽然教师个人发展形式更加丰富，但其主体意识日渐匮乏，精神生活亦不断媚俗。

非理性规定下的西方大学教师发展首先让教师与学生相遇，对世界开放，随着教师情感的不断开放与融合，又会出现强学习观、弱教学观的教师权威失落现象并陷入在跨文化交流中不断被侵夺的价值虚无状态。其次对教师专业精神的解放与创新会模糊专业边界属性，造成跨专业的盲目嫁接以及职业分类的市场化倾向。再次在组织交流中消解组织成员的话语权，从而陷入为达成共识而抹杀个人意见，为表达个人意见又强调政治正确的矛盾状态，由此阻碍组织发展的正常进程。最后随着理性分裂所带来的价值摇摆，尽管教师群体在致力于寻求共识与合作的道路上与大学相向而行，但是分属不同社会群体、政治派别、利益团体等的教师个人在多元文化的价值之间难以弥合的分裂已经使现代社会理性宰制的宏大叙事变得支离破碎。因此三者共戏的游戏变得更加难以平衡与接续。

（二）三者共戏的背景观念

三者共戏的背景依据主要有学生成分及需求多样化、学术职业更新换代、新技术扩张（季卫兵，2015）。

第一，西方高等教育进入买方市场，学生已经成为推动高等教育变革的主要力量之一（Wojciech，1992）。多样化的学生表现出多样化的教育需求。传统适龄学生拥有丰富的生活经验，他们对大学教师的角色期待更加多样化，譬如有些学生期待教师扮演传统权威角色，在课堂中教授他们如何进行批判性思考；有些学生希望教师尊重他们之前的学习经验和思维方式，以便其进行独立思考和创新学习；有些学生事业有成，他们可能将教师视为拥有不同职业经验的人。

第二，学术职业更新换代。霍华德·博文（Howard Bowen）与杰克·斯科特（Jack Schuster）早在20世纪90年代就已推测并预见到学术职业的变化将迎来新的高潮（Bowen & Schuster，1996）。事实上，根据西方教育统计中心统计，有将近一成的全职教师与两成的兼职教师会在未来三年内选择离职。这些教师除正常退休外，会进一步尝试学术职业之外的其他工作，这也给西方大学学术职业发展带来了极大的变数。尽管学术职业曾是西方传统白人男性教师的专属领域，但随着多元联邦政策的发展，女性教师、少数族裔教师等开始出现在西方大学中。然而不同种族、背景与身份的大学教师所反映的多元文化背景、教育资历以及学术职业认知将会对西方大学学术职业化管理和教学产生更深层次影响，这也是西方大学多种理性交织的现实成因。

第三，新技术扩张。随着信息时代、技术革命对西方大学的影响更加全面深入与高度覆盖，信息与通信技术、大数据与网络平台、元宇宙与VR使用已经逐步渗透到西方大学的各个层面，对大学教学、行政管理、科研开发、图书馆服务、国际化联系乃至师生日常生活的点滴影响都已经彻底改变了传统的大学模式（阿特巴赫，2010）。电子数据储存库扩充了图书馆的藏书容量，大数据处理改变了大学教职员工的行政管理模式，互联网通信影响了沟通交流的信息传递方式，VR使用让大学师生能够快速融入课程学习与研究并亲身体验技术带来的各种资源与软硬件设施的便利，即便是电子邮件这一对传统方式的网络再呈现也提高了师生之间的交流效率（阿特巴赫，2010）。总而言之，技术，特别是教育技术已经深度覆盖了西方大学内外，实现了对教育的变革。可以说，它不仅辅助高等教育发展，使大学科研、教学与管理更加高效便捷，同时还深刻冲击了传统的学术职业化理念。这主要体现在对大学教师的个性化支持、培训与指导，信息化整合、刻画与融合，程序化模式、管理与辅助，但也要警惕技术理性对大学教师的侵夺与浸没。

三者共戏的理念根据来源于大学教师全面发展观念的形成。

第一，关于多元学术观的提出，博耶为了应对西方大学教师发展现状，创造性地提出了四位一体的"多元学术观"（Boyer，1990：3）。他认为学术不仅意味着某一专业领域的原创性研究，还意味着走出个人独自调查研究的窠臼，寻求事物之间的联系，在理论和实践之间建立桥梁，并将个人的知识有效地传递给学生。

第二，关于全面发展观念的形成，西方教育协会（National Education Association）为适应多元学术发展的需求，提出应该进一步丰富大学教师学术职业化的内涵，这主要包括教学发展、学术职业发展、组织发展以及个人发展四个维度。其中，教学发展是指教师更新课程内容和教学模式、为学生准备学习材料等方面；学术职业发展应增强大学教师专业意识，帮助其获取专业知识、技能与意识等三方面的学术职业素养；组织发展则应将注意力放在营造利于大学教师发展的组织环境上，为实现大学教师的全面发展提供民主、科学的组织策略；个人发展则需要对大学教师开展职业规划，维护其身心健康，提升其社会交往能力。综上所述，现在的大学教师要比以往教师承担和肩负更多科研之外的职责，包括但不限于教学能力、课程安排、行政管理、社区服务以及综合素养等（Bledsoe，1991）。

（三）三者共戏的现状分析

三者共戏的实践发展体现在扩张与结盟、新领域的开拓。一为扩张与结盟：国家科学基金会、福特基金会、洛克菲勒基金会、布什基金会等资助机构进一步加大对大学教师发展的实践支持，并且随着大学发展稳步提高资助总量以期实现大学教师的匹配能力。这在一定程度上刺激了西方大学出台有关大学教师发展校内预算开支的财政扶持政策，于是与之相对应的大学教师发展项目和活动也显著增多。与此同时，除了对大学教师学术职业化的校内支持，西方大学教师发展机构还积极寻求结盟的方式增加校际合作以交流彼此的成功经验。随着西方高等教育国际化程度的加深，西方大学教师发展组织也在不断加强与其他国家的交流协作，其中包括英国大学教育发展协会（the Staff and Educational Development Association）、澳大利亚高等教育研究与发展协会（Higher Education Research and Development Society of Australasia）以及法国、德国、丹麦、南非等国家的全国大学教师发展学术职业组织。[①] 它们一道为大学教师专业化发展建言献策，增进互动，主要形式有召开国际会议、出版和发行相关书籍及期刊、建立教师发展网络等。

二为新领域的开拓。事实上在 20 世纪 90 年代之前，西方并不存在"教学的学术"这一概念，大学教师发展更没有将其纳入学术职业化进程。然而教学作为教师能动的发展过程，需要教师理解教与学之间的各种联结、隐喻以及隐藏关系（Boyer，1999）。好的大学专业化首先意味着教师既是学者，也是学生，同时在兼具两者身份的基础上对知识进行改造和扩充。其次，未来教师发展需要关注研究生教育改革，将其纳入大学教师的职前教育阶段，为多元学术观的内核提供张力（Boyer，1990）。再次，随着学术职业的更新换代以及研究领域的交叉延伸，西方大学对于新教师的需求与日俱增，因此新进教师培训成为西方大学亟待解决的问题。为使其尽快适应学术职业生活，掌握专业化技能，进入职业状态，西方大学教师

---

① "The New England Faculty Development Consortium." https://www.nefdc.org/.

发展组织也在不断设计和开展针对性的项目和活动，使教师尽快转变职业身份（从局外人转变为局内人）。最后，技术整合。这是因为现阶段大学教师发展实践者普遍认同技术指导与培训是学术职业化当中的重点工作，也是目前亟须解决的问题，这也事关师生之间的合作交流。

（四）三者共戏的未来实践

职前、职后一体化。西方大学曾受精力和财力的限制而无法兼顾教师发展的全过程和全阶段，但随着社会经济的发展以及技术整合的影响，学术职业化对教师群体的覆盖范围也在不断扩大（Lewis，1998）。许多综合性大学、研究型大学、文理学院与社区学院纷纷致力于未来教师的学术职业化发展，目光也从之前的单一教师群体转向多元、超前、全面的人才储备领域。全美未来教师发展办公室调查显示，未来教师发展将更加面向全体研究生，重视他们作为未来大学教师的必要准备阶段，尤其是针对刚毕业不久、没有任何职业经验和研究经历的研究生。就该职业阶段教师的特点和需求，西方大学设计和实施了一系列有针对性的大学教师发展项目，例如，帮助处于职业生涯早期的新进教师尽快转变职业身份的教师发展适应性项目。除了新进教师以外，处于职业生涯中晚期的教师也是西方大学的重要观照对象，一方面为了缓解教师的职业倦怠，一些激发活力与创新的中期教师发展计划应运而生；另一方面为了保障教师的家庭生活，提高教学的学术的再生产，一些教师临退休政策、家庭辅助政策、终身发展规划也在不断改进过程中。质言之，不同阶段的大学教师发展有不同的学术职业化政策、项目与服务，这为西方大学的可持续发展、师生之间的学术提高与神话以及未来国家战略的实现都打下了坚实的基础。

局内人的组织环境。未来教师发展不是局外人的实践，通过营造一种契合新教师的组织环境，帮助其转变身份认知是教学的学术的重要内容（Sorcinelli et al.，2006）。除了传统的教师发展方式之外，西方大学更加重视对学术支持系统和学术职业发展项目的合并与构建。就校内而言，西方大学教师发展组织强调晋升、薪酬和终身教职评定的文化、政策以及战略规划，以此促进教师的竞争能力和价值观的塑造。在处于不同过程或阶段的教师通过参观、实习以及合作交流的形式实现职业成长的过程中，他们会在一定程度上完成从局外人到局内人的心理构建。就校外而言，通过与合作院校的大学教师一道合作交流，共同践行特定的大学发展使命，顺应时代的技术整合潮流，为大学教师创建高效、开放、融通的组织发展环境。由此观之，大学教师的学术职业发展模式已经不再适应时代发展的潮流，也势必会阻碍其学术职业化的进程，因此多元、动态、开放的综合组织发展环境被视为大学教师向全纳时代进军的动力与起点（Sorcinelli et al.，2006）。无论他们是在学校、课堂、家庭还是世界各地，背后坚定的组织保障总能够有效地、便捷地、创新地为其提供学术职业发展支持，使域外的教师在全球化的发展进程中共同构建拥有国际化视野的综合性教师发展社区。

全纳化的合作与交流。随着越来越多的西方大学积极投身于大学教师发展实践，校内、校际的合作与交流越发频繁，但是合作方式依旧比较单一，交流渠道仍旧比较狭窄。直到21世纪，西方多个基金会，如卡内基教学促进基金会在实施的教师发展项目中，开始围绕大学学术职业化的共同兴趣、主体以及价值进行校际合作，为形成不同主题的校际、州际乃至国际项目奠定了价值基础。在这一时期以及接下来的发展规划中，合作与交流绝不会停留在校际层面，而是更加注重与大学学术职业化相关的基金会、高等院校、专业协会以及发展组织开展项目共建合作。除此之外，西方大学学术职业化也在积极寻求与域外的机构展开合作，这里包括不同类型的大学、不同层次的教育协会、不同国别的发展组织、不同领域的专业方向等。可以说，全纳化的合作与交流是西方大学学术职业化释放的积极信号：西方大学教师发展正在为全纳时代的深化与推进积极做好准备。

大学教师发展民主化。随着西方大学学术职业化的深入实践，越来越多学者和大学教职员工开始认识到院系在校级大学教师发展中的基层组织作用（Hecht et al.，1998）。西方大学教师发展实践离不开本校教师发展组织的规划与实施，尽管全纳化的合作与交流已经打开了教师发展的新局面，但是具体落实还需要回归到校内层面。这是因为校际参与者缺乏在地化的学术职业化理解，无法及时更新目标大学的教学理念与相关技能，更缺乏结合具体学科专业的实践活动经验，因此很难落到实处。所以院系是西方大学教师发展的基底，也是学术职业化的主阵地（Hecht et al.，1998）。具体而言，大学教师行使学术权力，教职员工开展日常管理，研究人员进行科研创新第一时间尝试联系与交流的都是院系组织。而院系的使命文化、专业环境、民主氛围都会直接影响到大学学术职业化发展实践的效果。由此可见，全纳化的交流与合作是由内向外的外延式发展，而大学教师发展的民主化则是由外而内的基层化联系。当大学教师发展组织与项目合作延伸到院系层面时，大学教师发展实践者可以更好地与教师进行沟通与交流，设计和开展具有针对性的教师发展培训项目和活动，与此同时也会进一步建立具有统筹管理权力的大学教师发展机构（如办公室、委员会、发展中心等），这将会促进大学教师发展的民主化进程。在此过程中，教师个人的想法和意见会得到充分放大，与大学使命产生同频共振的机会也会增多，这不仅会增加教师个人的职业激情，还会提高大学学术职业化发展的效率和影响（Hecht et al.，1998）。

（五）三者共戏的危机显现

通过梳理西方大学的发展历史，从宗主国英国大学中继承的自由主义与保守主义之间存在深刻的两重性特征。随着西方社会经济与文化的发展，大学内部起初对自由、平等的较为统一的理解逐渐出现了割裂倾向，即源自英国古典自由主义的理性传统受到西方资本主义社会发展的影响而出现了"价值变体"。为了应对当前未有之变局，在西方大学新自由主义随之产生。新自由主义在古典自由主义之中加入了国家与社会这一宏观元素，并提出要加强政府对大学发展的干预，从而促进社会资源的再分配与再生产。然而，由于新自由主义随后在西方大学中过于泛滥，并且一些古典自由主义者认为新自由主义超出了古典自由主义的范畴，因此保持和维护古典自由主义传统的自由保守主义便应运而生（阙天舒，2018）。自由保守主义主张回归到原来的古典自由主义，强调个人权利与消极自由，这也是西方大学在现代社会出现价值分裂的主要原因。

如果我们认真考察与分析西方社会，就会发现在大学教师发展过程中，理性与非理性总是相互影响、相互制约且相互作用的。一方面，理性是人们认识世界与改造世界的思维工具和手段，通过理性思考与认识，人们才逐渐明确发展方向；另一方面，理性思维必须满足认识主体的本能需求、情感需求以及意志需求，因此非理性的本能欲望、情感渴求与意志伸张如若得不到满足，理性精神也会虚妄。故而理性与非理性对于社会发展缺一不可，但是在西方这样一个价值分裂的社会，也会随其变化摇摆不

定，而大学作为社会价值的汇流之地，其教师则在理性与非理性的旋涡中
展开一场传统理性、技术理性与非理性三者共戏的价值游戏。

在传统理性坚守下，西方大学教师教学发展强调客观性而轻视主观
性，学术职业发展重视普遍性而轻视个体性，组织发展追求现实性而弃绝
可能性，个人发展鼓励永恒性而抑制短暂性；在技术理性规训下，西方大
学教师教学发展因模式化的固着而缺乏创新，学术职业发展因科学化的冷
漠而缺乏信念，组织发展因官僚化的集权而缺少民主，个人发展因工具化
的深入而丧失主体；在非理性规定下，西方大学教师教学发展在相遇与开
放中遭遇未来世界的时空错乱，学术职业发展在解放与创新中陷入交叉领
域混乱，组织发展在重构与整合中经受价值破碎带来的零乱，个人发展在
自由与多元中陷入价值观迷失的慌乱。由此观之，当代西方大学学术职业
化处于一个分裂的价值世界，也是传统理性、技术理性与非理性共在、共
存、共生、共戏的游戏世界。

当游戏破裂后，传统理性、技术理性与非理性之间会出现相互侵夺的
现象。西方大学学术职业化发展是教学发展、学术职业发展、组织发展与
个人发展的综合体，它们彼此之间有着不可分割的关系。教学发展是学术
职业发展的实践领域，学术职业发展是组织发展的关注重点，组织发展又
是个人发展的专业保障。由此观之，在三者共戏的场域中，大学学术职业
化也是四维发展的游戏关系（有本章，2012）。然而，传统理性对知识的
执着追求、对真理的过分强调、对一元的痴迷向往会导致西方大学学术职
业化发展迟滞、低效甚至停步不前。在技术理性的时代来临之际，西方大
学更加关注学术职业化的学术职业发展模式以及组织发展程序，在唯效率
的时代，技术开始替代教师主体思考，因此在大学教师高速发展的同时，
也会出现许多个人问题。这也就是接下来非理性得到关注的主要原因，也
是个人发展被置于更加显著地位的时代，于是多元时代的西方大学教师发
展开始强调个人的欲望、本能与意志。不同的理性侧重基于不同的时代意
图，也会生成不同的理性行为，对大学教师发展更会造成不同程度的影
响。理性规定的大学学术职业化发展作为一个游戏的过程，本身就存在许
多不确定因素，它不可能一直是一个平衡稳定的持存过程。一旦出现上述
所讲的理性相互侵夺的变数，在此影响下的大学教师发展必将遭到反噬。
西方大学学术职业化本身就不是一个孤立静止的存在过程，它在传统理

性、技术理性与非理性三者共戏的过程中总是会有所侧重，但教师作为存在者，受理性影响总希望保持确定性，因此就会出现价值摇摆的现象。可以确定的是在一定时期，西方大学受其使命引领会遵循一定的发展路线，故而宏观价值是确定的、明晰的与详细的。但是作为教师个人，尤其是在分裂的西方这个时代潮流中，每个人都有着不同的价值观取向，任何人都不得对其进行干涉。这也使个人发展所塑造的个人价值受其所持理性的影响而有所改变，但是组织发展作为学校保障教师发展的重要形式在某种程度上是观照教师个人的组织存在，同时也是统合教师队伍的主要形式（有本章，2012）。所以西方大学会出现进一步的撕裂，学术自由既是大学教师教学发展、学术职业发展与个人发展的有力武器，也会成为教师对抗大学使命的借口。以上便是三者共戏破裂的危机显现，值得研究者警惕与关注。

参考文献

中文文献

阿什比，埃里克，1983，《科技发达时代的大学教育》，滕大春、滕大生译，人民教育出版社。

阿特巴赫，菲利普，2001，《比较高等教育：知识、大学与发展》，人民教育出版社教育室译，人民教育出版社。

阿特巴赫，菲利普，2007，《21 世纪的美国高等教育》，施晓光、蒋凯译，中国海洋大学出版社。

阿特巴赫，瑞斯伯格·拉莫利，2010，《全球高等教育趋势：追踪学术革命轨迹》，姜有国等译，上海交通大学出版社。

埃茨科威兹，亨利，2009，《创业型大学与创新的三螺旋模型》，王平聚、李平译，《科学学研究》第 4 期。

埃茨科威兹，亨利，2013，《国家创新模式：大学、产业、政府"三螺旋"创新战略》，周春彦译，东方出版社。

埃瑞克，阿什比，1983，《科技发达时代的大学教育》，滕大春、滕大生译，人民教育出版社。

埃兹科维茨，亨利、雷德斯多夫，劳埃特，1999，《大学与全球知识经济》，夏道源等译，江西教育出版社。

巴伯，伯纳德，1992，《科学与社会秩序》，顾昕等译，生活·读书·新知三联书店。

巴克，厄奈斯特，2003，《希腊政治理论——柏拉图及其前人》，卢华萍译，吉林人民出版社。

巴思斯，巴里，2001，《科学知识与社会学理论》，鲁旭东译，东方出版社。

柏拉图，1983，《苏格拉底的申辩》，严群译，商务印书馆。

柏拉图，2003，《柏拉图全集》（第三卷），王晓朝译，人民出版社。

包水梅，2022，《大学教师专业化发展中教学伦理的边缘化及其应对》，
《中国高教研究》第 8 期。

鲍恩，威廉，2014，《数字时代的大学》，欧阳淑铭、石雨晴译，中信出
版社。

鲍尔生，弗，1986，《德国教育史》，滕大春译，人民教育出版社。

鲍曼，齐格蒙特，2000，《立法者与阐释者》，洪涛译，上海人民出版社。

鲍曼，齐格蒙特，2003，《现代性与矛盾性》，邵迎生译，商务印书馆。

贝拉格，彼得，1994，《威廉·冯·洪堡传》，袁杰译，商务印书馆。

比彻，托尼、特罗勒尔，保罗，2008，《学术部落及其领地》，唐跃勤等
译，北京大学出版社。

比斯塔，格特，2019，《测量时代的好教育》，张立平、韩亚菲译，北京师
范大学出版社。

伯纳斯，乔纳逊，1989，《亚里士多德》，余纪元译，中国社会科学出版社。

博德斯顿，弗雷德里克，2006，《管理今日大学》，王春春、赵炬明译，广
西师范大学出版社。

博耶，欧内斯特，2002，《关于美国教育改革的演讲》，涂艳国、方彤译，
教育科学出版社。

博伊德，威廉、金，埃德蒙，1985，《西方教育史》，任宝祥、吴元训译，人
民教育出版社。

薄建国、王嘉毅，2010，《美国公立高校的法人治理结构及其特征》，《国
家教育行政学院学报》第 12 期。

布鲁贝克，约翰，2001，《高等教育哲学》，王承绪等译，浙江教育出版社。

布鲁克菲尔德，斯蒂芬，2005，《大学教师的技巧》，周心红、洪宁译，浙
江大学出版社。

布鲁姆，艾伦，1994，《走向封闭的美国精神》，缪青等译，中国社会科学
出版社。

蔡军、汪霞，2015，《设计和组织的后现代意蕴：美国研究型大学本科课

程与大学交流》，《现代大学教育》第 2 期。

蔡怡，2018，《论大学教师发展过程中的专业学术与教学学术》，《教师教育研究》第 2 期。

曹汉斌，2006，《自治史研究》，新华出版社。

曹茂甲，2019，《我国高校青年教师专业发展动力研究》，博士学位论文，辽宁师范大学。

曹南燕，2003，《论科学的"祛利性"》，《哲学研究》第 5 期。

陈帆、詹育泓、林俊挺，2024，《浙江大学建筑学专业设计基础课程教学体系发展脉络研究》，《建筑与文化》第 2 期。

陈洪捷，2002，《德国古典大学观及其对中国大学的影响》，北京大学出版社。

陈洪捷，2006，《何谓 studium generate?》，《北京大学教育评论》第 2 期。

陈亮，2021，《新时代大学教师的学术责任精神及其培育》，《湖南师范大学教育科学学报》第 2 期。

陈伟，2008，《西方大学教师专业化》，北京大学出版社。

陈先哲，2017，《大学教师发展：研究进路与研究展望》，《复旦教育论坛》第 3 期。

陈晓清、桑新民、范辰生，2024，《综合性大学教师教育跨学科耦合运行的路径优化研究》，《江苏高教》第 4 期。

陈志忠，2021，《美国高校服务学习的组织与实施》，《高等工程教育研究》第 5 期。

程平、李小平，2022，《我国大学教师发展中心的组织变革研究》，中国海洋大学出版社。

程星，2007，《细读美国大学》，商务印书馆。

崔友兴，2017，《中小学教师专业发展动力论》，西南交通大学出版社。

戴维，约瑟夫，1988，《科学家在社会中的角色》，赵佳苓译，四川人民出版社。

德兰迪，杰勒德，2010，《知识社会中的大学》，黄建如译，北京大学出版社。

邓金，1989，《培格曼最新国际教师百科全书》，学苑出版社。

董和平，2000，《宪法学》，法律出版社。

董彦邦、刘莉，2024，《科研评价制度如何影响大学教师主动性创新行为——基于 29 所一流大学建设高校的教师调查》，《复旦教育论坛》第 1 期。

杜驰，2008，《高等教育发展与学术职业的制度变迁》，《高教探索》第 4 期。

杜德斯达，詹姆斯，2005，《21 世纪的大学》，刘彤等译，北京大学出版社。

杜思民、崔志勇，2021，《教师文化与高校教师专业发展研究》，河南大学出版社。

樊钉、吕小明，2005，《高校问责制：美国公立大学权责关系的分析与借鉴》，《中国高教研究》第 3 期。

费尔巴哈，路德维德希，1978，《费尔巴哈哲学史著作选》，涂纪亮译，商务印书馆。

费希特，约翰，戈特利布，2003，《论学者的使命　人的使命》，梁志学、沈真译，商务印书馆。

冯晓英、冯立国、于晶，2017，《开放大学教师专业发展需求模型——基于扎根理论的研究》，《开放教育研究》第 2 期。

冯玉珍，2013，《理性——非理性批判：精神和哲学的历史逻辑考察》，人民出版社。

弗莱克斯纳，亚伯拉罕，2001，《现代大学论》，徐辉等译，浙江教育出版社。

弗罗斯特，S. E.，1987，《西方教育的历史和哲学基础》，吴元训等译，华夏出版社。

富兰克弗特，亨利，2005，《古代埃及宗教》，郭子林、李凤伟译，上海三联书店。

高伟航，2022，《美国大学教师学术职业化研究（19 世纪中期至 20 世纪初）》，博士学位论文，河北大学。

葛明荣、李超，2022，《教师职业道德与专业发展》，高等教育出版社。

古德纳，艾尔文，2002，《知识分子的未来和新阶级的兴起》，顾晓辉、蔡嵘译，江苏人民出版社。

郭丽君，2007，《大学教师聘任制：基于学术职业视角的研究》，经济管理出版社。

郭晓笑，2021，《精进与卓越——高校教师专业化发展之路》，浙江大学出版社。

国家教育发展与政策研究中心，1990，《发达国家教育改革的动向和趋势》（第三集），人民教育出版社。

哈斯金斯，查尔斯，霍默，2007，《大学的兴起》，梅义征译，上海三联书店。

海德格尔，马丁，1996，《技术的追问——海德格尔选集》（下），孙周兴译，上海三联书店。

韩双淼、谢静，2024，《学术擂台赛：学术职业研究的整合性概念体系与案例阐释》，《中国高教研究》第 1 期。

韩水法，2008，《大学与学术》，北京大学出版社。

汉密尔顿，伊迪丝，2008a，《希腊的回声》，曹博译，华夏出版社。

汉密尔顿，伊迪丝，2008b，《希腊精神》，葛海滨译，华夏出版社。

汉语大词典编纂处编，2011，《汉语大词典》，上海辞书出版社。

郝广龙，2022，《当代中国大学教师学术身份的异化与回归研究》，博士学位论文，四川师范大学。

何书萍，2021，《高校教师组织认同与激励机制创新》，吉林文史出版社。

何晓雷，2016，《西方大学教学学术研究：历史发展与演进》，《外国教育研究》第 1 期。

贺国庆，2023a，《德国早期浪漫主义与现代大学的滥觞》，《高等教育研究》第 8 期。

贺国庆，2023b，《康德的大学观及其对现代大学的影响》，《教育研究》第 12 期。

黑格尔，1960，《哲学史讲演录》，贺麟、王太庆译，商务印书馆。

黑格尔，1997，《哲学史讲演录》，贺麟、王太庆译，商务印书馆。

洪堡，威廉，冯，1987，《论柏林高等学术机构的内部和外部组织》，陈洪捷译，《高等教育论坛》第 1 期。

洪堡，威廉，冯，1998，《论国家的作用》，林荣远、冯兴元译，中国社会科学出版社。

洪汉鼎，2005，《诠释学》，人民出版社。

洪茹燕、汪俊昌，2008，《后学院时代大学知识生产模式再审视》，《自然辩证法研究》第 6 期。

胡甲刚、陶军，2019，《大学教师学术权利的内涵解析》，《国家教育行政学院学报》第 4 期。

胡塞尔，埃德蒙德，2001，《欧洲科学的危机与超越论的现象学》，王炳文译，商务印书馆。

华勒斯坦，伊曼纽尔等，1999，《学科·知识·权力》，刘健芝等译，生活·读书·新知三联书店。

黄福涛，1998，《欧洲高等教育近代化》，厦门大学出版社。

黄姣华、佘雅斌，2018，《技术哲学视角下开放大学教师专业发展探析》，《广西社会科学》第 2 期。

黄亚婷、彭新强，2015，《新管理主义改革进程中西方学术职业的变革与坚守》，《比较教育研究》第 2 期。

黄宇红，2008，《知识演化进程中的美国大学》，北京师范大学出版社。

黄元国、陈雪莹，2019，《大学教师教学能力：内涵、困境与实践路向》，《当代教育论坛》第 6 期。

季卫兵，2015，《美国大学教师发展的导向及其启示》，《江苏高教》第 5 期。

姜超，2019，《大学教师发展制度创新研究》，博士学位论文，华东师范大学。

姜闽虹，2009，《网络环境下北京高校教师教学状况研究》，北京理工大学出版社。

卡岑巴赫，1990，《施莱尔马赫》，任立译，中国社会科学出版社。

卡斯帕尔，G.，1999，《斯坦福大学的成功之道》，夏洪流、周刚译，《高等教育研究》第 3 期。

科恩，亚瑟，2010，《美国高等教育通史》，北京大学出版社。

科塞，刘易斯，2001，《理念人》，郭方等译，中央编译出版社。

克伯雷，埃尔伍德，1991，《外国教育史资料》，华中师范大学教育系译，华中师范大学出版社。

克尔，克拉克，2001，《高等教育不能回避历史——21 世纪的问题》，王承绪译，浙江教育出版社。

克尔，克拉克，2008，《大学之用》，高铦等译，北京大学出版社。

克拉克，伯顿，1994，《高等教育系统》，王承绪等译，杭州大学出版社。

克拉克，伯顿，2001，《探究的场所》，王承绪译，浙江教育出版社。

克拉克，伯顿，2007，《建立创业型大学：组织上转型的途径》，王承绪译，人民教育出版社。

肯尼迪，唐纳德，2002，《学术责任》，阎凤桥等译，新华出版社。

拉尔修，第欧根尼，2003，《名哲言行录》，马永翔等译，吉林人民出版社。

勒戈夫，雅克，1996，《中世纪的知识分子》，张弘译，商务印书馆。

勒戈夫，雅克，2002，《中世纪的知识分子》，张弘译，商务印书馆。

李工真，2010，《德意志现代化进程与德意志知识界》，商务印书馆。

李国俊，2007，《现代性的技术理性批判》，博士学位论文，吉林大学。

李函颖，2018，《美国研究型大学教师晋升评价的正式规则与非正式规则》，山西教育出版社。

李汉学、倪奥华，2019，《美国社区学院教师分类管理制度——源自美国圣路易斯社区学院的经验》，《高教发展与评估》第 1 期。

李慧，2020，《中澳研究型大学教师国际化研究》，博士学位论文，厦门大学。

李晋，2022，《高校教师队伍建设与管理模式探究》，吉林大学出版社。

李鸣华，2017，《教师专业发展新思路学与中小学信息化合作模式研究》，浙江工商大学出版社。

李娜、周浩波，2019，《学生视域下大学教师权威影响因素研究》，《教育科学》第 1 期。

李素敏，2004，《美国增地学院发展研究》，河北大学出版社。

李薇，2017，《日本大学教师发展研究》，博士学位论文，上海师范大学。

李延平，2002，《当代国际教育发展》，华东师范大学出版社。

李志峰，2008，《学术职业与国际竞争力》，华中科技大学出版社。

李志峰、沈红，2007，《学术职业发展：历史变迁与现代转型》，《教师教育研究》第 1 期。

李子江，2008，《学术自由在美国的变迁与发展》，北京师范大学出版社。

利奥塔，让-弗朗索瓦，1996，《后现代状况——关于知识的报告》，岛子译，湖南美术出版社。

利奥塔，让-弗朗索瓦，1997，《后现代状态——关于知识的报告》，车槿山译，生活·读书·新知三联书店。

联合国教科文组织，1999，《全球教育发展的历史轨迹：国际教育大会 60 年建议书》，赵中建主译，教育科学出版社。

联合国教科文组织国际教育局，2001，《教育展望》，教育科学出版社。

林蕙青，2006，《高等学校学科专业结构调整研究》，博士学位论文，厦门大学。

林晓娇，2022，《组织支持感对大学教师发展动力的影响：基本心理需求的中介作用》，《中国健康心理学杂志》第 11 期。

刘宝存，2001，《美国公、私立高等学校董事会制度比较研究》，《吉林教育科学》第 6 期。

刘大椿，2001，《科学伦理：从规范研究到价值反思》，《南昌大学学报》（人文社会科学版）第 2 期。

刘捷，2002，《专业化：挑战 21 世纪的教师》，教育科学出版社。

刘述礼、黄延复，1993，《梅贻琦教育论著选》，人民教育出版社。

刘易斯，哈瑞，2012，《失去灵魂的卓越：哈佛是如何忘记教育宗旨的》，侯定凯等译，华东师范大学出版社。

刘喆，2022，《什么是大学教师"教学学术能力"：内涵与发展路径》，《华东师范大学学报》（教育科学版）第 10 期。

刘之远，2018，《治理视角下的美国研究型大学教师发展组织变革：路径与借鉴》，《现代教育管理》第 3 期。

柳丹，1998，《中外科学家发明家丛书（洪堡）》，中国国际广播出版社。

鲁克，理查德，2006，《高等教育公司》，于培文译，北京大学出版社。

吕艳娇，2022，《美国一流大学教师在线教学能力发展外部保障研究》，博士学位论文，哈尔滨师范大学。

罗丹，2008，《规模扩张以来高校专业结构变化研究》，博士学位论文，厦门大学。

罗德斯，弗兰克，2007，《创造未来：美国大学的作用》，王晓阳等译，清华大学出版社。

罗索夫斯基，亨利，1996，《美国校园文化》，谢宗仙等译，山东人民出版社。

马尔库塞，赫伯特，1989，《马克斯·韦伯著作中的工业化与资本主义》，李小兵等译，上海三联书店。

马斯登，乔治，2009，《美国大学之魂》，徐弢、程悦等译，北京大学出版社。

苗贵山，2006，《批判与超越：马克思恩格斯对正义的追问》，《河南大学学报》（社会科学版）第 3 期。

闵韡，2020，《高水平大学教师学术激情、职业压力与活力研究》，博士学位论文，华东师范大学。

缪成长，2010，《默顿和齐曼的科学共同体比较》，《重庆理工大学学报》（社会科学版）第 12 期。

默顿，罗伯特，2000，《十七世纪英格兰的科学、技术与社会》，范岱年等译，商务印书馆。

默顿，罗伯特，2003，《科学社会学》，鲁旭东等译，商务印书馆。

穆宏佳、杨静，2020，《美国公立高校青年教师的个体发展及启示——以三所公立高校为代表的考察》，《中国青年社会科学》第 5 期。

诺尔，罗杰，1999，《研究型大学面临的挑战》，周敏毅译，广西师范大学出版社。

潘海燕，2017，《自主生长式教师专业发展研究》，华中师范大学出版社。

彭富春，2000，《无之无化》，生活·读书·新知三联书店。

彭富春，2005，《哲学与美学问题》，武汉大学出版社。

彭富春，2006，《关于"无原则的批判"的演讲》，《博览群书》第 5 期。

齐恩平、罗蕴玲，2022，《高校四新教师专业发展能力的研究与实践》，天津社会科学院出版社。

齐曼，约翰，2008，《真科学：它是什么，它指什么》，曾国屏等译，上海世纪出版集团。

曲铁华、冯茁，2005，《专业化：教师教育的理念与策略》，《教师教育研究》第 1 期。

屈廖健，2020，《美国研究型大学教师发展中心运行机制变迁》，陕西教育出版社。

阙天舒，2018，《从共识建构到极化解构——当前美国国内政治思潮走向研究》，《学术前沿》第 6 期。

茹燕、汪俊昌，2008，《后学院时代大学知识生产模式再审视》，《自然辩证法研究》第 6 期。

萨义德，爱德华，2016，《知识分子论》，单德兴译，生活·读书·新知三联书店。

尚元东、张宝歌，2008，《从美国网络教育看我国高师院校网络教育发展》，《黑龙江高教研究》第 4 期。

沈红，2007，《变革中的学术职业——从 14 国/地区到 21 国的合作研究》，《大学》（研究与评价）第 1 期。

石伟平，1996，《克尔的课程理论概述》，《外国教育资料》第 4 期。

石中英，2001，《知识转型与教育改革》，教育科学出版社。

史密斯，安东尼·韦伯斯特，弗兰克，2010，《后现代大学来临?》，侯定凯、赵叶珠译，北京大学出版社。

司托克斯，唐纳德，1999，《基础科学与应用创新：巴斯德象限》，周春彦、谷春立译，科学出版社。

斯劳特，希拉、莱斯利，拉里，2008，《学术资本主义》，梁骁、黎丽译，北京大学出版社。

宋洁绚，2021，《寻路问径：教师发展中心何以促进教师发展——美国詹姆士麦迪逊大学教师创新中心的实践》，《高等工程教育研究》第 3 期。

宋文红，2010，《欧洲中世纪大学的演进》，商务印书馆。

宋旭红，2008，《学术职业发展的内在逻辑》，华中科技大学出版社。

宋旭红、高源，2021，《大学教师代表性成果评价及反思》，《复旦教育论坛》第 4 期。

宋阳，2022，《高校教师培训与专业发展研究》，山东大学出版社。

苏力，2000，《送法下乡——中国基层司法制度研究》，中国政法大学出版社。

苏洋，2019，《我国研究型大学教师学术创业影响因素及激励政策研究》，博士学位论文，上海交通大学。

速成、李晓波，2015，《斯坦福大学青年教师发展研究》，《高教探索》第 4 期。

孙二军，2021，《大学教师专业能力发展的支持服务模式》，西安交通大学出版社。

谭文华，2006，《后学院时代的科学奖励制度——基于齐曼"真科学"的考察》，《自然辩证法研究》第 12 期。

滕大春，1994，《美国教育史》，人民教育出版社。

田薇，2001，《信仰与理性：中世纪基督教文化的兴衰》，河北大学出版社。

涂尔干，埃米尔，2003，《教育思想的演进》，李康译，上海人民出版社。

涂尔干，埃米尔，2000，《社会分工论》，渠东译，生活·读书·新知三联
    书店。

汪丁丁，2001，《记住"未来"：经济学家的知识社会学》，社会科学文献
    出版社。

汪冬冬，2014，《立法与阐释：知识分子身份的转变——论齐格蒙特·鲍
    曼的知识分子身份观》，《人民论坛》第 32 期。

汪明帅、杨扬，2024，《从协同到求异：指向教师专业发展的 U-S 合作优
    化研究》，《教师发展研究》第 2 期。

汪子嵩等，1997，《希腊哲学史》（第一卷），人民出版社。

王光华、田宝军，2022，《MOOC 平台促进教师专业发展的内在机理——
    基于中国大学 MOOC 平台 16 位教师学习者的扎根理论研究》，《中国
    电化教育》第 4 期。

王贵林等，2020，《教学型大学教师专业发展研究》，东北师范大学出版社。

王洪才，2017，《论大学的传统性、现代性与后现代性》，《高等教育研究》
    第 12 期。

王立，2012，《美国大学教师发展研究：历史的视角》，博士学位论文，华
    东师范大学。

王立平、彭霓，2023，《大学教师角色的四元规训与三重破解》，《高教发
    展与评估》第 4 期。

王珊，2019，《大学教师学术权力伦理研究》，人民出版社。

王思懿、姚荣，2023，《从学术信任到绩效导向的自主——北欧国家大学
    学术生涯系统的变革逻辑》，《江苏高教》第 3 期。

王涛利、蒋凯，2022，《美国研究型大学的预聘制教师发展支持服务体
    系——基于威斯康星大学麦迪逊分校的案例研究》，《清华大学教育研
    究》第 5 期。

王晓玲，2019，《高等学校专业动态调整机制研究》，博士学位论文，大连
    理工大学。

王志强，2014，《研究型大学与美国国家创新系统的演进》，中国社会科学出版社。

韦伯，马克斯，1998，《学术与政治》，冯克利译，生活·读书·新知三联书店。

韦伯，马克斯，1999，《社会科学方法论》，杨富斌译，华夏出版社。

韦伯，马克斯，2002，《新教伦理与资本主义精神》，彭强、黄晓京译，陕西师范大学出版社。

韦伯，马克斯，2004，《学术与政治》，钱永祥等译，广西师范大学出版社。

韦伯，马克斯，2006a，《韦伯论大学》，孙传钊译，江苏人民出版社。

韦伯，马克斯，2006b，《新教伦理与资本主义精神》（修订版），于晓等译，陕西师范大学出版社。

韦尔热，雅克，2007，《中世纪大学》，王晓辉译，上海人民出版社。

韦莉娜，2020，《高校教师教学发展机构的功能研究》，博士学位论文，厦门大学。

维赛，劳伦斯，2011，《美国现代大学的崛起》，栾鸾译，北京大学出版社。

维特根斯坦，路德维希，2001，《哲学研究》，陈嘉映译，上海人民出版社。

魏晓艳，2020，《应用型大学教师发展研究》，上海交通大学出版社。

吴鲁平，2002，《西方发达国家青年价值结构的转型及其社会经济根源——英格莱哈特的"后现代化理论"》，《中国青年政治学院学报》第 2 期。

吴式颖，2008，《外国教育史教程》，人民教育出版社。

吴薇，2019，《欧洲大学教师发展组织建设研究》，厦门大学出版社。

吴显嵘、郭庚麒，2019，《美国社区学院"双师型"教师的培养经验、成长体系及启示》，《教师与职业》第 17 期。

吴振利，2010，《美国大学教师教学发展研究》，博士学位论文，东北师范大学。

伍尔夫，莫里斯，2005，《中古哲学与文明》，庆泽彭译，华东师范大学出版社。

西蒙斯，希尔德，2007，《近代早期的欧洲大学》，张斌贤等译，河北大学出版社。

谢红星、文鹏等，2022，《高等学校青年教师专业发展能力提升研究》，武汉大学出版社。

谢军，2007，《职责论》，上海人民出版社。

谢雯、王世岳，2022，《学术职业阶梯中的"她"者——对话多伦多大学许美德教授》，《比较教育研究》第8期。

熊华军，2007，《中世纪大学教学价值的取向：在理性中寻求信仰》，《江苏高教》第6期。

熊华军、常亚楠，2013，《教师专业化内涵的质性研究》，《大学教育科学》第2期。

熊华军、丁艳，2011，《当前美国大学教师专业发展面临的困境》，《比较教育研究》第3期。

熊华军、李伟，2012，《实践理性规定的中世纪大学学术职业》，《中国地质大学学报》（社会科学版）第3期。

熊华军、刘兴华，2013，《美国大学教师的专业精神——基于AAUP〈红皮书〉内容的分析》，《高等教育研究》第8期。

熊华军、马大力，2011，《大学组织的分化与整合》，《中国电力教育》第11期。

许国动，2021，《大学教师教学发展实践论》，浙江大学出版社。

徐天伟、杨超，2017，《从"立法者"到"阐释者"：大学教师职业角色的生成逻辑及现代转变》，《云南师范大学学报》（哲学社会科学版）第2期。

徐彦红，2017，《大学青年教师专业发展影响因素研究》，博士学位论文，首都经济贸易大学。

亚里士多德，1950，《形而上学》，吴寿彭译，商务印书馆。

亚里士多德，1999，《伦理学》，苗力田译，中国人民大学出版社。

亚里士多德，2003，《政治学》，苗力田译，中国人民大学出版社。

闫建璋、郑文龙，2019，《"双一流"建设背景下大学教师共同体及其构建策略探析》，《现代教育管理》第8期。

闫宁宁，2022，《高校教师绩效评价研究》，华中科技大学出版社。

阎光才，2022，《大学教师行为背后的制度与文化归因——立足于偏好的研究视角》，《高等教育研究》第1期。

阳荣威，2006，《高等学校专业设置与调控研究》，博士学位论文，华东师范大学。

杨焕勤、张蕴华，1986，《柏林洪堡大学》，湖南教育出版社。

杨学新，2011，《二战后美国研究型大学本科课程改革研究》，博士学位论文，河北大学。

叶繁，2023，《惯性剥夺与弱势累积：开放大学教师专业发展悖论》，《开放教育研究》第 5 期。

叶澜，1998，《新世纪教师学术职业素养初探》，《教育研究与实验》第 5 期。

殷文杰，2021，《大学专业教育发展变革研究》，河南大学出版社。

尹玉玲，2020，《中国大学教师学术职业发展机制研究》，知识产权出版社。

有本章，2012，《大学学术职业与教师发展》，丁妍译，复旦大学出版社。

于家杰，2022，《高校教师学术评价体系研究》，博士学位论文，曲阜师范大学。

岳娟娟，2013，《高校教师专业发展生态模型的研究》，博士学位论文，第三军医大学。

岳英，2019，《大学教师学术活力研究》，上海社会科学院出版社。

张斌贤、孙益，2004，《西欧中世纪大学特权》，《北京师范大学学报》（社会科学版）第 4 期。

张超、钟周、王孙禹，2021，《生态学视角下的创业型大学发展机制研究》，《清华大学教育研究》第 4 期。

张国强，2018，《西方大学教师共同体历史发展研究》，博士学位论文，山东师范大学。

张国强，2019，《西方大学教师共同体的发展与启示》，科学出版社。

张国有，2011，《大学章程》（第一卷），北京大学出版社。

张豪锋、张水潮等，2008，《教育信息化与教师专业发展》，科学出版社。

张凌云，2010，《德国与美国博士生培养模式研究》，博士学位论文，华中科技大学。

张岁玲，2022，《大学初任教师专业发展的校本实践研究》，中国农业出版社。

张学文，2013，《大学理性研究》，北京师范大学出版社。

张英丽、沈红，2007，《学术职业：概念界定中的困境》，《江苏高教》第 5 期。

赵昌木，2017，《教师专业发展》，山东人民出版社。

赵炬明、高筱卉，2020，《赋能教师：大学教学学术与教师发展——美国以学生为中心本科教学改革研究之七》，《高等工程教育研究》第 3 期。

赵蒙成，2003，《大学职能的后现代阐释》，《长春工业大学学报》（高教研究版）第 2 期。

赵迎，2021，《高校青年教师领导力发展研究》，经济科学出版社。

赵哲，2024，《是何、为何与如何：大学超学科知识生产的多重制度逻辑分析》，《国家教育行政学院学报》第 3 期。

周建力、柳海民，2024，《规范、制度与选择：大学教师的学术职业发展》，《江苏高教》第 4 期。

周文佳，2021，《高校教师发展与能力提升研究》，吉林教育出版社。

周雁，2011，《"市场-捐赠"视角下的大学法人治理模式——以哈佛大学和耶鲁大学为例》，《高教发展与评估》第 6 期。

朱德全、吕鹏，2018，《大学教学的技术理性及其超越》，《教育研究》第 8 期。

朱镜人，2019，《杜威的大学教育观及启示》，《大学教育科学》第 5 期。

朱晓红，2011，《高校教师持续性专业发展研究》，博士学位论文，天津大学。

英文文献

Adams, Pamela. 2009. "The Role of Scholarship of Teaching in Faculty Development: Exploring an Inquiry-based Model." *International Journal for the Scholarship of Teaching and Learning* 3 (1): 1–22.

Adey, Peter. 2017. *The Professional Development of Teachers: Practice and Theory*. London: Springer Science & Business Media.

Babcock, Pamela. 2005. "FUQUA Research Means Business." *Exchange Magazine* 3 (1): 14–16.

Balazs, Katalin. 2011. "Academic Entrepreneurs and Their Role in 'Knowledge' Transfer." http://www.Sussex.ac.uk/Units/spru/publications/imprint/steepdps/37/steep37.pdf.

Baldwin, Roger. 2007. "Collaborating to Learning, Learning to Collaborate."

Peer Review 9 (4): 26-30.

Baldwin, Roger. 2011. "Expanding Faculty Options: Career Development Projects at Colleges and Universities. " http://eric. ed. gov/PDFS/ED217780. pdf.

Barnes, Carolyn. 2011. "Gavin Melles. Managing Interdisciplinary: A Discussion of the Contextual Review in Design Research. " http://www. sd. polyu. edu. hk/iasdr/proceeding.

Barnett, John & Hodson, Derek. 2001. "Pedagogical Context Knowledge: Toward a Fuller Understanding of What Good Science Teachers Know. " *Science Education* 85 (4): 426-453.

Barrow, Clyde. 2010. "The Rationality Crisis in US Higher Education. " *New Political Science* 32 (3): 317-344.

Becher, Tony & Trowler, Paul. 2001. *Academic Tribes and Territories*. New York: Open University Press.

Becher, Tony. 1994. "The Significance of Disciplinary Differences. " *Studies in Higher Education* 19 (2): 151-160.

Bledsoe, Gerie. 1991. *Faculty Development in Higher Education: Enhancing a National Resource*. Washington, D C: National Education Association.

Bledsoe, Gerie. 1993. "Local Associations and Faculty Development. " *The Nea Higher Education Journal* 19 (12): 41-49.

Bok, Derek. 1982. *Beyond the Ivory Tower*. Cambridge: Harvard University Press.

Bolliger, D. U. , Inan, F. A. , & Wasilik, O. 2014. "Development and Validation of the Online Instructor Satisfaction Measure (OISM). " *Journal of Educational Technology and Society* 17 (2): 183-189.

Borich, Gary. 2004. *Effective Teaching Methods*. Michigan: Merill Prentice Hall.

Bowen, Howard H. & Schuster, Jack H. 1996. *American Professor: A National Resource Implied*. New York: Oxford University Press.

Boyer, Ernest L. 1999. "Highlights of Carnegie Report: The Scholarship of Teaching from Scholarship Reconsidered: Priorities of the Professoriate. " *College Teaching* 39 (1): 11-13.

Boyer, Ernest. 1990. *Scholarship Reconsidered: Priorities of the Professoriate.*

New Jersey： Princeton University Press.

Branscomb, Lewis. 1999. Industrializing Knowledge： University-Industry Linkages in Japan and the United States. Massachusetts： the MIT Press.

Bringle, Robert. 2000. "Faculty Fellows Program： Enhancing Integrated Professional Development Through Community Service." *American Behavioral Scientist* 43 （5）： 882–894.

Brookfield, Stephen. 2002. "The Getting of Wisdom： What Critically Reflective Teaching Is and Why It's Important." *Literacy Practitioner* 7 （1）： 1–12.

Brookfield, Stephen. 2006. *Becoming a Critically Reflective Teacher.* San Francisco： Jossey-Bass Publishers.

Brubacher, John. 1982. *On the Philosophy of Higher Education.* Los Angeles： Jossey-Bass Publishers.

Bulik, Robert. 2008. "Faculty Reflection on Teaching： Walking-the-Walk." *International Journal of Self-Directed Learning* 5 （1）： 45–52.

Caffarella, Rosemary & Zinn, Lynn. 1999. "Professional Development for Faculty： A Conceptual Framework of Barriers and Supports." *Innovative Higher Education* 23 （4）： 241–254.

Carayannis, Elias & Campbell, David. 2012. *Mode 3 Knowledge Production in Quadruple Helix Innovation Systems, 21st-Century Democracy, Innovation, and Entrepreneurship for Development.* Cham： Springer International Publishing.

Carayannis, Elias & Campbell, David. 2019. *Smart Quintuple Helix Innovation Systems How Social Ecology and Environmental Protection are Driving Innovation, Sustainable Development and Economic Growth.* Cham： Springer International Publishing.

CCNMTL. 2014. "Rewir ED Series： Rework, Remix, Reuse： Prompting a Participatory Culture in Your Course." http：//ccnmtl. columbia. edu/events/eventDetail. html？ eventFilter = 69372.

Cherwitz, Richard. 2012. "Intellectual Entrepreneurship and Outreach： Uniting Expertise and Passion." https：//webspace. utexas. edu/cherwitz/www/articles/outreach_ jheoe. html.

Clark, Burton. 1983. *The Higher Education System Academic Organization in Cross-National Perspective*. Los Angeles: University of California Press.

Clark, Burton. 2011. "University Transformation for the Twenty-first Century." http://portal. unesco. org/education/fr/files/10371/10384906150Burton. pdf/ B EB urton. pdf.

Cox, Milton D. 2011. "Introduction to Faculty Learning Communities." http:// www. vcu. edu/cte/programs/FLC/IntroductionToFLCs. pdf.

Creso, Sa. 2008. "Interdisciplinary Strategies in U. S. Research Universities." *High Edu* 55 (4): 537-552.

Crocker, Lionel. 1955. "The Professional Spirit." *Central States Speech Journal* 6 (2): 20-22.

Dewey, John. 1916. *Democracy and Educaion: An Introduction to the Philosophy of Education*. New York: The Macmillan Company.

Dolan, Véra. 2011. "The Isolation of Online Adjunct Faculty and Its Impact on their Performance." *International Review of Research in Open and Distance Learning* 12 (1): 62-76.

Dyer, Judy & Dobson, Barbara. 2014. "Generation 1. 5 at the University of Michigan: Data from the Cooperative Institutional Research Program (CIRP) 2009 - 2010." http://www. crlt. umich. edu/CRLT50/poster_ pdfs/Sweetland_ ISL%20Poster. pdf.

Eddy, Edward. 1957. *College for Land and Time——The Land Grant Idea in American Education*. New York: Harper & Brothers Publishers.

Edwards, A. R., Sandoval, C., & Mcnamara, H. 2015. "Designing for Improvement in Professional Development for Community College Developmental Mathematics Faculty." *Journal of Teacher Education* 66 (5): 466-481.

Elaine, Allen. 2011. "Going the Distance: Online Education in the United State." Babson Survey Research Group and Quahog Research Group, LLC.

Etzkowitz, Henry & Peters, Lois. 1991. "Profit from Knowledge: Organizational Innovations and Normative Change in American Universities." *Minerva* 29 (2): 133-166.

Fitzgerald, H. E. , Bruns, K. , Sonka, S. T. , Furco, A. , & Swanson, L. 2016. "The Centrality of Engagement in Higher Education. " *Journal of Higher Education Outreach and Engagement* 20 (1): 223-244.

Foucault, Michel. 1980. *Power/Knowledge*. Brighton: Harrarster Books.

Frank, Andrea & Jurgen Schulert. 1990. "Interdisciplinary Learning as Social Learning and General Education. " *European Journal of Education* 27 (3): 223-237.

Frost, Susan & Jean, Paul. 2003. "Bridging the Disciplines: Interdisciplinary Discourse and Faculty Scholarship. " *The Journal of Higher Education* 74 (2): 119-149.

Fung, Samuel & Filippo, Joe. 2011. "What Kinds of Professional International Opportunities May be Secures for Faculty?" http://onlinelibrary. wiley. com/doi/10. 1002/he. 48/pdf.

Gappa, Judith. & Austin, Ann. 2012. "Rethinking Academic Traditions for Twenty-First-Century Faculty. " http://www. academicfreedomjournal. org/VolumeOne/Gappa-Austin. pdf.

Geiger, Roger. 1986. *To Advance Knowledge: The Growth of American Research Universities*. New York: Oxford University Press.

Gibbons, Michael. 1994. *The New Production of Knowledge: The Dynamics of Science and Research in Contemporary Societies*. London: Sage Publications Inc.

Goldberg, Aaron & Schrag, Carl. 2012. "Academic Right, Academic Responsibilities: A New Approach. " http://www. ismi. emory. edu/TeachingAids/academic_ rights_ responsibilities. pdf.

Gordon, George. 1997. "Preparing and Developing Academics for the Needs of Effective Provision in Mass Tertiary Education. " *Higher Education Management* 9 (3): 70-73.

Grand, Carl. 1997. *Multicultural Education: Commitments, Issues and Applications*. Washington, DC: The Association for Supervision and Curriculum Development.

Gugielmino, Lucy. 2008. "Why Self-directed Learning. " *International Journal of Self-Directed Learning* 5 (1): 1-14.

Hakala, Johanna & Ylijoki, Oili-Helena. 2001. "Research for Whom? Research Orientations in Three Academic Cultures." *Organization* 8 (2): 373-380.

Harris, Michael. 2001. "Is the Revolution Now Over, or Has It Just Begun?" *The Internet and Higher Education* 31 (4): 246-248.

Hawkin, Joyee & Allen, Robert. 1991. *Oxford Encyclopedic English Dictionary.* Oxford: Clarendon Press.

Hecht, Irene W. D. et al. 1998. *Roles and Responsibilities of Department Chairs: The Department Chair as Academic Leader.* Phoenix: Oryx Press.

Huber, Ludwig. 1990. "Disciplinary Cultures and Social Reproduction." *European Journal of Education* 25 (3): 241-261.

Hutchings, Pat. 2011. "The Scholarship of Teaching and Learning in Higher Education an Annotated Bibliography." http://www. ipfw. edu/celt/learning/.

Ian, Kinchin. 2022. "An Ecologicallens on the Professional Development of University Teachers." *Teaching in Higher Education* 27 (6): 831-839.

Jaeger, Werner. 1943. *Paideia: The Ideals of Greek Culture.* New York: Oxford University Press.

Jasanoff, Sheila. 1995. *Handbook of Science and Technology Studies.* Thousand Oaks: Sage Publications.

Jeffrey, Alstete. 2000. *Post Tenure Faculty Development: Building a System for Faculty Improvement and Appreciation.* Jossey-Bass Publisher.

Jeffrey, Alstete. 2011. "System of Faculty Improvement and Appreciation." http://www. eric. ed. gov/PDFS/ED440603. pdf.

Johnson, Carrie & Stevens, Cindy. 2008. "Creating Links: An Inclusive Faculty Development Initiative." *Adult Learning* 19 (2): 26-29.

Joughin, Louis. 1967. *Academic Freedom and Tenure: A Handbook of the American of University Professors.* Madison: The University of Wisconsin Press.

Kastenhofer, Karen. 2008. "Converging Epistemic Cultures? A Discussion Drawing on Empirical Findings." *The European Journal of Social Science*

Research 20（4）：359-373.

Kerr, Clark. 1978. 12 *Systems of Higher Education: 6 Decisive Issues.* New York：International Council for Educational Development.

Kerr, Clark. 1994. *Higher Education Cannot Escape History.* Albany：State University of New York Press.

Kiyoshi, Murata & Shigeki, Higashiimoto. 2004. "ICT Workers and Professional Spirit in the E-Business Era. " *Journal of Electronic Science and Technology of China* 2（3）：104-109.

Klein, Julie. 1996. *Crossing Boundaries：Knowledge, Disciplinarities and Interdisciplinarities.* Charlottesville：University of Virginia Press.

Klein, Julie. 2008. "Evaluation of Interdisciplinary and Tran Disciplinary Research. " *Journal of Preventive Medicine* 35（28）：116-123.

Knowles, Asa. 1977. *The International Encyclopedia of Higher Education.* San Francisco：Jossey-Bass Publishers.

Krause, Steven. 1998. "Systems and Teaching Practices With Adult Undergraduate Students in Age-Mixed University Classrooms. " Texas Tech University.

Kuratko, Donald. 2005. "The Emergence of Entrepreneurship Education：Development, Trends, and Challenges. " *Entrepreneurship Theory and Practice* 29（5）：577-598.

Kwo, Ora. 2013. "Building a Professional Spirit for the Teaching Force Amidst Reform Initiatives. " http://www. seshk. org. hk/seminar/seminar05/conf5_topic1. pdf.

Larson, Magali. 1977. *The Rise of Professionalism：A Sociological Analysis.* Berkeley：University of California Press.

Leslie Ortquist, Ahrens & Torosyan, Roben. 2008. "The Role of the Facilitator in Faculty Learning Communities：Paving the Way for Growth, Productivity, and Collegiality. " *Learning Communities Journal* 1（1）：1-34.

Levine, Arthur. 1997. "How the Academic Profession Is Changing. " *Daedalus* 126（4）：4-6.

Lewandoeski, Karen. 2005. "A Study of the Relationship of Teacher's Self-Efficacy and Professional Development. " https://api. semanticscholar. org.

Lewis, K. G. 1998. "Instructional Improvement in Higher Education. " *Handbook of Research on School Supervision*. New York: Macmillan Library Reference.

Lieberman, Myron. 1956. *Education as a Profession*. New Jersey: Prentiee-Hall.

Loveless, Tom. 2000. *Conflicting Missions? Teacher Unions and Educational Reform*. Washington, DC: Brookings Institution Press.

Madsen, Susan and James Davis. 2013. "Faculty Ethics Unveiled: Scholarship-Et Tu, Brute?" http://ro. uow. edu. au/apcei/09/papers/7//2013-03-02.

Maitland, Christine & Rhoades, Gary. 2001. *Union and Faculty Governance*. Washington, DC: National Education Association.

Manning, Renfro. 1988. *The Teacher Evoluation Handbook: Step-by-step Techniques and Forms for Improve Instruction*. San Francisco: Jossey-Bass Publishers.

Marks, Rick. 1990. "Pedagogical Content Knowledge: From a Mathematics Case to a Modified Conception. " *Journal of Teacher Education* 41 (3): 3-11.

Martinello, Marian & Cook, Gillian. 1994. *Interdisciplinary Inquiry in Teaching and Learning*. New York: Macmillan College.

Meiners, Amacher. 2004. *Faculty Tower, the Independent Institute*. Okland: California.

Metchick, Robert & Singh, Parbudyal. 2004. "Yeshiva and Faculty Unionization in Higher Education. " *Labor Studies Journal* 28 (7): 46-65.

Moore, Wilbert. 1970. *The Profession: Roles and Rules*. New York: Rusell Sage Foundation.

Morrison, James. 2003. "US Higher Education in Transition. " *The Technology Source* 11 (1): 6-8.

Murray, John. 2011. "Faculty Development in a National Sample of Community Colleges. " *Community College Review* 27 (3): 47-64.

Newell, William. 1992. "Academic Disciplines and Undergraduate Interdisciplinary Education: Lessons from the School of Interdisciplinary Studies at Miami University, Ohio. " *European Journal of Education* 27 (3): 211-221.

Ornstein, Allan & Levine, Daniel. 1984. *An Introduction to the Foundations of Education*. Boston: Houghton Mifflin Company.

Osterman, Karen. 1990. "Reflective Practice: A New Agenda for Education." *Education and Urban Society* 22 (2): 133-152.

O'Meara, Kerry Ann. 2002. "Uncovering the Values in Faculty Evaluation of Service as Scholarship." *The Review of Higher Education* 26 (1): 57-80.

Park, Toy. 2011. "Academic Capitalism and its Impact on the American Professoriate." *Journal of the Professoriate* 23 (6): 84-96.

Paulsen, Friedrich. 1908. *The Germen Universities and University Study*. London: Longmans.

Pedersen, Olaf. 1997. *The First Universities: Studium General and the Origins of University Education in Europe*. London: Cambridge University Press.

Philip, Altbach. 2011. *American Higher Education in the Twenty-first Century: Social, Political, and Economic Challenges*. Baltimore: Johns Hopkins University Press.

Philippa, Kerr. 2022. "Career Development or Career Delay? Postdoctoral Fellowships and the De-professionalizing of Academic Work in South African Universities." *British Journal of Sociology of Education* 43 (4): 550-565.

Phillips, Rob. 2011. "Perceptions of Research." http://it. coe. uga. edu/itforum/paper90part2/What_ is_ Research Pt2V1f. pdf.

Phuong, Tam & Hang, Duong Bich. 2022. "Toward a Competency-based Professional Development Framework for Faculty Members: Insiders' Perspectives." *Tertiary Education and Management* 28 (4): 283-300.

Rashdall, Hastings. 1936. *The Universities of Europe in the Middle Ages*. London: Oxford Press.

Saltzman, Gregory. 2001. *Higher Education Collective Bargaining and the Law*. Washington, DC: National Education Association.

Schönwetter, D. J., Taylor, L., & Ellis, D. E. 2006. "Reading the Want Ads: How Can Current Job Descriptions Inform Professional Development Programs for Graduate Students?" *Journal on Excellence in College Teaching* 17 (2): 159-188.

Seaman, Allen. 2014. "Elaine Allen, Jeff Seaman. Changing Course: Ten Years of Tracking Online Education in the United States. " Babson Survey Research Group and Quahog Research Group.

Shane, Scott. 2002. "Executive Forum: University Technology Transfer to Entrepreneurial Companies. " *Journal of Business Venturing* 17 (1): 537 – 552.

Shibankova, Lyutsia A. et al. 2019. "Institutional Mechanisms of University Teacher Professional Development. " *Humanities & Social Sciences Reviews* 7 (4): 1061–1068.

Shulman, Lee. 1987. "Knowledge and Teaching: Foundation of the New Reform. " *Harvard Educational Review* 57 (1): 1–22.

Shumar, Wesley. 1997. *College for Sale: A Critique of the Commodification of Higher Education.* London, Washington, DC: The Falmer Press.

Sinclair, Andrea & Muffo, John. 2012. "Andrea Sinclair, John Muffo. The Use of Biglan Categories in Assessing the General Education Courses. " http://www. eric. ed. gov/PDFS/ED474145. pdf.

Skolnik, Michael. 1998. "Higher Education in the 21th Century. " *Futures* 3 (14): 12–17.

Slaughter, Sheila & Leslie, Larry. 1999. *Academic Capitalism: Politics, Policies, and the Entrepreneurial University.* Baltimore: JHU Press.

Sorcinelli, Mary Deane, Austin, A. E. , Eddy, P. L. , Beach, A. L. 2006. *Creating the Faculty Development: Learning from the Past, Understanding the Present.* Bolton, M. A. : Anker Publishing Company, Inc.

Stadtman, Verne. 1970. *The University of California 1868 – 1968.* New York: McGraw Hill.

Startup, Richard. 2022. *The University Teacher and His World.* Oxford: Taylor and Francis.

Stinnett, Timothy. 1968. *Professional Problems of Teachers.* London: The Macmillan Publishing Company.

Stumpf, Samuel Enoch & Fieser, James. 2003. *Socrates to Sartre and Beyond: A History of Philosophy.* New York: McGraw-Hill College.

Sullivan, Eleanor. 1997. "A Changing Higher Education Environment. " *Journal of Professional Nursing* 13 (3): 143-148.

Taylor, Lynn. 2012. "Lynn Taylor. Understanding the Disciplines Within the Context of Educational Development. " http://onlinelibrary. wiley. com5.

Teresa, Flateby, Scott, Benson, & Kathleen, Gorski. 2022. "Fostering Learning Improvement Projects: The Importance of Faculty Development and Reflection. " *Assessment Update* 34 (6): 8-14.

Terry, Ronald & Sandholtz, Kurt. 2011. "A Non-traditional Faculty Development Program. " http://fie-conference. org/fie99/papers/1154. pdf.

Thackray, Arnold & Merton, Robert. 1972. "On Discipline Building: The Paradoxes of George Sarton. " *History of Science Society* 63 (4): 473-495.

The Harvard Gazette. 2014. "Harvard Gazette: Excellence in Teaching Is Recognized. " http://news. harvard. edu/gazette/story 2008/05/excellence-in-teaching-is-recognized.

Thompson, Carol & Kleine, Michael. 2015. "An Interdisciplinary Dialog about Teaching and Learning Dialogically. " *Innov High Educ* 40 (6): 173-185.

Tierney, William & Lechuga, Vicente. 2005. "Academic Freedom in the 21st Century. " *The New Higher Education Journal* 6 (3): 9-12.

Trindade, Dias & Cristina, Albuquerque. 2022. "University Teachers' Digital Competence: A Case Study from Portugal. " *Social Sciences* 11 (10): 481-481.

Trow, Martin. 1998. "Governance in the University of California: The Transformation of Politics into Administration. " *Higher Education Policy* 11 (2): 201-215.

University of California. 2011. "External Relations Workgroup Final Report. " http://www. university of california. edu/future/erw_ report. pdf.

Vilppu, Henna et al. 2019. "The Effect of Short Online Pedagogical Training on University Teachers' Interpretations of Teaching-learning Situations. " *Instructional Science* 47 (6): 679-709.

Weber, Max. 1974. *Max Weber on Universities: The Power of the State and the*

Dignity of the Academic Calling in Imperial Germany. Chicago: University of Chicago Press.

Weerts, David & Sandman, Lorilee. 2008. "Building a Two-Way Street: Challenges and Opportunities for Community Engagement at Research Universities." *Review of Higher Education* 32 (1): 73–106.

Wheelan, Susan & Tilin, Felice. 1999. "The Relationship Between Faculty Group Development and School Productivity." *Small Group Research* 3 (1): 59–81.

Williams College. 2021. "Human Resources." https://hr. williams. edu.

Wojciech, Giezkowski. 1992. "The Influx of Older Students Can Revitalize College Teaching." *Chronicle of Higher Education* 38 (29): 133–134.

Zeichner, Kenneth. 1985. "An Inquiry Oriented Approach to Student Teaching." *Geebng Australia* 8 (3): 143–148.

致　谢

在《理性视野下西方大学学术职业：嬗变与危机》一书终于与世人见面之际，我作为本书的主要作者，对那些在漫长学术探索之旅中给予我们支持、启发和帮助的人表示由衷的感谢。这本书不仅仅是一部关于西方大学学术职业发展情况的研究成果，更是我们共同努力的见证。借用海德格尔的一句名言："语言是存在的家。"正是语言搭建起了我们沟通的桥梁，使我们能够将深邃的哲学思考转化为文字，进而让这些观念超越时空的限制，触及我们的心灵。

我要特别感谢我西北师范大学的学生，是你们年轻的热情、对知识的渴望以及不断探索的精神激励了我继续前行。课堂上的每一次互动，组会中的每一份实验报告，以及图书馆里的每一次资料检索，都是我们共同研究旅程中宝贵的一课。你们勇于质疑现有知识体系的勇气、对于未知领域的好奇心，以及面对困难时的坚持，是我坚持学术研究的动力，这些都无疑成为促进本书顺利完成的重要因素。对于我的学生，我无法用言语来完全表达我的感激之情。你们每个人都以独特的视角参与了这项研究，无论是深入挖掘资料、挑战既有理论，还是在讨论会上提出富有洞见的观点，每一次的贡献都是宝贵的。正如海德格尔所说："前行不息，无须迟疑和退避，健行于你寂寥的小径。"我和你们一起毫无退缩和迟疑地走在追求知识、真理和学术的道路上。

对于那些在研究中提供帮助的同事和学者，我也深表感谢。没有你们慷慨分享的专业知识和宝贵经验，我们的工作将难以达到如今的深度与广度。在学术交流的每个场合，无论是学术会议还是学院研讨会，你们提出的批评和建议都极大地促进了我们深入思考，并帮助我们更好地定位研究的方向。在学术探索的道路上，有你们的陪伴和指引，我们才得以避免迷失方向。

同时，我还要对我的家人表达深深的谢意。在我忙碌于研究和写作时，你们的理解和支持是我坚持下去的动力。没有你们的爱和牺牲，我无法平衡工作与生活，更不可能有今天的成就。尤其是在我投入研究，常常无暇顾及家庭时，你们总是默默地在背后支持我，给予我力量。你们的爱和鼓励是我前进的不竭动力，使我在学术道路上砥砺前行。

最后，我希望每位读者在阅读本书时，都能感受到我们投入的热情和努力。愿我们共同的学术追求能够引起您的共鸣，并激发您对学术职业未来的深刻思考。我想对所有参与本书创作的团队成员说：无论未来各自选择的道路如何，希望你们都能保持对知识的渴望、对世界的好奇和对生活的热爱。祝愿你们在学术道路上走得更远，成就一番属于自己的辉煌。

在未来的日子里，我希望我们能够继续携手合作，共同探索更多未知的领域，为我们所在的学术界乃至整个社会贡献更多的智慧和力量。再次感谢参与这部著作的每一个人，是你们让这本书有了温度，也让我们的合作变得珍贵和难忘。

熊华军

图书在版编目（CIP）数据

理性视野下西方大学学术职业：嬗变与危机／熊华
军等著 . --北京：社会科学文献出版社，2024. 11.
ISBN 978-7-5228-4291-2

Ⅰ. G649.1

中国国家版本馆 CIP 数据核字第 20246B6P34 号

理性视野下西方大学学术职业：嬗变与危机

著　　者／	熊华军　杨曌旻　李文超　丁　艳　李　伟	

出 版 人／冀祥德
责任编辑／杨桂凤
文稿编辑／张真真
责任印制／王京美

出　　版／社会科学文献出版社·群学分社 （010）59367002
　　　　　地址：北京市北三环中路甲 29 号院华龙大厦　邮编：100029
　　　　　网址：www. ssap. com. cn
发　　行／社会科学文献出版社 （010）59367028
印　　装／三河市龙林印务有限公司

规　　格／开　本：787mm×1092mm　1/16
　　　　　印　张：16.75　字　数：276 千字
版　　次／2024 年 11 月第 1 版　2024 年 11 月第 1 次印刷
书　　号／ISBN 978-7-5228-4291-2
定　　价／118.00 元

读者服务电话：4008918866